劳动合同法律问题研究

胡永霞 著

武汉大学出版社
WUHAN UNIVERSITY PRESS

图书在版编目(CIP)数据

劳动合同法律问题研究/胡永霞著.—武汉：武汉大学出版社,2016.8
ISBN 978-7-307-18360-5

Ⅰ.劳… Ⅱ.胡… Ⅲ.劳动合同—合同法—研究—中国 Ⅳ.D922.52

中国版本图书馆 CIP 数据核字(2016)第 175298 号

责任编辑：郭　静　　　责任校对：李孟潇　　　版式设计：马　佳

出版发行：**武汉大学出版社**　　（430072　武昌　珞珈山）
（电子邮件：cbs22@whu.edu.cn　网址：www.wdp.com.cn）
印刷：虎彩印艺股份有限公司
开本：720×1000　1/16　印张：14　字数：210 千字　插页：1
版次：2016 年 8 月第 1 版　　2016 年 8 月第 1 次印刷
ISBN 978-7-307-18360-5　　定价：38.00 元

版权所有，不得翻印；凡购我社的图书，如有质量问题，请与当地图书销售部门联系调换。

目 录

第一章 《劳动合同法》的制定与修改 ……………………… 1
  一、《劳动合同法》的立法背景 …………………………… 1
  二、《劳动合同法》的立法过程 …………………………… 3
  三、《劳动合同法》立法中的争论和博弈 ………………… 5
  四、《劳动合同法》的立法目的 …………………………… 7
  五、《劳动合同法》的修改与完善 ………………………… 11

第二章 《劳动合同法》框架下的体面劳动 ………………… 17
  一、体面劳动的提出 ………………………………………… 17
  二、体面劳动的内涵 ………………………………………… 20
  三、体面劳动在中国的发展进程 …………………………… 23
  四、体面劳动在中国实施过程中存在的问题 …………… 25
  五、在我国实现体面劳动的对策及建议 ………………… 33

第三章 劳动关系的认定与劳动合同的定义 ………………… 39
  一、劳动关系与雇佣关系、劳务关系 …………………… 39
  二、劳动关系的认定 ………………………………………… 48
  三、劳动合同定义的修改 …………………………………… 50
  四、事实劳动关系的废止 …………………………………… 51

第四章 集体劳动合同与工会制度 …………………………… 54
  一、集体劳动合同的概念和特征 …………………………… 54
  二、集体劳动合同与劳动合同的区别 …………………… 55
  三、集体劳动合同制度的法律意义 ……………………… 56

四、工会在劳动合同中的作用 …………………………………… 57
　　五、我国工会制度的缺陷与不足 ………………………………… 62
　　六、我国现行工会法律制度建设的完善 ………………………… 69

第五章　用人单位规章制度 ……………………………………… 75
　　一、用人单位规章制度在劳动合同实施中的作用 ……………… 75
　　二、用人单位规章制度的内容 …………………………………… 79
　　三、制定用人单位规章制度的程序 ……………………………… 82
　　四、用人单位规章制度与劳动合同产生冲突时的效力问题 …… 89

第六章　无固定期限劳动合同 …………………………………… 92
　　一、无固定期限劳动合同的立法意义 …………………………… 92
　　二、无固定期限劳动合同的订立 ………………………………… 96
　　三、无固定期限劳动合同的实施争议 …………………………… 99
　　四、国外无固定期限劳动合同立法的启发与借鉴 …………… 102

第七章　劳动合同的单方变更与用人单位用工自主权 ……… 108
　　一、劳动合同变更的相关理论 ………………………………… 108
　　二、劳动合同单方变更的基本原理 …………………………… 110
　　三、劳动合同单方变更权与用人单位用人自主权的关系 …… 122
　　四、劳动合同单方变更权的立法建议和应对措施 …………… 124

第八章　劳务派遣合同 …………………………………………… 129
　　一、劳务派遣的界定 …………………………………………… 129
　　二、劳务派遣制度在我国的立法情况 ………………………… 136
　　三、劳务派遣在我国的现状以及存在的问题 ………………… 137
　　四、完善我国劳务派遣的思考与建议 ………………………… 141

第九章　劳动合同解除之经济性裁员 …………………………… 150
　　一、经济性裁员制度概述 ……………………………………… 150
　　二、域外国家和地区经济性裁员制度的规定 ………………… 153

三、我国经济性裁员制度的现状与不足……………… 158
四、我国经济性裁员制度的完善建议………………… 168

第十章 违反劳动合同的法律责任……………………… 176
一、劳动合同中的缔约过失责任……………………… 176
二、劳动合同中的违约责任…………………………… 184
三、惩罚性赔偿在劳动合同法中的构建……………… 196

主要参考文献…………………………………………… 208

第一章 《劳动合同法》的制定与修改

一、《劳动合同法》的立法背景

20世纪80年代初，我国进行社会主义市场经济改革，国家经济结构和市场主体都发生了根本性的变化。市场经济的基本规律是优胜劣汰，表现在劳动用工方面就是双向选择、自由灵活，而且随着市场的不断扩大，对劳动用工的需求也越来越大，原有的计划用工、国家编制已经越来越无法适应新的形势，必须加以改变。

1986年7月，国务院相继发布《国营企业实行劳动合同制暂行规定》、《国营企业招用工人暂行规定》、《国营企业辞退违纪职工暂行规定》和《国营企业职工待业保险暂行规定》，标志着我国劳动用工制度的市场化改革的开始。这四个暂行规定相互衔接，重点是用工、招工制度改革。国家首先从国有企业新招收的职工入手，进行劳动合同制试点，要求用人单位面向社会，公开招工，择优录用，并与劳动者在平等自愿的原则下，协商签订劳动合同。同时对辞退违纪职工(涉及劳动合同的解除)、待业保险等做出明确规定，一举打破实行了30多年的"终身制"、"铁饭碗"，改变了原有的固定用工劳动制度，建立了与社会主义市场经济相适应的平等协商劳动合同用工制度，实现了劳动力资源的市场化配置，促进了劳动关系和谐稳定，具有里程碑意义。

实践证明，劳动合同制是与市场经济环境最相匹配的用工制度[①]，不仅保护了劳动者的劳动自由权，也赋予用人单位用人自主

---

① 罗兆宏. 浅议劳动合同制[J]. 南方论刊, 1998(4).

权,有利于劳动者与用人单位的相互选择,促进劳动力的合理流动。马克思指出:"大工业的本性决定了劳动的变换、职能的更动和工人的全面流动性。①"没有劳动力的合理流动,就不会有社会化大生产的不断发展。劳动合同制,突破了劳动力的"单位所有制"②,使劳动者的特长、志愿和劳动岗位的需要较好地结合起来,对于提高劳动效率,促进人才流动,增强企业活力,创造更多的社会财富和经济效益,都有积极的促进作用。

1994年7月,全国人大常委会通过《中华人民共和国劳动法》(以下简称《劳动法》)。该法第1条明确规定,其目的在于完善劳动合同制度,构建和发展和谐稳定的劳动关系。该法第2条对劳动法的适用范围作了规定,指出用人单位的类型,包括在中华人民共和国境内的企业、个体经济组织、民办非企业单位,以及国家机关、事业单位、社会团体等组织。

《劳动法》是我国的劳动基本法,首次在国家立法层面对劳动合同制进行确认,标志着我国劳动合同制度的正式建立,其目的在于保护劳动者的合法权益,建立和维护适应社会主义市场经济的新型劳动制度。《劳动法》对劳动合同的适用范围、订立原则、合同的形式与内容、合同的期限、劳动者及用人单位解除劳动合同的条件等,做出了明确的规定,为劳动合同制的实施提供了法律保障,也为仲裁机构、人民法院审理劳动争议提供了法律依据。

《劳动法》实施后不久,各地方人大按照《劳动法》的规定,结合本地区的实际,纷纷制定了实行劳动合同制度的地方法规,劳动合同用工制度在全国推广,普遍实行。

《劳动法》确立的劳动合同制度,对于打破计划经济条件下的行政分配用工制度,建立全新的劳动合同用工制度,实现劳动力资源的市场配置,促进劳动力的合理流动,起到了十分重要的作用。

由于历史的局限性以及经验的不足,《劳动法》的内容过于原

---

① 选自马克思恩格斯全集第23卷。
② 伍柏麟,汪立鑫. 论劳动力所有制与内外部生产关系[J]. 复旦学报(人文社科版),2014(6).

则、简单，存在着很多的空白和漏洞。例如，《劳动法》虽然要求用人单位与劳动者签订劳动合同，却没有对不签书面劳动合同的法律责任做出规定，导致实践中用人单位不签劳动合同的现象非常普遍。2005年，在全国《劳动法》执法检查中发现，中小型企业和非公有制企业的劳动合同签订率不到20%，个体经济组织的签订率更低。此外，法律责任的缺失，也使得劳动合同"一年一签"的短期化现象非常普遍，给劳动者的工作和就业造成极大的心理压力。同时，用人单位随意解除劳动关系、滥用试用期、恶意欠薪、滥用劳务派遣等也经常发生，严重侵害了劳动者权益，劳动纠纷不断。据统计，1992年，劳资纠纷案有8万余起，到2004年，急增至26万余起①，其中因为变更、解除或终止劳动合同引发的劳动争议，逐年递增。

进入21世纪以后，随着我国经济体制改革进一步深化，国家经济呈现高速发展的态势，非公经济地位进一步加强，市场主体形式更加多样化，劳动力市场涌现出许多新的用工形式，如农民工、小时工、外来工，等等。这些用工形式在原有的劳动法中并无规定，所以缺乏规范，乱象频生。

可见，《劳动法》已经越来越不能满足实践发展的需要，问题越来越多，因此有必要对劳动合同制度做进一步的完善，制定更详细、更规范、更科学、更具操作性的《劳动合同法》，明确劳动合同中双方当事人的权利和义务，健全法律责任制度，预防和减少劳动争议的发生。

二、《劳动合同法》的立法过程

《劳动合同法》的制定经历了一个较为漫长的过程，历时四年四次审议，期间一直受到社会各界高度的关注，劳动者、企业、商会、专家学者、全国总工会、政府部门等广泛参与，进行了激烈的

---

① 崔丽.《劳动合同法》为何引起人心震荡[N].中国青年报，2007-12-14.

第一章 《劳动合同法》的制定与修改

观点争论和利益博弈，可算是新中国立法史上的一次难忘记忆。

2004年，《劳动法》颁布实施整整10周年。10年间，我国的经济体制、企业形式和劳动关系都发生了重大变化，劳动争议纠纷也在大幅度增加，是时候制定新的劳动法，以应对和解决不断出现的新现象、新问题了。《劳动合同法》被列入第十届全国人大常委会立法规划。

2005年1月，劳动和社会保障部将《劳动合同法（草案送审稿）》报请国务院审议。2005年10月28日，国务院第110次常务会议讨论通过该草案。

2005年11月26日，《劳动合同法》草案首次提请第10届全国人大常委会第19次会议审议。该草案共分7章65条，分别为总则、劳动合同的订立、劳动合同的履行和变更、劳动合同的解除和终止、监督检查、法律责任、附则。

2006年3月20日，全国人大常委会向全国公布草案，广泛征求社会各界意见，很快收到超过19万条意见，这个数字在新中国立法史上排名第二，仅次于"五四宪法"。

2006年12月11日，全国人大常委法律委员会对修订后的《劳动合同法（草案）》进行第二次审议。2006年12月24日，修改后的第二稿通过。2007年4月24日，全国人大法律委员会通过三审稿，三审稿共分8章98条，增加了第5章特别规定，规定了集体合同、劳务派遣合同和非全日制用工。2007年6月24日，全国人大常委会法律委员会第四次审议《劳动合同法（草案）》。

2007年6月29日，在第10届全国人大常委会第28次会议上，《中华人民共和国劳动法》被提交会议表决，表决结果是145票赞成，0票反对，1人未按表决器。《劳动合同法》获高票通过。

紧接着，2007年8月30日，第29次会议审议通过《中华人民共和国就业促进法》，于2008年1月1日起施行。

2007年12月29日，第30次会议审议通过《中华人民共和国劳动争议调解仲裁法》，于2008年5月1日起施行。

随着《劳动合同法》、《就业促进法》、《劳动争议调解仲裁法》相继颁布，2007年被称为"劳动立法年"。至此，以《中华人民共和国劳动法》为基本框架的我国劳动法律体系形成。

三、《劳动合同法》立法中的争论和博弈

任何一部立法的过程都是曲折的,充斥着争论和博弈,这一点在《劳动合同法》的立法过程中表现得尤为激烈。

由于劳动者与用人单位双方利益诉求不同,《劳动合同法》从一开始,就争论不断。劳动标准是高了还是低了？法律责任是严厉还是宽松？对劳动者是进行"倾斜性"保护,还是劳动者、用人单位利益的平等保护？如果顺应社会文明的进步,加强对劳动者的保护,是否会影响企业竞争力,削弱竞争,甚而影响投资环境和经济的发展？等等。诸如此类问题,都是争论的焦点。

立法的最高水准应该是平衡。如何在用人单位和劳动者之间实现平衡,一直是劳动立法中的努力探讨的问题。

2006年3月,《劳动合同法(草案)》刚刚发布,华东政法大学劳动法学教授董保华就发表文章,认为草案过于向劳动者倾斜,而对用人单位规定了较多的义务：第一,不符合法律平等原则；第二,会大幅增加劳动用工成本,加重企业的负担,给国内的投资环境造成消极影响；第三,草案规定用人单位的规章制度直接涉及劳动者切身利益的,应当经工会、职工大会或者职工代表大会讨论通过,或者通过平等协商做出规定,这意味着企业的最高权力要转入职代会和工会手中,对于企业所有者来说,是非常不公平的。

与之相反,中国人民大学常凯教授则认为,在实践中,单个劳动者相对用人单位总是处于弱势,特别是在我国劳动力市场供大于求的大环境下,通过立法上的扶弱抑强,向劳动者适当倾斜保护,是为了更好地实现平衡,以期实现法律的实质公平与正义。比如劳动者满足法定条件,用人单位就必须与之签订无固定期限劳动合同,不得拒绝；单方解除劳动合同的条件对劳动者宽,对用人单位严；用人单位除法定的三种情形外,不得与劳动者约定由劳动者承担违约金等。

笔者认为,《劳动法》兼具公法和私法的性质,因此劳动合同

第一章 《劳动合同法》的制定与修改

的性质也较为复杂，既具备民事合同的一般特征，也具有较强的国家干预性。在劳动立法上，通过强制性、禁止性法律规范的制定，对用人单位的行为进行规范和限制，以突出保护劳动者权益。但是保护劳动者合法权益，并不意味着对用人单位合法权益的排斥。《劳动合同法》的立法关键是平衡，而不是形式上的平等。

在《劳动合同法》的制定过程中，除了学界的争论以外，劳资双方代表也进行了激烈的博弈。其中上海美国商会、中国欧盟商会以及20余家美资企业一度以撤资相威胁，要求进行有利于资方的修改，以维持劳动力的低成本现状。中国的社团组织，如中国企业联合会、中国企业家协会，也提出了许多意见，要求保护企业方的利益，反对将保护劳动者权益确立为《劳动合同法》的基本原则，认为这是对市场经济中自由、公平原则的干预和破坏。而中华全国总工会则站在劳动者的立场，坚决主张加强对劳动者权益的保护力度，给予劳动者以倾斜性保护。

最终，《劳动合同法》立法委员会采纳了全国总工会的意见，将立法宗旨确定为，明确劳动合同当事人的权利和义务，保护劳动者的合法权益，构建与发展和谐稳定的劳动关系。

笔者认为，《劳动合同法》对劳动者进行倾斜性保护，是符合我国社会主义市场经济发展需要的，是法的实质正义的体现，是构建和谐劳动关系的必然要求，是明智和正确之举。理由如下：

第一，在劳动关系中，劳动者相比于用人单位，实际上是非常弱势的，特别是在我国的劳动力市场上，长期以来一直供大于求，所以，在建立劳动关系时，用人单位往往利用自己的经济优势地位，对劳动者进行挑剔，甚至将一些不合理的条款强加给劳动者，而劳动者出于就业的需要，明知不利也只能接受。所以，单凭劳动者的力量，是无法实现法律平等的，必须借助国家公权力进行干预，保护劳动者的基本劳动权利。劳动法的公法性质，也决定了劳动立法中的强制性色彩。

第二，劳动力成本过低造成劳动者收入过低，导致劳动者消费水平低下。不敢消费、不愿消费，严重影响了国内商品的流通，造成内需不足产能过剩，进而阻碍了国家经济的长远发展。例如，珠三角地区曾经是中国经济增长最快的区域，吸引了来自全国各地的农民工，为当地经济的发展做出了不可磨灭的贡献。但是据统计，农民工的平均工资，在12年间却仅仅增长了68元，远远落后于当地经济增长的速度和水平，这显然是极其不公平不合理的。

第三，国家经济结构升级，劳动密集型产业逐渐向技术开发型过渡，对低端劳动力的需求越来越少。通过加强监管，提高不守法用人单位的劳动用工成本，让过低的工资水平回复到一个合理的水平，有助于推动产业升级。

四、《劳动合同法》的立法目的

法律就是国家制定或认可、并由国家强制力保证其实施的所有行为规范的总和。法从本质上讲，就是一种行为规则，是对人们的行为进行约束和规范的，因此具有很强的目的性。

立法目的是指法所期待实现的某种结果。立法的终极目的，是建立和维护对统治阶级有利的社会关系和社会秩序，实现统治阶级的统治。每部立法都有其特定的目的，并且贯穿于整个立法活动的始终。没有立法目的的立法活动是无指向、无意义的，也是不可能取得任何成果的。

《劳动合同法》第1条规定："为了完善劳动合同制度，明确劳动合同双方当事人的权利和义务，保护劳动者的合法权益，构建和发展和谐稳定的劳动关系，制定本法。"所以，《劳动合同法》的立法目的表现在以下几个方面：

（一）完善劳动合同制度

劳动合同是用人单位与劳动者在平等自愿原则下，协商订立，明确双方权利和义务的协议，是保护双方合法权益的基本依据。劳动合同制度自1987年开始实行，从无到有，经过二十几年的实践，积累了很多经验，面临着许多问题。劳动法的基本规定早已无法满足社会实践发展的需要，必须通过劳动合同的专门立法，将《劳动法》中的原则具体化，将实践中好的做法规范化，进一步完善和健全劳动合同制度。只有将劳动合同纳入法律的轨道，使劳动者与用人单位在劳动合同问题上有了法律依据，才能形成规范、有序的劳动合同关系，构建和发展和谐稳定的劳动用工秩序。

对比原劳动法，《劳动合同法》最大的亮点，一是增加了民办非企业单位这种新的用人单位的组织形式；二是明文规定用人单位自用工之日起与劳动者建立劳动关系，明确了劳动关系的判断标准是"用工事实"而非书面劳动合同，从而消灭了用人单位以没有书面劳动合同为由，否认与劳动者的劳动关系以逃避法律义务的可能性；三是对无固定期限劳动合同、经济性裁员、非全日制用工合同、劳务派遣用工等做出规范，极大地弥补了劳动立法的不足，为完善劳动合同制度，维护正常的劳动秩序提供了法律保障。

(二) 明确劳动合同双方当事人的权利义务

权利和义务是法律关系的内容，是法律关系当事人切身利益的体现，具体来说，劳动合同的条款就是用人单位和劳动者应当享有的权利和应当履行的义务。实践中，很多劳动者和用人单位对于如何签订劳动合同，劳动合同中应具有哪些内容缺少必要的知识，随意签订劳动合同，劳动合同的内容不规范、不完善的问题比较普遍，影响了劳动合同的履行，容易产生纠纷。《劳动合同法》通过对劳动合同条款的增减和修改，不仅更加明确了劳动者与用人单位之间的权利和义务，也进一步规范了劳动用工行为，有利于劳动关系的顺利进行。

根据《劳动法》的规定，劳动合同应当具备的条款有劳动合同期限、工作内容、劳动保护和劳动条件、劳动报酬、劳动纪律、劳动合同终止的条件、违反劳动合同的责任七项；而根据《劳动合同法》的规定，劳动合同必备条款有用人单位的名称、住所和法定代表人或者主要负责人；劳动者的姓名、住址和居民身份证或者其他有效身份证件号码；劳动合同期限；工作内容和工作地点；工作时间和休息休假；劳动报酬；社会保险；劳动保护、劳动条件和职业危害防护；法律、法规规定应当纳入劳动合同的其他事项共九项。

对比之下，《劳动合同法》的条款内容更加全面完善，不仅增加了用人单位和劳动者的基本信息条款,使得劳动合同的文本在形式上更加规范,而且增加了关于工作时间和休息休假、社会保险的条款,特别是强调工作地点的重要性,有利于保护劳动者的基本劳动权利,避免没有约定或者约定不明产生的不必要的纠纷。

此外,《劳动合同法》删减了劳动法中关于劳动纪律、劳动合同终止条件、违反劳动合同的责任共三个条款,说明:第一,劳动纪律作为用人单位的规章制度,内容庞杂,没有必要也不可能在劳动合同中做出约定;第二,劳动合同只能依法终止,不得约定终止条件;第三,违反合同的责任,即违约金条款并非劳动合同必备条款。鉴于在实践中,用人单位常常利用自身的优势地位,强行与劳动者约定不合理甚至明显有害于劳动者利益的条件,所以《劳动合同法》对约定终止和约定违约金进行限制,是非常必要和正确的,有利于实现用人单位与劳动者权利义务的平衡。

(三)保护劳动者的合法权益

劳动合同不同于一般的民事合同,《劳动合同法》在平等自愿的基本原则下,对劳动者的合法权益进行倾斜性保护,是必然的要求也是实践的需要。在我国,人口基数大,决定了劳动力市场必然长期处于供大于求的格局。一方面,严峻的就业压力迫使劳动者必须尽快找到工作岗位以维持生计;另一方面,拥有较大用人自主权的用人单位往往利用自身优势地位,在签订劳动合同时迫使劳动者同意不平等的合同条款,导致了我国劳动关系严重的利益倾斜。在实践中,用人单位任意延长工作时间、克扣拖欠工资、减少劳动者正常的社会保障支出等行为也屡见不鲜,劳动者常常因为就业的压力不敢维护自己的合法权益。所以,在"强资本,弱劳工"[①]的社会大环境下,倾斜性保护劳动者合法利益以限制过度的契约自由,是《劳动合同法》立法的必然之举。比如对签订无固定期限劳动合同的条件的规定、劳动者单方有权解除劳动合同的情形的规定,等

---

① 刘莹. 强资本,弱劳工——劳动关系稳定性问题研究[J]. 经营与管理,2008(9).

第一章 《劳动合同法》的制定与修改

等,都对劳动者作出了有利的保护,而限制了用人单位的权利。

此外,《劳动合同法》还加大了用人单位的违法成本,明确规定用人单位不履行法律义务的,必须承担相应的行政责任、民事责任,甚至刑事责任。比如,用人单位不与劳动者订立书面劳动合同的,应当向劳动者每月支付2倍的工资;用人单位违法要求劳动者提供担保、向劳动者收取财物的,由劳动行政部门处以罚款,额度为500元以上2000元以下,等等。通过追究违法用人单位的法律责任,对劳动者的损失进行补偿,并督促用人单位自觉地遵守法律,履行义务,从而真正地保护劳动者的合法权益。

(四)构建和发展和谐稳定的劳动关系

劳动关系是社会关系中最重要、最基本的构成之一。劳动关系的稳定与否,不仅仅关系到劳动者与用人单位的利益,更关系到国家的经济发展与社会和谐。和谐稳定的劳动关系是社会主义和谐社会的基础,也是其最核心的内容。《劳动合同法》是实现劳动力资源的市场配置,促进劳动关系和谐稳定的重要法律制度。构建和发展和谐稳定的劳动关系是劳动合同法的最终价值目标。

和谐的劳动关系是指劳动者与用人单位之间和平相处,互利互惠,共同发展。稳定的劳动关系则是指劳动关系长期化、固定化和规律化。和谐,不一定是对等。在法律上,劳动者和用人单位的地位是平等的,但从具体的权利义务上来说,则要充分考虑现实中双方的实际状况,在劳动者的劳动权利和用人单位的社会责任之间找到平衡点。协调劳动关系,就是在保障劳动者权利的同时,也保障用人单位的权利。稳定就必须落实无固定期限劳动合同,降低失业率,促进劳动关系的长期化,增加劳动者的安全感。

纵观整个劳动法实施过程,造成劳资关系不和谐、不稳定的原因,一是劳动标准太低,劳动者没有分享到经济发展的成果,初次分配机制不公平①;二是法律责任缺失,用人单位有恃无恐,劳动

---

① 许浩.和谐劳动关系是和谐社会的基础——专访劳动法专家常凯[J].中国经济周刊,2007(44).

者合法权益屡屡被侵害；三是劳动争议处理机制不完善，劳动纠纷等得不到及时有效的解决，为社会安全埋下隐患。

《劳动合同法》顺应劳动关系的发展现状，从构建和谐稳定劳动关系的目的出发，有针对性地规定了各种措施，从劳动合同的内容到劳动合同的订立、变更、解除和终止，以及用人单位违法解除或终止劳动合同的法律责任等都进行了完备细致的规定，为构建和谐劳动关系、促进社会和谐创造了法律条件。

笔者相信，完善的法律制度与和谐的劳动关系，一定会进一步改善投资环境和扩大就业，给用人单位带来长远的利益的同时，让劳动者也能充分享受经济发展的成果，从而形成良性循环，使得国家政治稳定、社会安定、经济平稳发展，最终实现社会和谐。

五、《劳动合同法》的修改与完善

2008年1月1日，《劳动合同法》生效。通过对劳动关系的梳理，实践中，书面劳动合同的签订率有了极大的提高，合同短期化现象得到了一定的遏制，用人单位依法用工的意识逐步增强，劳动秩序有了明显改善。

但是，由于立法的仓促以及立法技术方面的原因，《劳动合同法》的内容比较原则，某些条文涵义模糊，在执行过程中出现了歧义，引发了一些误解和混乱。比较突出的问题，如不签书面劳动合同的两倍工资是否包含已付的一倍工资？签订无固定期限劳动合同的条件中，连续工作满十年是否包括2008年之前的工作年限？"同一用人单位"如何理解？是否包含下属分支机构，如分公司？劳动者在试用期的工资不得低于本单位相同岗位最低档工资或者劳动合同约定工资的百分之八十，是"单适用"还是"双适用"？经济性裁员的人数界定中"裁减不足二十人但占企业职工总数百分之十以上的"，下限是多少？如果50人的中小企业，裁减10%也就是5个人，算不算经济性裁员，是否要履行行政批准程序？等等。

2007年底到2008年初，以"深圳华为"为代表的一大批用人单位，为了达到不签订无固定期限劳动合同的目的，通过让劳动者主动辞职，然后再重新签订劳动合同的方式，企图"买断工龄"而使劳动者的工龄归零。"华为事件"在社会上产生了非常消极的影响，也引发了人们对《劳动合同法》的广泛关注和思考，并且意识到了《劳动合同法》的不足。

2008年9月3日，国务院讨论通过《劳动合同法实施条例》，自公布之日起施行。该实施条例作为《劳动合同法》的重要配套法律，针对原劳动合同法中的部分条款，进行了细化和补充，大大加强了劳动合同法的可操作性，为全面贯彻落实《劳动合同法》提供了便利。

如《劳动合同法实施条例》第9条规定，"劳动合同法第十四条第二款规定的连续工作满10年的起始时间，应当自用人单位用工之日起计算，包括劳动合同法施行前的工作年限"。第15条规定，"劳动者在试用期的工资不得低于本单位相同岗位最低档工资的80%或者不得低于劳动合同约定工资的80%，并不得低于用人单位所在地的最低工资标准"，等等。

《劳动合同法》是社会主义市场经济条件下，全面调整劳动关系不可或缺的法律，对于规范用人单位的用工行为，维护劳动者合法权益，构建和发展和谐稳定的劳动关系，促进社会主义和谐社会建设，都具有十分重要的意义。

2008年以后，金融危机导致世界经济格局发生了巨大的变化，我国的市场经济改革也遭遇了前所未有的困难。在经济下行压力下，许多用人单位，特别是南方沿海的一些公司企业纷纷缩减生产规模、转产，甚至停产，出现大量的裁员风潮，劳动者的失业率大幅提高，而就业率不断下滑。用人单位为了压缩成本，削减、克扣、拖欠劳动者的工资、福利，任意延长工作时间，拒不支付加班工资，以及拒缴社保费用等现象日益严重，极大地损害了劳动者权益，引发了大量的劳动纠纷案件。特别是一些用人单位，包括一些大型国有企业和知名民营企业，为了逃避法定义务，降低用工成本，开始大量使用劳务派遣工，甚至将原来的正常用工转为劳务派遣，导致劳务派遣用工数量快速增长。据全国总工会调查，全国被派遣劳动者人数2011年达到约3700万人。

劳务派遣本来是灵活用工的一种形式，是我国社会主义市场经济环境下，劳动用工的新生事物，对补充和繁荣劳动力市场有着重要意义。《劳动合同法》第五章特别规定，专节对劳务派遣做出规定，标志着我国劳动立法的完善与成熟。而劳务派遣被滥用，不仅有违《劳动合同法》立法的初衷，也扰乱了正常的劳动用工秩序。究其原因，与《劳动合同法》的立法缺陷，有着极大的关联。

《劳动合同法》第66条规定："劳务派遣一般在临时性、辅助性或者替代性的工作岗位上实施。"该条文，第一没有明确限定何为"临时性、辅助性、替代性"；第二在表述上采用"一般"的字眼，很不严谨，为用人单位突破"三性"岗位范围，在主营业务岗位和一般性工作岗位，长期大量使用被派遣劳动者，提供了可乘之机。

凡此种种，修改《劳动合同法》的呼声，日益高涨。2012年12月28日，第十一届全国人大常委会审议通过了《关于修改〈劳动合同法〉的决定》，自2013年7月1日起施行。

该次修订重点针对劳务派遣泛滥的问题，做出修改和完善。

第一，提高了劳务派遣单位的准入门槛。对设立劳务派遣单位实行行政许可制度，注册资本由原来的不少于50万元提高到200万元，同时对经营场所、劳务派遣管理制度等提出了具体要求，增强了劳务派遣单位履行义务和抵御风险的能力，为从源头上保护被派遣劳动者的权益提供保障；

第二，严格限制劳务派遣用工的岗位范围。明确"劳动合同用工是我国的企业基本用工形式。劳务派遣用工是补充形式，只能在临时性、辅助性或者替代性的工作岗位上实施"。

其中，"临时性工作岗位"是指存续时间不超过六个月的岗位；"辅助性工作岗位"是指为主营业务岗位提供服务的非主营业务岗位；"替代性工作岗位"是指用工单位的劳动者因脱产学习、休假等原因无法工作的一定期间内，可以由其他劳动者替代工作的岗位。

第三，加大劳动部门对违法行为的处罚力度。对劳务派遣单位、用工单位违反《劳动合同法》有关劳务派遣规定的，可依法责令其限期改正，逾期不改正的处以罚款，罚款标准由原来的"每人

1000元以上5000元以下"提高到"每人5000元以上1万元以下"，并吊销劳务派遣单位业务经营许可证。用工单位给被派遣劳动者造成伤害的，劳务派遣单位与用工单位承担连带赔偿责任。

新修订的《劳动合同法》，对于规范劳务派遣用工行为，维护被派遣劳动者的合法权益，具有重要意义。但是此次修改仅针对"劳务派遣"一节，并没有涉及实践中同样争议很大的无固定期限劳动合同、劳动合同单方解除、不签订书面劳动合同的二倍工资、竞业限制等问题，所以，质疑的声音仍然不断。

2014年以来，我国经济发展面临转型升级和供给侧结构性改革，实体经济下行风险不断显现，很多企业特别是传统行业企业，经营发生困难，劳动关系变得更加错综复杂，希望再次修改《劳动合同法》的提议逐渐多了起来。

2015年3月，国务院出台了《中共中央、国务院关于构建和谐劳动关系的意见》。该意见不再片面地强调保护劳动合同的合法权益，而要求统筹处理企业发展和维护职工权益两者之间的关系，表明国家对《劳动合同法》的指导思想已经发生改变。

之后，财政部长楼继伟在多种场合公开发表对《劳动合同法》的意见，认为它降低了劳动力市场的灵活性，使企业成本上升，无法灵活用工，对劳动者保护缺乏平衡，从而最终损害了劳动者的根本利益。楼部长同时还认为，近年来劳动者工资过快增长，超过了劳动生产率。

2016年2月，全国两会期间，是否再次修改《劳动合同法》，成为了与会代表们关注的热点之一。

支持修改《劳动合同法》的观点认为：《劳动合同法》太过超前，无固定期限劳动合同的构想虽然很好，却降低了劳动力市场的灵活性，削弱了用人单位的创新积极性，特别不适合以加工贸易为主的外向型、代工型以及季节性很强的用人单位的用工需要；《劳动合同法》过于侧重于对劳动者的保护，例如对工资刚性增长、解除合同的经济补偿金等的规定，无形中加重了用人单位的负担，对用人单位发展不利；社保费率过高，用人单位人工成本压力太大。

反对修改《劳动合同法》的观点则认为：合理的用工成本是用

人单位的法定义务，经济的发展不能以牺牲劳动者的合法权益为代价。目前，我国劳动者的整体工资水平，与其他同等水平的发展中国家相比，其实并不高，用人单位用工成本较高的主要原因是税费高，《劳动合同法》的实施和用人单位用工成本上升没有直接关系。应尽快降低社保缴费率，由政府提供财政支持，较大幅度减轻用人单位的"五险一金"缴费负担。

2016年2月29日，国务院新闻办举行新闻发布会，人社部部长尹蔚民在答记者问时对《劳动合同法》是否应当修改也发表了看法。他认为实施《劳动合同法》导致的主要问题，一是劳动力市场的灵活性不够，二是企业用工成本比较高。"作为主管部门，我们正在进行积极研究。我们会广泛地听取各个方面的意见，进行深入的研究论证，适时提出我们的意见。"①

但是，到目前为止，全国人大常委会并没有修订《劳动合同法》的计划安排。所以，笔者认为，即使《劳动合同法》要修订，最早也只能列入全国人大常委会2017年修法任务中。在正式修订之前，还要经过征集意见、审议等各个环节，一般也需要一年的时间。因此，修订后的《劳动合同法》最快也要等到2017年底才能面世。

无论如何，法律是在特定历史条件下产生，并为社会实践服务的。世界上没有任何一部法律是完美无缺的，所有的立法都会随着时代的变迁而与时俱进。所以，中国的劳动立法，任重道远，值得期待！

笔者建议，如若再行修改《劳动合同法》，应该把促进就业作为基本立法理念，既要保护劳动者的权益，又要平衡用人单位的利益，鼓励用人单位采取多种形式用工，加大用工数量。同时，对明显偏颇的条款进行修订和完善，把过于僵化的条款剔除，适当加强对企业投资者权益的保护。具体修改建议，可以从以下几个方面考虑：

---

① 人社部回应劳动合同法争议：正在进行积极研究[EB/OL]. 央广网. 2016-02-29.

第一，继续扩大《劳动合同法》的适用范围，力争涵盖所有的劳动用工形式，如家庭用工、兼职劳动等，并且对在校大学生的劳动权益，特别是兼职（实习）劳动进行规范和保护。

第二，修改《劳动合同法》第14条第2款关于无固定期限合同订立条件的条文，将第一项和第二项合并，以同等保护连续工作满十年的老员工；将第三项"连续订立二次固定期限劳动合同"，改为"连续订立三次固定期限劳动合同"，并且将"续订劳动合同"去掉，避免产生歧义。

第三，构建用人单位单方变更劳动合同制度，采用列举性条文，对用人单位可以单方变更劳动合同的法定情形以及程序，做出明确规定，以贯彻和保护用人单位的用工自主权，更加灵活地进行经营管理活动。

第四，收紧劳动者的单方解除权。① 对于用人单位不履行法定义务，如未及时足额支付工资，未购买社保解除等，劳动者提出解除劳动合同的，可以附加一些条件，比如未及时足额支付三个月工资；建立劳动关系之日起三个月内未办理社保等的，劳动者才可以单方解除劳动合同。目前劳动者的解除权过大，几乎可以找任何用人单位的毛病就可以单方解除劳动合同，并主张经济补偿金。这对于用人单位的长远发展是非常不利的。

第五，放宽经济性裁员的条件，保证用人单位在生产经营发生困难时的单方解除权，减轻用人单位经济补偿金的支付负担。

第六，彻底纠正将劳务派遣作为扩大就业方式的错误观点，进一步明确界定劳务派遣的适用范围，限制劳务派遣用工的数量，严格区别劳务派遣与劳务外包，禁止滥用劳务派遣规避法律义务的用工行为。

第七，加强对农村户籍劳动者的保护，规定凡与用人单位建立劳动关系的劳动者，无论城镇户籍或者农村户籍，一律平等地享有权利，履行义务，不得歧视，劳动关系中不存在农民工、城镇工的区别。

---

① 马超. 论劳动者单方解除权无限制而用人单位严格限制是否公平[J]. 职工法律天地：下，2014(3).

第二章 《劳动合同法》框架下的体面劳动

"《劳动合同法》让中国人体面劳动,它的颁布实施,标志着中国廉价劳动力时代的终结,在华的中外企业将不再过度地依赖于廉价的劳动力赚钱,而更多地依靠科技创新及其核心竞争力来发展自我,并让中国劳动者共享其发展成果。①

一、体面劳动的提出

"体面劳动"(Decent Work)是指通过促进就业,加强社会保障,保护劳动者基本权益,开展政府、用人单位、工会三方的协商对话,以保证劳动者在自由、公正、安全和有尊严的条件下工作。

体面劳动是国际劳工组织的组织理念,是国际劳工组织为了应对经济全球化的挑战,消除其带来的负面影响,促进社会公平和正义而提出的社会政策目标和措施②。

国际劳工组织是联合国下属的分支机构,是由劳动者、用人单位和政府三方组成的负责劳工问题的政府间组织,它自1919年成立以来,从维护劳动者正当权益的宗旨出发,一直以"自由、公正、安全和人的尊严"为其价值取向。在其章程中突出强调"社会正义",要求改变大量劳动者遭受的不公正、贫困和苦难,主张"全人类不分种族、信仰和性别,都有权在自由和尊严、经济有保

---

① 董登新. 劳动合同法让中国人体面劳动[EB/OL]. 摘自新浪博客,2008-09-21.

② 王全兴. 劳动法[M]. 北京:法律出版社,2004.

第二章 《劳动合同法》框架下的体面劳动

障和机会均等的条件下，谋求自己的物质福利和精神发展"。

体面劳动的提出有其特定的社会原因和历史背景。20 世纪 80 年代，由于信息技术的发展引起生产方式的变革，以跨国公司为主体的经济全球化迅猛发展，一方面促进了在世界范围内优化配置和合理利用各项资源，推动了世界经济的快速发展；另一方面，又加剧了国际经济竞争，加快了国际垄断资本在全球的扩张，给各国经济，特别是发展中国家带来严峻的挑战。为应对危机，许多国家开始削减社会福利，大量裁减员工，增加作为廉价劳动力的非全日制等非规范就业用工；企业主们为降低生产成本，也竞相压低工人工资，非法雇用童工，劳动者的劳动条件恶化，缺乏技术和受教育程度较低的工人毫无保障，境地十分悲惨；在不少国家，集体谈判和工人参与工会权利遭到极大削弱①，劳动纠纷不断涌现，社会矛盾日益突出。

以上种种，不仅严重损害了劳动者的合法权益，也阻碍了社会的稳定和经济的发展。一时间，反对全球化的社会运动一浪高过一浪②。如何解决经济全球化大背景下的社会矛盾，成为国际社会和世界各国必须面对的课题。

发达国家认为，由于发展中国家低廉的劳动力，造成世界贸易中的不公平竞争，并危及发达国家工人的就业岗位。因此，提出了所谓"社会条款"，主张在贸易与投资协议里写入关于保护人权和劳工权利、保护环境等问题的专门条款。缔约方如果违犯该条款，其他缔约方可以予以贸易制裁。社会条款的基本内容是劳工的四项基本权利，即：结社自由并有效承认集体谈判权、消除一切形式的强迫劳动、有效废除童工、消除就业歧视。

这种将劳工标准，特别是核心劳工标准与贸易挂钩的解决方案，引起了发展中国家的激烈反对和抵制。

---

① 林燕玲. 体面劳动在中国的阐释和实践[J]. 北京市工会干部学校学报，2011 年 3 月.

② 林兴凤. 反全球化运动及其原因浅议[J]. 国际关系学院学报，2003 (3).

发展中国家认为，与发达国家相比，发展中国家的相对优势就是较为低廉的劳动力，这种比较优势不应受到质疑。将劳工标准与贸易挂钩的做法，实际上是发达国家变相的贸易保护主义①，是对不发达国家经济发展的巨大阻碍，是不公平的，不能接受的。

20 世纪 90 年代中期，发达国家与发展中国家就社会条款的问题多次进行讨论，然而，由于严重的意见分歧，解决全球化社会层面问题的探索陷入僵局。为此，国际劳工组织顺应形势的要求，开始采取应对举措。

1999 年 6 月，国际劳工大会召开第 87 届会议，国际劳工组织新任劳工局长胡安·索马维亚上任，他是国际劳工组织历史上第一个来自发展中国家（智利）的局长。胡安·索马维亚在其施政报告《体面的劳动》中，首次提出了"体面劳动"的概念，并进行了详细的论述。

他认为，必须以发展中国家和发达国家都能接受的方式，继续遵循将社会最低标准置入全球经济的目标。国际劳工组织应当致力于促进男女在自由、公正、安全和具备人格尊严的条件下，获得体面的、生产性的工作机会。

体面劳动是国际劳工组织历史性任务的现代表现，其概念直观而准确，既尊重劳动者的劳动权利，也反映了劳动者劳动权利的直接诉求，同时为经济全球化的背景下的劳工权益保护，提出了全新的目标和解决方案，因此立即得到了国际劳工大会与会各国的认可和支持。

为了促进实现体面劳动，国际劳工组织制定和实施了《体面劳动议程》，在 8 个国家进行试点，旨在推动各个成员国制定本国的体面劳动国别计划，实现"体面劳动议程"的 4 项战略目标：促进和实施国际劳工标准、工作中的基本原则和权利；为所有人创造更广泛的、体面的就业机会；为所有人提供广泛而有效的社会保护；加强三方性原则和社会对话。

---

① 林燕玲.体面劳动在中国的阐释和实践[J]. 北京市工会干部学校学报，2011 年 3 月.

第二章 《劳动合同法》框架下的体面劳动

2004年，在第92届国际劳工大会上，胡安·索马维亚作了题为《一个公平的全球化：国际劳工组织的作用》的报告①。报告指出，为了实现为所有人创造机会的公平的全球化，体面劳动应成为每个国家和国际社会追求的全球目标。采用把体面劳动作为全球目标的建议，将帮助指导全球治理进程朝着为所有人提供更公平的机会和结果的方向发展②。

2005年，国际劳工组织亚洲区域成员制定了《亚洲体面劳动十年计划》，承诺到2015年在亚洲实现体面劳动。同年，联合国大会也做出决议，决定将体面劳动作为联合国系统推动实现的千年发展目标之一。

2008年，第97届国际劳工大会通过了《国际劳工组织关于促进社会正义、实现公平全球化宣言》。在宣言中，国际劳工组织认为，环境压力、对经济的不安全感、政府管理的缺失以及不平等的收入分配等是导致"非体面劳动"的主要原因。因此要达到体面劳动，就需要保护劳动者权利，保障劳动者享有足够收入和工作机会，使劳动者获得充分的社会保护。

至此，体面劳动从理论上的倡议全面上升为国际劳工组织的基本理念，成为全体成员国乃至整个国际社会都必须努力实现的目标。

二、体面劳动的内涵

体面劳动是国际劳工组织在经济全球化背景下，为解决劳动和社会领域出现的新现象、新问题而采取的一项战略措施，它的提出与推进，体现了国际劳工组织希望最大限度保证劳工权益的理念。从关注物质性收入与产出转向关注劳动者精神层面，是人类文明史

---

① 沈志义. 国际劳工组织"体面劳动"之思考[J]. 中国流通经济，2011(11).

② 陈静媛. 我国体面劳动的现状及完善措施[J]. 青海社会科学，2010(5).

的跨越性飞跃。

体面劳动的关键，在于从整体上，平衡而统一地推进工作中的权利、就业、社会保护和社会对话四个战略目标，即通过促进就业、加强社会保障、维护劳动者基本权益，以及开展政府、用人单位工会三方的协商对话等方法，保证广大劳动者在"自由、公正、安全和具备人格尊严"的条件下，获得体面的、有适当报酬的、生产性的工作机会。

体面劳动战略目标的四个方面，既相互联系，又各有侧重，为全方位立体化保护劳工权益，实现社会正义和公平，提出了明确的要求。

首先，劳动者的尊严和基本权利，是体面劳动的前提和必要条件。根据《劳动法》的规定，劳动者依法享有平等就业和选择职业的权利、取得劳动报酬的权利、休息休假的权利、获得劳动安全卫生保护的权利、接受职业技能培训的权利、享受社会保险和福利的权利、提请劳动争议处理的权利以及法律规定的其他劳动权利。

体面劳动是一种较高层次的劳动权利与劳动尊严状态，不能简单地理解为保障"基本劳动权利和法定权利"，而应该着力改变劳资地位严重不平等的关系，从权利路径入手，切实提高劳动者的法律地位。

其次，就业和社会保护，是体面劳动的主要内容；就业和社会保障是重要的民生工作，也是经济和社会发展重要的支撑，必须高度重视。这里所讲的就业，不仅仅是要实现充分就业，还要创造一种能够促进就业的可持续的、制度化的经济环境。社会保护则是指充分有效的社会保障，应当扩大到人人享有，并且与经济、社会和人口的迅速变化而产生的新的要求相适应。

最后，社会对话，是实现体面劳动的途径，是指通过集体协商和谈判，充分发挥工会的力量，使劳动者能够平等地与用人单位进行沟通，对用人单位的经营管理状况有知情权，对用人单位的重大决策有参与权，对自身利益有话语权。劳动者有权依法参加和组织工会。工会代表和维护劳动者的合法权益，依法独立自主地开展活动。劳动者依照法律规定，通过职工大会、职工代表大会或者其他形式，参与民主管理或者就保护劳动者合法权益与用人单位进行平等协商。

对于"体面劳动"的考量，则可以从自由、公平、安全、人格尊严等几个方面来把握：

（1）自由。自由是指不受限制和阻碍，能够按照自己的意志进行的行为。劳动自由是指人们可以自由选择工作或者不工作，在这里工作或者在那里工作，不受用人单位的压迫和强制等。劳动自由权是公民基本人权的体现，是衡量体面劳动的最重要标准，没有自由，公平、正义、尊严等都无从谈起。

劳动自由权首先表现为劳动者的自由择业权，如是否建立劳动关系的自由、单方解除劳动合同的自由，等等。其次，表现为劳动者的人身自由权，不得用暴力的手段强迫劳动者劳动，禁止使用童工、奴隶以及抵债劳力，禁止强迫劳动者加班、违章危险作业等。

（2）公平。公平是指公正、平等、不偏不倚。劳动平等是指每个劳动者，只要具备劳动能力，不分男女老少，都应平等地享有劳动权利并承担劳动义务，不能进行劳动歧视。劳动只有分工的不同，而没有高低贵贱之分。劳动平等是法律面前人人平等的一种体现，应当受到法律的保护。

《劳动法》中的公平主要体现在工作机会和工作报酬两个方面：首先，从工作机会上来说，公平就是指机会均等，没有歧视，不区别对待。所有符合录用条件的劳动者，都能够找到适合的工作，不会因为种族、肤色、性别、宗教、政治见解、社会出身、区域、残疾等差别而被排斥或者区别对待。这里所指的工作具有很广的范围，不仅包括正规就业和非正规就业，还包括自谋职业以及无经济收入的家庭工作。其次，从工作报酬上来说，工资分配应当遵循按劳分配原则，实行"同工同酬"，即用人单位对于技术和劳动熟练程度相同的劳动者在从事同种工作时，只要提供相同的劳动量，就应获得相同的劳动报酬。同工同酬是劳动者享有的基本劳动权利，也是劳动公平的最终目的和物质保障。"同酬"并不是说薪金数额上的绝对相等，而是要求薪酬福利不能以员工的身份作为分配办法和标准。

(3)安全。安全就是没有危险,劳动安全就是没有危及劳动者生命和健康安全的职业伤害,劳动者在工作中的人身安全获得保障,有良好的工作环境和条件,避免高温、排毒、噪音等恶劣环境,防止工伤事故伤害和职业病。联合国《经济、文化和社会权利国际公约》第7条规定,缔约各国承认人人有权享受公正和良好的工作条件,特别要保证安全和卫生的工作条件。

安全是人类生存与发展的最基本要求,是生命与健康的基本保障。劳动安全是保护劳动者安全健康、保证国民经济持续发展的基本条件。用人单位必须建立、健全劳动卫生制度,严格执行国家劳动安全卫生规程和标准,对劳动者进行劳动安全卫生教育,防止劳动过程中的事故,减少职业危害。

(4)人格尊严。人格尊严,是指公民所具有的自尊心以及应当受到社会和他人最起码的尊重的权利。我国《宪法》第38条规定:"中华人民共和国公民的人格尊严不受侵犯。禁止用任何方法对公民进行侮辱、诽谤和诬告陷害。"

在现代社会中,尊严是劳动者体面的保证,没有尊严便没有体面。劳动者在劳动时,其人格尊严应当受到尊重,劳动者有表达意愿和参与民主管理的渠道和体制,其应有的权利能够得到保护,禁止对劳动者强行搜身。劳动者尊严和通过劳动拥有尊严,正是体面劳动的本质特征①。

三、体面劳动在中国的发展进程

中国是国际劳工组织的成员国,一直都在积极地参与配合国际劳工组织的工作,并且努力从国际劳工组织得到支持和帮助。

2001年,中国与国际劳工组织在北京签署了有关体面劳动议程的谅解备忘录,把"在社会进步的同时,实现全面、和谐和可持续发展"作为政府工作的重要部分,反映出中国向体面劳动目标迈

---

① 沈志义. 国际劳工组织"体面劳动"之思考[J]. 中国流通经济,2011(11).

进的愿望和决心。

之后,中国和国际劳工组织围绕着体面劳动的议题,开展了一系列活动,包括在一些基层城市和区域,探索改善微型企业和小企业的创业和发展环境的办法,研究有关职业安全和卫生的法律以及法律的实施,讨论国际劳工标准帮助中国消除歧视和强迫劳动的可行性等。

2004年4月28日,由劳动和社会保障部与国际劳工组织共同举办的"中国就业论坛"在北京召开。论坛的主题是"全球化、结构调整与就业促进",强调通过社会对话促进充分就业。

2007年4月,原劳动和社会保障部、中国企业联合会、中华全国总工会与国际劳工组织北京局签署了"体面劳动与中国国别计划"。该计划以中国"十一五"规划为参照依据,不仅参照执行了国际劳工组织倡导的"体面劳动议程",同时还考虑了联合国发展援助框架(UNDAF),以及在中国开展的技术合作项目和活动的优秀经验,表明了中国对体面劳动的积极态度,努力通过对话与合作,创造更多的、生产性的、体面的工作岗位,提高劳动者的技能素质,为实现经济增长与变革中的"体面劳动"创造条件。

2007年下半年,中国政府相继制定通过了《劳动合同法》、《就业促进法》、《劳动争议调解仲裁法》,就完善劳动合同制度、保障和促进就业、公正及时解决劳动争议等与体面劳动密切相关的问题,做出明确的规定,为体面劳动各项指标在中国的实施提供了法律依据和保障。

2008年1月7日,中华全国总工会举办"2008经济全球化与工会"国际论坛,论坛的主题是"可持续发展、体面劳动和工会的作用"。时任中共中央总书记、中国国家主席胡锦涛出席开幕式,并在致辞中指出,"实现可持续发展,事关各国广大劳动者的切身利益,也是各国广大劳动者实现体面劳动的重要前提"。这一讲话对于我国体面劳动的实现与可持续发展具有重要意义。

同年10月,胡锦涛总书记在同全国总工会新一届领导班子成员和中国工会十五大部分代表座谈时再次强调,要"促进实现体面劳动,促进劳动关系和谐,促进社会和谐稳定"。

2010年9月16日，第五届亚太经合组织人力资源开发部长级会议在北京开幕，胡锦涛主席在致辞中表示"要强化政府促进就业的责任，实施更加积极的就业政策，实施相应的财政、金融、产业等方面政策，建设覆盖城乡的公共就业服务体系，健全面向所有困难民众的就业援助长效制度，完善就业与社会保障的联动机制，促进体面劳动，构建和谐劳动关系"。

2013年劳动节前夕，习近平主席在与全国劳模代表座谈时指出："要坚持社会公平正义，排除阻碍劳动者参与发展、分享发展成果的障碍，努力让最广大的劳动者实现体面的劳动、全面的发展。"

综上可见，体面劳动不仅是国际社会关注的主题，也日益成为中国国家和政府关注的重要社会问题。在中国构建社会主义和谐社会的过程中，实现体面劳动是非常重要的一项工作。中国政府多年的努力和实践证明，体面劳动已经不仅仅停留在概念和理念上，也变成了实际的行动。国家采取各种措施，促进劳动就业，发展职业教育，制定劳动标准，调节社会收入，完善社会保险，协调劳动关系，逐步提高劳动者的生活水平。笔者相信，只要持之以恒，假以时日，国际劳工组织提倡的体面劳动理念，一定会在中国实现。

四、体面劳动在中国实施过程中存在的问题

和谐劳动关系是和谐社会的基础，体面劳动则是构建和谐劳动关系的重中之重。多年以来，中国政府一直努力致力于有关体面劳动的工作，从政策、法律、措施等多方面入手，不断发展和完善积极的就业政策和就业服务体系，稳步推进"广覆盖、保基本、多层次、可持续"的社会保障制度，逐步改进和加强劳动立法，广泛建立全国和地方层次的三方性机制以及企业的民主参与机制，为实现体面劳动的长远发展，打下了坚实基础，取得了可喜的进步。但不可否认的是，这项工作依然面临着许多的困难，存在着许多的问题。

（一）劳动报酬低，分配不公①

劳动报酬权是劳动者的基本劳动权益之一，也是体面劳动的物质基础。实现劳动者的体面劳动，就要随着国家经济的发展，不断提高劳动者的工资水平。但是，长期以来，我国劳动者收入偏低且增长缓慢，工资占初次分配比重持续下降。职工工资总额在GDP中的比重，跟美国等发达国家相比，有巨大的差距，甚至低于印度、马来西亚等发展中国家。这与我国经济的快速增长水平是不成正比的，说明广大劳动者并没有分享到经济发展的改革成果，国富民穷现象十分严重。

实践中，部分用人单位为了减少成本支出，故意压低劳动者工资，不执行政府颁布的最低工资标准，甚至故意拖欠、克扣劳动者的工资，劳动者为了"讨薪"而采取非常手段的事情时有发生，严重激化了劳资矛盾，构成了社会不安定因素，直接威胁到社会经济的稳定和发展。此外，用人单位拒不支付加班费、赔偿金，以及同工不同酬的现象，也非常突出，严重损害了劳动者的合法权益。

在企业工资分配方面，分配差距不断扩大，部分垄断行业职工工资水平和国有企业高管人员收入偏高、增长较快，劳动密集型竞争行业、私营企业职工特别是一线职工工资水平偏低、增长较慢。全国总工会的一项调查显示，75.2%的职工认为当前社会收入分配不公平。从1997年至2007年，我国GDP比重中，政府财政收入从10.95%升至20.57%，企业盈余从21.23%升至31.29%，而劳动者的报酬却从53.4%降至39.74%②，这不仅影响了普通劳动者生活水平的提高，也成为拉动消费需求、加快转变经济发展方式的严重障碍。

---

① 喻包庆.体面劳动及其实现路径[J].江汉论坛，2012(2).
② 严辉文.体面劳动的关键是体面工资[N].四川工人日报，2010-12-11.

（二）就业市场不充分、不规范，就业歧视严重

提供充分、体面的就业机会，是实现劳动者体面劳动的最起码的要求。但当前我国在就业方面还存在着一些严重影响我国体面劳动实现的问题。

1. 就业市场不充分，就业压力大

根据国际劳工组织对体面劳动的量化标准，国家和政府应当为具有劳动能力、有就业需求的劳动者提供相当数量可供选择的就业机会，以保证充分的就业。但我国的就业形势一直以来都非常严峻，以2016年为例，第一，由于传统行业产能过剩，如煤炭、钢铁等企业减产，造成部分职工下岗；第二，国家经济形势严峻，经济下行压力较大，部分企业生产经营困难，造成企业用工不足，无法提供有效的就业岗位；第三，以高校毕业生为主的青年就业群体的数量还在持续增加，对就业产生很大的压力；第四，随着我国城市化进程的加快，农村剩余劳动力大量涌现。据统计，2015年我国城镇新增就业人数达到了1312万人。此外，每年还有近1200万的失业人员，有1.2亿农民需要转移就业，以及700万左右的大学生需要安排就业。劳动力供大于求，而总体安置率却不到70%，所以就业压力巨大，许多人根本无法实现就业。

2. 灵活就业不规范，劳动者权益无法保护

灵活就业人员是指以非全日制、临时性和弹性工作等形式就业的人员。包括(1)自雇型就业，如从事个体劳动的人员，个体经济组织业主；(2)自主就业，如自由职业者，包括律师、自由撰稿人、独立的演员、歌手、模特等；(3)临时就业，如家庭小时工、街头小贩、其他类型的打零工者。灵活就业以其就业门槛低、包容性强、进退方便等特点成为我国扩大就业的重要渠道，不仅有效地弥补了正规劳动就业的不足，解决了一些普通劳动者的生计问题，也为繁荣市场经济，方便老百姓的生活，提供了帮助。据估测，我国目前新增就业的80%来自灵活就业，其总数达到1.5亿之多。灵活就业已经成为缓解我国严峻就业形势的重要渠道。但是，由于灵活用工形式的不规范性、不稳定性，导致其中的法律关系比较复

杂。目前，我国除了《劳动合同法》对劳务派遣和非全日制用工有一些宽泛的规定以外，对个体劳动者、兼职工、家庭雇工等，并没有明确规定，因此管理比较混乱，劳动者的劳动报酬、社会保险、劳动条件等权益得不到有效保护，很容易产生纠纷。

此外，实践中劳务派遣被滥用的情况非常严重，许多用人单位为了逃避法律义务，在不允许使用劳务派遣的工作岗位上大量使用劳务派遣工，严重扰乱了正常的劳动就业秩序，使得劳务派遣制度备受质疑和诟病。

3. 就业歧视现象严重

公平就业是劳动就业的基本原则，是劳动者的基本权益。我国《劳动法》规定，劳动者依法享有平等就业和自主择业的权利。劳动者就业，不因民族、种族、性别、宗教信仰不同而受歧视。但是，在我国的就业市场，各种歧视现象五花八门，层出不穷，比如经验歧视、学历歧视、相貌歧视，甚至血型、星座歧视，等等，又比如对女职工的性别歧视、对农民工的身份歧视、对乙肝病人的歧视等，都非常普遍和严重。据有关统计表明，有67%的用人单位提出了性别限制，或明文规定女性在劳动合同期限内不得怀孕生育，有超过5%的女性曾经"因性别而不被录用或提拔"、2%的女性曾"因结婚/怀孕/生育而被解雇"。据此可推算全国遭遇"因性别而不被录用或提拔"的城镇女性将高达743万人以上。

平等就业是平等权和劳动权的具体体现，消除就业歧视，不仅涉及社会对劳动者的尊重和价值认同，也是一个国家法治水平和文明程度的体现。目前，我国现有的法律条文，虽然明确规定公平就业原则，反对就业歧视，但是对于禁止就业歧视的事由规定得不多，适用范围太窄，同时标准也非常模糊，可操作性不强，因此实践中存在难以界定的现象。比如，举证的问题。因为一般用人单位招聘时，笔试有统一的尺度，但是面试环节就不好界定和把握了，即便有就业歧视问题，打起官司来也很难胜诉。

(三)劳动安全无保障,社会保障不完善

1. 劳动者工作条件恶劣,劳动安全无从保障

劳动安全权是劳动者最重要、最基本的权利。用人单位必须建立、健全劳动安全卫生制度,严格执行国家劳动安全卫生规程和标准,对劳动者进行劳动安全卫生教育,防止劳动过程中的事故,减少职业危害。但实践中,劳动者职业安全状况却不容乐观。一方面,相当多的企业缺乏安全卫生管理制度,没有按照国家标准提供或仅提供一部分劳动安全卫生条件。另一方面,一些从事高温、有毒、有害作业的用人单位,如化工、钢铁企业、煤矿等,一味追求高额利润,既不进行安全生产检查,也不开展安全卫生教育和特殊工种安全技术培训,甚至不提供必要的职业危害防护用具,任由劳动者在危险、恶劣的劳动环境中工作,导致职业病患病率极高,工伤事故频发。据统计,中国每年事故死亡 13 万多人,伤残 70 余万人,职业病严重危害 70 多万人。而对重工业、矿山系统的全国调查显示每年新发尘肺病超过 1 万例,病死率 22%,实际接触粉尘、毒物和噪声等职业危害的职工高达 2500 万人以上。

2. 劳动者劳动强度大,劳动时间长[①]

中国是世界上工作时间最长的国家之一,劳动者年均工作 2000 至 2200 小时,而英国是 1677 小时,日本是 1620 小时,美国 1610 小时,荷兰最低为 1389 小时。

虽然我国《劳动法》对于工作时间、休息休假以及加班等问题都有明确的规定,如每天 8 小时每周 40 个小时的标准工作时间、劳动者每周至少休息一日、加班每月不得超过 36 小时。但实践中仍然有大量的企业,特别是一些劳动密集型企业,不执行国家劳动标准,职工超时加班、过度加班现象十分普遍,休息休假权得不到

[①] 陈静媛. 我国体面劳动的现状及完善措施[J]. 青海社会科学, 2010 (5).

保障。研究发现，我国九成行业周工时超过40小时①，过半数行业每周要加班4小时以上。其中，住宿和餐饮业劳动者平均每周工作时间长达51.4小时，排名第一。

由于户籍制度的原因，"农民工"是我国劳动力市场上一种特殊的存在。他们大多没有受过专业教育，缺乏必要的劳动技能，所以只能从事一些脏、累、险、苦的重体力劳动，比如建筑施工、井下挖掘、有毒有害的工作等。这些行业，劳动者的劳动时间普遍较长，远超法定标准工作时间。据调查显示，有30.2%的农民工劳动时间在9~10小时，14%的农民工每天需要工作11~12小时，10%的农民工每天工作时间在12小时以上。《劳动法》规定劳动者每周至少休息一天，但52.7%的农民工月休息时间在4天以下，其中有22.6%的农民工根本没有休息过一天。劳动者从事超时、劳动强度过大的劳动，是对劳动力的透支，违背了劳动力再生产的周期与规律，对身体造成严重损害，会给以后的生活留下诸多隐患。

3. 社会保障制度不完善

经过十多年的努力，我国已初步建立了包括养老、医疗、失业、工伤和生育保险在内的社会保险体系，但是整体的覆盖率依然较低。目前，我国城市居民的社会保障制度相对完善，但是农村居民、外来务工人员的保障较差，没有全面有效地体现出制度的福利性。特别是近年来，我国通过自主创业、非全日制用工等灵活就业的劳动者越来越多，其人员的社会保障却十分不足。据统计，2014年10月底，全国以个人身份参加养老保险的人员有1400多万，仅占全部灵活就业人员的28%，以个人身份参加基本医疗保险的人员只有400多万，还不到全部灵活就业人员的10%②。此外，多数灵活就业人员经常更换工作单位和工作地点，而我国目前社会保障制度各自为政无法统一，导致各区域间没有办法统筹，使灵活就业

---

① 北京师范大学劳动力市场研究中心. 2014中国劳动力市场报告，2014年11月.

② 劳动和社会保障部. 关于我国灵活就业情况的统计分析，2005年1月.

人员的社会保险关系转移、接续难以办理，从而严重影响了灵活就业人员参保的积极性。

在社会保障制度实施的过程中还存在很多违法行为，如单位不为职工投保、拖欠社保费等现象，继而引发许多社会保险纠纷，侵犯到劳动者的社会保障权利。

(四)社会对话机制尚未完全建立①

促进劳动者、用人单位和政府之间的社会对话，是实现体面劳动的重要途径。这就要求充分发挥工会的作用，以促使用人单位维护职工的合法权益。我国《工会法》明确规定，代表和"维护职工合法权益是工会的基本职责"，但是，由于我国工会制度的历史局限性，工会难以发挥出其应有职责和作用，使得有些企业职工对企业的发展状况、企业的生产经营现状、企业的重大经济决策等全然不知，没有任何的民主管理权，在企业的发展运行中几乎无权介入②。

当前，随着经济体制改革、社会结构调整的深化，我国在劳动关系领域出现了许多新情况新问题，而与之相适应的协调机制、解决机制却尚未建立完善起来。为此，各级工会应遵循"以职工为本，主动依法科学维权"③的原则，以发展和谐劳动关系为目标，以解决职工群众最关心、最现实的利益问题为重点进行维权，推动劳资争议处理与工资集体协商机制的建立完善，完善劳动关系协调机制，促进劳动关系和谐及社会稳定。

(五)劳动立法层次较低，可操作性较差

从20世纪80年代，我国进行劳动关系的市场化改革以来，先

---

① 邱小平. 就业与社会对话——社会对话在中国就业领域的实践[J]. 中国就业, 2014(7).

② 林燕玲. 体面劳动在中国的阐释和实践[J]. 北京市工会干部学校学报, 2011年3月.

③ 张雨泽. 坚持以职工为本，主动依法科学维权[J]. 北京市工会干部学院学报, 2009(2).

第二章 《劳动合同法》框架下的体面劳动

后颁布实施了一系列的劳动法律法规，主要有《劳动法》、《工伤保险条例》、《失业保险条例》、《工伤认定办法》、《职业病防治法》、《最低工资规定》、《集体合同规定》、《企业年金试行办法》、《工会法》、《劳动保障监察条例》等，各地政府在中央立法的基础上，也出台了110多部地方性法规和规章，初步构建了适应社会主义市场经济体制的劳动法律体系。

2007年，《劳动合同法》、《就业促进法》、《劳动争议调解仲裁法》相继颁布实施，标志着我国以《劳动合同法》为核心的劳动法律体系已经建立起来，为在我国实现体面劳动的目标，奠定了良好的法律基础。

之后国家又陆续出台《劳动合同法实施条例》、《社会保险法》、《安全生产法》等法律，并对《劳动合同法》、《工伤保险条例》、《职业病防治法》等做出了修改，为进一步规范劳动关系，保护劳动者的合法权益提供了法律保障。

但是，到目前为止，我国的劳动立法和我国的市场经济一样，还非常不成熟，存在着许多的问题。

首先，从法律渊源的角度来看，我国的大多数劳动立法都是国务院及其部委所制定的行政法规和部门规章，效力层次较低，内容分散，不能形成完整有效的体系，因此缺乏统一性、稳定性和权威性。在适用的过程中，很容易出现权限不清，互相推诿，以及相互抵触，无法界定的情况，严重影响了劳动法律制度的实施，有损法律的威严和效率。

其次，由于社会经济利益博弈等的原因，目前我国的劳动立法还有很多地方比较原则、空泛，在具体的制度设计上，缺乏前瞻性和可操作性，存在着"头疼医头脚疼医脚"的现象。比如《劳动合同法》中，立法机关为了改变劳动关系短期化的现象，在无固定期限劳动合同的订立条件上，明显向劳动者倾斜，强行规定只要符合条件的劳动者要求订立无固定期限劳动合同的，用人单位必须同意。这样的规定虽然有利于促进劳动关系的长期化、稳定化，但有违合同的平等性、自愿性原则，因此是不公平的，极易引起用人单位的不满和抵制。同样，《劳动合同法》中，对劳动合同能否单方变更、如何变更没有作出规定，使得用人单位的用人自主权无法实现，不利于劳动关系的变化和用人单位内部的管理；又如《就业促进法》虽然明确规定反对就业歧视，并且针对我国社会实践中比较普遍的几种就业歧视情形，做出了界定。但是在就业歧视的法律责任上，却仅仅规定劳动者可以提起诉讼，而没有对具体的责任范围、承担责任的方式等做进一步的规定，所以极容易产生争议，不利于劳动纠纷的解决。

五、在我国实现体面劳动的对策及建议

由于世界各国的经济发展水平不同，实现体面劳动的难度也有所不同，因此，不同国家对体面劳动的理解，应该根据本国国情在参考国际劳工组织提出的体面劳动定义的前提下①，灵活加以掌控。正如胡安·索马维亚总干事在2001年国际劳工大会上的报告中指出的那样："确保体面劳动的普遍性，并不意味着将一种统一的固定格式强加于人"，"让每个成员国自己根据国家的具体情况和轻重缓急来加以解决，才是适宜的和不可避免的"。既尊重体面劳动的普遍性原则，又尊重各国不同的发展模式，这是促进体面劳动在全世界实现的可靠而有效的途径。

作为世界上最大的发展中国家，我国的经济发展水平以及法制化程度，还远远比不上发达国家，在实现体面劳动的基础条件等方面还存在很多不足。但这些都阻挡不了我国政府尽最大努力去实现体面劳动，具体措施如下：

（一）提高劳动报酬，改革分配制度

体面工资是体面劳动的核心，因此，体面劳动的关键就是改革分配制度，提高劳动报酬。

分配制度涉及初次分配和再分配两个环节，劳动法上的工资分

---

① 常成. 体面劳动在中国的适用性与可行性分析[J]. 青年时代，2015 (17).

配属于初次分配。针对以往实践中的分配差距过大的问题，政府应该采取积极措施，缩小收入分配差距，调整国民收入分配格局。一方面严格规范和限制国有企业、金融机构管理人员特别是高管的收入，加大收入分配的透明度，推进中央企业负责人薪酬制度改革；另一方面，根据城镇居民消费价格指数、社会平均工资增长、经济发展水平以及就业状况，适时合理调整并严格执行最低工资标准，确保最低工资增长幅度不低于当地社会平均工资增长幅度，劳动者工资稳步提升。同时，改革工资总额管理办法，加快制定《中华人民共和国工资法》，严格遵循和深入落实"按劳分配、同工同酬、工资增长"原则，将我国的工资制度规范化，做到有法可依、执法必严。

(二) 促进充分就业，消灭就业歧视

1. 充分就业是"体面劳动"的前提。政府应该加强创新，大力发展有利于扩大就业的经济发展模式，创造更多的生产性工作岗位，努力提高就业率。

一要通过减免税费、社会保险补贴、培训补贴、扶持创业、小额无息贷款等方式鼓励劳动者，包括失业人员自主创业。

二要通过大力发展第三产业①，特别是对投资少、见效快、能吸纳各种类型劳动者的中小型企业，给予一定的政策优惠，以便安置更多的劳动者就业，减轻政府的就业压力。

三要化解产能过剩，做好职工安置。特别鼓励企业依靠现有的场地、设施、技术挖掘潜力，开辟新的就业岗位，在本企业内部来安置职工；对需要离开本企业的职工，启动就业扶持计划，在职业培训、职业介绍、职业指导方面给予帮助，帮助职工能够尽快就业和创业。

四要建立就业援助制度，量身设置公益性岗位，对就业困难人

---

① 潘泰萍. 关于促进劳动者实现体面就业的思考[J]. 生产力研究, 2012(4).

员实行优先帮扶，进行过渡性托底安置①；改进就业服务，强化再就业培训，统筹兼顾，完善失业登记和劳动预备制度；改革城乡二元化的户籍制度，消除劳动力市场壁垒，促进劳动力的合理流动。

五要继续实施大学生的就业促进计划和创业引领计划，鼓励和引导高校毕业生到城乡基层就业，落实学费补偿、助学贷款代偿政策等②。

2. 反对就业歧视③。

首先必须规范就业市场，用人单位在就业机会上必须严格遵守法律，执行公平就业原则，不应存在性别、年龄和城乡地域等歧视，应根据个人能力、特长并结合实际需要提供相应的工作岗位、职业培训、就业援助等配套措施。

其次，要制定专门的《反对就业歧视法》④，明确就业歧视的概念，建立反歧视的专门机构，同时规定救济措施和救济机制，以真正保障劳动者遭受就业歧视后能够获得有效救济，并对用人单位的就业歧视行为进行严厉的制裁。

再次，国家可以从政策层面进行引导，比如对与残疾人订立劳动关系的企业在税收上给予优惠政策。同时在非特定行业的体检标准上强制性地去除乙肝病毒携带的检查项目等。

(三) 健全社会保障制度，保护劳动安全⑤

社会保护是体面劳动的保障。只有稳步推进"广覆盖、保基本、多层次、可持续"的社会保障制度，保护劳动安全才能实现体面劳动。

---

① 李晶，孟繁远. 完善政府就业援助职能的建议[J]. 辽宁经济，2010(1).

② 临风. 人社部：为就业困难大学生开发公益性岗位托底安置[J]. 劳动保障世界，2010(10).

③ 孙波. 反对就业歧视促进就业公平[J]. 中国就业，2008(3).

④ 王文珍. 我国反就业歧视立法评析[J]. 中国劳动，2010(5).

⑤ 曾少军. 进一步完善我国社会保障制度的对策建议[J]. 宏观经济研究，2006(12).

第一,要完善我国的社会保障体系,扩大社会保障的覆盖率,增加享受社会保障待遇的人数,包括对灵活就业劳动者的社会保障,力争"全方位,立体化",将所有社会人群都纳入社会保障的范畴中,做到"老有所养,伤有所治,病有所医"。

第二,要加快实现社会保险的全国统筹,设置社会保险关系信息库,社会保险关系的信息全国联网,互联互换;通过设置"社会保险个人服务窗口",建立社会保险关系管理中心等措施,简化参保程序,改进服务手段,研制全国通用型的社会保险、登记、缴费记录表(卡),做好社会保险的接续、转移工作。

第三,要拓宽社保资金的投资渠道,使社保资金在安全保值的基础上,最大化实现增值。2016年,全国社会保障基金理事会将进一步深化基金投资管理体制机制改革创新,研究设计符合社保基金风险收益特征的新型产品、投资工具,适时开展同业存单等业务,创新固定收益投资策略,优化股票委托投资产品链,并继续配合人社部、财政部推进养老保险顶层设计重大课题研究,制定划转部分国有资本充实社保基金办法,明确国有资本划转规模、划转范围,以及划转后的管理措施等关键性内容。

第四,要确保劳动者获得安全的工作条件和适度的休息休假,合理调整工作时间,落实带薪强制休假制度,促进职业安全管理,减少工伤事故的发生,对就业困难人员或丧失劳动能力的人员给予特殊和适度的救济和补偿,保证正常劳动者和弱势劳动者的劳动力能够得到充分的承认和有效的保护。

第五,要建立社会保障权利救济制度,将社会保险争议从劳动争议中独立出来,成立专门的社会保险争议处理机构;加强社会保险行政处理及行政复议程序,将行政处理和行政复议程序作为诉讼的必经程序;在条件成熟后建立专门的社会法院或社会法庭,独立审理社会保险争议案件,同时建立处理社会保险争议的专门程序规制。

第六,要加强劳动行政执法监督,尤其是对企业的劳动用工监督,提高执法效率,督促用人单位遵守法律、合法用工,严格执行国家关于劳动用工的各项基准,严厉打击个别地方和企业出现的非法用工、使用童工、不签订劳动合同、拖欠工资等违法行为,并进行严格的制裁;对于不符合安全生产条件的企业,及时督促整改;对于屡教不改的,坚决取消生产经营资格,切实保护劳动者的权益。

(四)发挥工会作用,畅通三方对话

政府、用人单位和工会三方之间有效的对话与沟通,是实现体面劳动的重要途径。

第一,要广泛建立全国和地方层次的三方性对话机制,建立健全三方协商、联席会议、跨地区维权联动等源头参与机制,扩大社会协商对话,组织和代表劳动者参与社会政策的制定和社会事务的管理,增强劳动者的社会话语权,推动劳动就业、休息休假、收入分配、社会保障、教育培训、劳动安全等方面制度的完善,使劳动者能平等参与社会生活、共享社会发展成果、得到社会的尊重与认同。

第二,要完善以职工代表大会为基本形式的用人单位民主管理制度、厂务公开制度,组织职工依法实行民主选举、民主决策、民主管理、民主监督,使劳动者的知情权、参与权、表达权、监督权得到更充分、更有效的保障。

第三,要保持工会的独立性,并且充分发挥工会的力量,结合集体谈判制度、劳动合同制度、现代公司法人治理制度,推动工资集体协商制度与劳资争议处理制度的建立,完善劳动关系协调机制,切实维护劳动者的利益。

第四,要加大推进工资集体协商工作的力度和覆盖面,使工资增长与企业效益提高相适应,确保每个职工分享企业发展的成果,进而调动所有劳动者的积极性,增强企业凝聚力。

(五)完善劳动立法,加大执法力度

第一,要不断修改完善现行立法,构建以《劳动合同法》、《就业促进法》、《劳动争议调解仲裁法》为核心支撑的我国社会主义劳动法律体系。

第二,要加快出台《集体合同法》、《反就业歧视法》、《就业保险法》、《职业技能开发法》、《工资法》、《劳动保护法》、《劳动监察法》等配套法律制度,全面推动实施劳动合同制度,不断提高劳工权利和保障标准,为实现体面劳动、建立和谐稳定的劳动关系提供良好的法律制度保障。

第三,要加大劳动监察执法力度,以易发、频发劳动违法行为的企业为重点,以劳动用工、工资支付、社会保险等方面为主要内容,扩大日常巡视检查范围,推行网上书面审查;加大力度解决工资拖欠问题,对发生过拖欠工资问题的用人单位建立台账、完善信息、跟踪管理,对无故拖欠工资数额大、时间长、性质恶劣的,坚决依法查处,并向社会公布;进一步畅通举报投诉渠道,监察大队与信访办等部门要加强联系、联合办案,做到有案必接、立案必查、有查必果。

总之,"体面劳动"是保障劳动者安全健康的劳动,是维护劳动者权益的劳动,是劳动者实现自我价值的劳动,更是彰显劳动者人格尊严以及让劳动者共享社会发展成果的劳动。实施体面劳动就必须要求政府、用人单位联合起来,为劳动者提供公平的就业机会、良好的就业环境和安全的社会保障。同时,制定相应的法律法规,成立相应的机构,以保证全体劳动者在安全的条件下就业,并得到长足的发展。

第三章　劳动关系的认定与劳动合同的定义

一、劳动关系与雇佣关系、劳务关系

(一)劳动关系的法律特征

广义的劳动关系泛指人们在从事劳动过程中发生的所有社会关系,其范围很宽泛。但众所周知,并非所有与劳动有关的社会关系都由《劳动法》调整。《劳动法》只调整在实现社会(集体)劳动过程中,劳动者与用人单位之间所发生的社会关系,即狭义的劳动关系。这种劳动关系有以下几个显著特征:

1. 劳动关系的主体是特定的,即劳动者与用人单位。这里的劳动者、用人单位是《劳动法》上的专有术语,具有特定的法律内涵,而并非民法意义上的一般主体。

根据《劳动法》的规定,劳动者和用人单位都应当具备相应的权利能力和行为能力。劳动者的劳动权利能力和劳动行为能力是一致的,主要受到年龄(上限、下限)、智力发育(正常)、精神状况(包括专业知识,良好)和行为自由等因素的影响。

《劳动法》第15条规定:"禁止用人单位招用未满十六周岁的未成年人。文艺、体育和特种工艺单位招用未满十六周岁的未成年人,必须依照国家有关规定,履行审批手续,并保障其接受义务教育的权利。"所以,原则上劳动者的年龄依法不得低于十六周岁,同时也不得高于退休年龄。劳动者一旦达到法定退休年龄,办理退休手续,就意味着已经不具备劳动者的主体资格,不能再与用人单位建立劳动关系。所以,对于原单位退休又返聘的人员,从法律关系上讲,就只能是雇佣关系或者劳务关系,而绝不可能是劳动关系。

劳动者的行为自由是指劳动者能够独立自主地支配自己的时间和身体,能够依法行使劳动权利、履行劳动义务。从这个角度说,军人、正在服刑的罪犯以及在校的大学生都不可以成为劳动者,建立劳动关系。所以,劳动者如果被依法追究刑事责任,按照劳动合同法的规定,用人单位是可以单方面解除劳动合同的。而对于"利用业余时间勤工俭学的在校大学生",劳动部《关于贯彻执行〈劳动法〉若干问题的意见》第12条规定:"不视为就业,未建立劳动关系,可以不签订劳动合同。"

用人单位的用人权利能力和用人行为能力取决于其是否依法成立,具有合法的资格以及经营管理的范围,具体看用人单位是否具有营业执照或依法办理了登记、备案手续,这是实践中区别劳动关系和雇佣关系的一个重要标准。对于不合格的"用人单位",比如无照无证经营的企业,涉及与劳动者已经签订的"劳动合同"的效力,以及该单位应否支付劳动报酬的问题。对此,为保护善意的劳动者的合法权益,《劳动合同法》第93条规定:"对不具备合法经营资格的用人单位的违法犯罪行为,依法追究法律责任;劳动者已经付出劳动的,该单位或者其出资人应当依照本法有关规定向劳动者支付劳动报酬、经济补偿、赔偿金;给劳动者造成损害的,应当承担赔偿责任。"

2. 劳动关系必须产生于劳动过程中,以劳动力的所有权与使用权分离为核心。实践中,一般表现为由劳动者提供劳动力,用人单位提供生产资料,特别是大宗的生产资料。这是劳动关系的本质特征。因为劳动关系之所以产生,就是因为18世纪的工业革命时期,大量的农业劳动者失去土地之后,只能到工厂里工作,通过出卖自己的劳动力给工厂主,以换取劳动报酬来维持生计。也就是说,《劳动法》上的劳动,是劳动者将自己的劳动力交给用人单位使用,而不是劳动力的自我使用。所以,农村劳动者的农业劳动、劳动者自己做家务等,都不可能建立劳动关系。

3. 劳动关系兼有人身关系与财产关系的性质。人身关系是指与人身紧密相连、不可分离的不具有直接财产内容的社会关系。劳动关系的人身属性是指用人单位作为一种社会组织，本身是由劳动者所组成的。劳动者是用人单位成员，没有劳动者就没有用人单位。劳动关系的财产性质是指劳动关系的有偿性，即用人单位使用劳动者的劳动力，必须依法支付劳动报酬，即工资。

4. 劳动关系兼有平等关系和隶属关系的特征。劳动关系的平等性是指在劳动关系建立的时候，劳动者与用人单位之间是平等的。双方按照自愿协商的原则，建立劳动关系，签订劳动合同，任何一方不得强迫另外一方。劳动关系的隶属性是指在劳动关系建立之后，劳动者进入用人单位，在劳动的过程中，必须遵守用人单位的规章制度，接受用人单位的检查和监督。用人单位依法有权对劳动者完成工作的情况进行奖惩。

综上分析，可见劳动关系是一种比较复杂的法律关系，既具有人身性又具有财产性，既是平等的又具有隶属性。所以，在实践中，必须严格加以界定，不能与劳务关系、雇佣关系混淆。

(二) 雇佣关系与劳动关系

雇佣关系是指雇主与雇员约定，雇员向雇主提供劳务并由雇主给付报酬所形成的权利义务关系。实际生活中常见的雇佣形式有家庭雇佣保姆/钟点工、私人之间的雇佣（如车主雇人开车）、聘用离退休人员，等等。

对于雇佣关系，理论上普遍认为，劳动关系是从雇佣关系中分离、发展而来的，劳动合同是一种特殊的雇佣合同。18世纪末19世纪初，随着大工业生产的快速发展，劳动者工作的危险程度也随之加大。为了消除劳动就业中因双方经济地位悬殊而发生的不平等现象，保护经济上的弱者，避免企业主滥用"意思自治原则"，在合同中规定损害劳动者利益的内容，许多国家加强了对劳动活动的政府干预，原有的雇佣关系中出现了很多强制性的规定，如工作时间、劳动报酬、社会保险等。由此，在雇佣合同的基础上，产生了一种具有新特征、新内容的劳动合同，劳动关系从雇佣关系中分离

第三章 劳动关系的认定与劳动合同的定义

出来,成为一种新的法律关系。

鉴于雇佣关系和劳动关系的渊源关系,它们有很多的共同点,如两者都以给付劳务为目的,强调劳动过程而不是劳动结果;两者都强调用工主体对劳动者的支配权,劳动者与雇主或用人单位之间具有人身隶属关系;在法律责任上,劳动关系中有工伤和职务行为的规定,雇佣关系中则有类似于工伤的规定以及"雇主责任"。

根据《最高人民法院关于审理人身损害赔偿案件适用法律若干问题的解释》第 9 条的规定:"雇员在从事雇佣活动中致人损害的,雇主应当承担赔偿责任;雇员因故意或者重大过失致人损害的,应当与雇主承担连带赔偿责任。雇主承担连带赔偿责任的,可以向雇员追偿。前款所称'从事雇佣活动',是指从事雇主授权或者指示范围内的生产经营活动或者其他劳务活动",第 11 条规定:"雇员在从事雇佣活动中遭受人身损害,雇主应当承担赔偿责任。雇佣关系以外的第三人造成雇员人身损害的,赔偿权利人可以请求第三人承担赔偿责任,也可以请求雇主承担赔偿责任。雇主承担赔偿责任后,可以向第三人追偿"。

劳动关系与雇佣关系的区别,主要表现在以下几个方面:

1. 用工主体不同。法律对雇佣主体没有特别限制,自然人、法人、合伙都可以作为雇主,如不属《劳动法》调整范围的农村承包经营户及其所招用的雇工之间的关系就是雇佣关系。

2. 适用法律不同。劳动关系适用《劳动法》,雇佣关系适用《民法》。

3. 体现的意志不同。劳动关系具有国家的强制干预性,兼具国家意志与当事人意志的双重属性。而在雇佣关系中,只要雇主与雇员双方意思达成一致,合同即告成立。

4. 当事人的权利义务不同。劳动关系中,用人单位必须为劳动者缴纳养老保险、大病统筹、失业保险,而雇佣合同的雇主则无此义务。

目前,世界各国对于雇佣关系的理解和规定大不相同。以德国为代表的一些大陆法系国家,在法律上明确区别劳动关系与雇佣关系,如德国 1974 年制定的《家内劳动法》,就是专门调整雇佣关系的法律。而另一些国家和地区却没有把劳动关系和雇佣关系进行区分,甚至连政府与其工作人员的关系,也被称为雇佣关系,如"政府雇员"这个说法。许多媒体报导外国劳资关系时,也称劳动者为雇员,用人单位为雇主,如日本 1961 年制定的《雇用促进事业团体法》,1966 年制定的《雇用对策法》,都是我们这里所说的劳动法。而香港调整劳资关系最基本的法律,则称《雇佣条例》(1968 年制定)。

国际劳工组织 1919 年制定的《国际劳动宪章》(国际劳工组织 1919 年制定)、《费城宣言》(1944 年制定)、《就业政策公约》(1964 年通过、1997 年全国人大常委会批准加入)都是从雇佣关系来规范工与雇主的关系的。例如《就业政策公约》第 3 规定:"在实施本公约时,对受到所要采取的措施影响的人员的代表,特别是雇主代表和工人代表,应就有关就业政策问题征询其意见,以便充分考虑他们的经验和见解,并在制定和争取支持此项政策方面得到他们的充分合作。"

我国至今除了最高院的司法解释中对雇主责任有过规定外,在雇佣关系的立法上仍然是空白,雇佣关系在现实生活中模糊不清的现象也很普遍。著名民法专家梁慧星先生对此曾经有一段精辟的论述。他说:"在我们这样的社会主义国家,人口的绝大多数是体力劳动者和脑力劳动者,他们与雇主(包括企事业单位、国家机关)之间的权利义务关系,靠缔结雇用合同、劳动合同和聘用合同来规定,单靠现行劳动法关于劳动合同的规则是规范不了的。改革开放以来广大体力劳动者和脑力劳动者的利益未受到应有的保护,各种严重侵害劳动者权益的事件层出不穷,法院受理大量的雇用合同纠纷案件苦于没有具体法律规定作为裁判基准。《民法典》草案在广泛参考各国保护劳动者的立法经验基础上精心设计和拟定的雇用合同一章被删除,是最令人惋惜的。"①

劳动关系从本质上说,是雇佣关系的一种发展形式。它们之间

---

① 梁慧星. 从近代民法道现代民法[M]. 北京:法律出版社,2001.

的差异并不是实质上的，而是法律理念的差异①，是"国家在综合考察两种社会关系各自具体情形(如双方力量对比、经济承受力等)的基础上所采用的调整手段、力度上的差异"。② 雇佣关系与劳动关系在法律调整的不断变化中，其边界也在不断发生变化。鉴于雇佣关系在我国当前的社会经济生活中，具有十分的广泛性，所以，笔者认为，有必要将雇佣关系纳入到劳动法的范畴中，进一步扩大《劳动法》的适用范围；可以作特别规定，在适用《劳动法》的一般原则的基础上，又适当区别于劳动关系，以更好地规范劳动过程中的劳动行为，更好地保护劳动者的利益。

(三)劳务关系与劳动关系

劳务关系是劳动者与用工者根据约定，由劳动者向用工者提供一次性的或者是特定的劳动服务，用工者依约向劳动者支付劳务报酬的一种有偿服务的法律关系。劳务关系在实践中，表现为合同中的劳务合同，主要有运输合同、加工承揽合同、保管合同、建设工程承包合同、技术合同、仓储合同、委托合同、居间合同等有名合同。

劳务关系从性质上，是民事法律关系，与劳动关系有着显著的区别：

1. 从主体上看，劳动关系的一方必须是用人单位，另一方是劳动者个人。劳务关系的主体是一般民事主体，双方可以都是公民(个人)、法人(单位)，也可以一方是公民，一方是法人。

2. 从用工双方的关系上看，劳动关系中的劳动者与用人单位有隶属关系，接受用人单位的管理，遵守用人单位的规章制度，如考勤、考核等。劳务关系则是一种平等的法律关系，劳动者按劳动合同提供劳务，用工单位为劳动者支付报酬，因此双方之间不存在

---

① 陈红梅. 兼职大学生劳动关系的法律论证[J]. 甘肃政法学院学报，2012(1).

② 许建宇. 雇佣关系的定位及其法律调整模式[J]. 浙江大学学报(人文社科版)，2002(2).

一、劳动关系与雇佣关系、劳务关系

隶属关系，劳动者与用工单位之间也没有管理与被管理、支配与被支配的权利和义务。劳务关系中的劳动者在完成工作过程中有某种"独立性"，可以自行安排工作时间等。

3. 从支付报酬的形式上看，劳动关系支付报酬的方式多以工资的方式定期支付（一般是按月支付），有规律性。劳务关系多为一次性的即时清结或按阶段按批次支付，没有规律，可以由当事人自由约定。

4. 从法律的适用上来看，劳动关系由《劳动法》规范和调整，建立劳动关系的，必须签订书面劳动合同。劳务关系由《民法通则》和《合同法》进行规范和调整，劳务合同可以是口头的，当事人是否签订书面劳务合同，由当事人双方协商确定。

5. 从法律责任上看，在劳动关系中，劳动者在工作中受伤或致他人损害的，由用人单位承担后果；在劳务关系中，接受劳务一方和提供劳务一方平等而独立，不存在管理与被管理、服从与被服从的关系，双方各自履行合同义务，各自对自己的行为后果承担责任，除非可以一方可以证明另一方有过错。例如《最高人民法院关于审理人身损害赔偿案件适用法律若干问题的解释》第 11 条规定："承揽人在完成工作过程中对第三人造成损害或者造成自身损害的，定作人不承担赔偿责任。但定作人对定作、指示或者选任有过失的，应当承担相应的赔偿责任。"

2010 年 7 月 1 日，《中华人民共和国侵权责任法》开始实施，其中第 35 条规定："个人之间形成劳务关系，提供劳务一方因劳务造成他人损害的，由接受劳务一方承担侵权责任。提供劳务一方因劳务自己受到损害的，根据双方各自的过错承担相应的责任。"

对于此条规定，笔者认为存在较大歧义。首先，什么是个人之间的劳务关系？民事主体主要是法人、自然人、其他组织。国家和国际组织在特殊情况下，也可以成为民事主体。另外，特殊的民事主体还有个体工商户、农村承包经营户、个人合伙等。从字面上理解，个人之间的劳务关系，应该是自然人与自然人之间发生的劳务关系，排除法人之间、法人与自然人之间的劳务关系。那么，问题是个体工商户、农村承包经营户、个人合伙与自然人之间发生的劳务关系，应该如何理解，算不算个人之间的劳务关系？能否适用《侵权责任法》第 35 条的规定？因为，从民法学的角度，个体工商户、农村承包经营户、个人合伙都是法律上拟制的人格，属于个体的形式，等同于自然人，而区别于组织。

其次，有观点认为《侵权责任法》第 35 条所指"个人之间的劳务关系"，就是《最高人民法院关于审理人身损害赔偿案件适用法律若干问题的解释》第 9 条所讲的雇佣关系[1]，前者内容是对后者的完善与细化。对此，笔者不予赞同。

笔者认为，劳务关系与雇佣关系是两种完全不同的法律关系，《侵权责任法》第 35 条的规定，混淆了雇佣关系与劳务关系的界限，违背了法的公平正义原则，势必引起法律责任的不清，造成司法实践的混乱，因此，应当修改或者废止。

(四)劳务关系与雇佣关系

由于我国立法中对于雇佣关系并没有明确的规定，许多人将雇佣关系与劳务关系混为一谈，这种错误的观念，必须予以纠正。

首先劳务关系、雇佣关系是有联系的，它们性质相同，都是民事法律关系，属于民法的调整范畴[2]；它们的主体都是不特定的，可以是公民、法人以及其他社会组织。

其次，劳务关系与雇佣关系又是有区别的，这种区别类似于劳务关系与劳动关系的区别，主要体现在两个方面：

1. 隶属性。劳务关系双方是完全平等独立的，不具有隶属性。雇佣关系中的雇主与雇工之间则具有隶属性，雇主可以对雇工的工作进行指派、安排，可以对雇工的工作情况进行检查监督。

2. 法律责任。劳务关系中，当事人不能要求对方对自己的行为承担责任，除非有证据证明自己的损失是由对方的过错造成的，

---

[1] 沈静. 个人劳务关系与雇佣关系竞合时的责任承担问题探究[J]. 法制与社会, 2014(1).

[2] 刘金伟. 劳务关系与雇佣关系辨析[J]. 劳动保障世界, 2014(5).

即民事责任的一般过错责任原则。雇佣关系中，雇主必须对雇员在雇佣活动中的致人损害进行赔偿，这是民事责任的无过错责任原则。

由于劳务关系的法律责任原则与雇佣关系完全不同，最后承担责任的主体和方式也不同，因此，在司法实践，法律关系的性质如何界定，是劳务关系还是雇佣关系，对当事人意义重大。

总之，劳动关系、劳务关系、雇佣关系，三者之间既有千丝万缕的联系，又有着显著的区别，如何对它们进行准确的界定，是处理劳动法律纠纷案件的前提和关键，也是司法实践中的重点和难点。

下面针对实践中比较有代表性和争议性的大学生兼职（实习）劳动，进行分析如下：

在校大学生利用业余时间兼职劳动，第一可以学有所用，教学相长；第二可以接触社会，增长见识，并获得一定的经济收益；第三也可以满足部分流动性较大的服务行业的灵活用工需求。所以，是非常值得鼓励和推广的好事情。目前，从事兼职劳动的大学生是非常多的，除了传统的家教之外，最普遍的形式是在诸如餐饮、服装零售、产品推销等领域，从事力所能及的劳动。根据原劳动部1995年12号下发的文件《关于贯彻执行〈劳动法〉若干问题的意见》（以下简称12号文件）中的规定："在校大学生利用业余时间勤工助学，不视为就业，未建立劳动关系，可以不签订劳动合同"，使得在校大学生在兼职期间不具有劳动者的法律主体资格，不是劳动关系，不受到劳动法的保护，而是雇佣关系，由民法来调整和规范。因此，兼职大学生不参加社保，劳动报酬由双方协商而定，不受最低工资标准的保护，也不存在加班以及支付加班费的问题。对此，大多数学者的理由是，认为大学生兼职是社会实践活动，时间比较短，并且不以谋生为目的，所以不是就业行为，不是《劳动法》的调整范畴。但是，也有少数学者持"特殊劳动者说"，认为从学生兼职的工作形式和其与企业之间的关系来看，它是具备劳动关系特征的，主张承认兼职大学生劳动者的地位，将之纳入劳动法律的调整范围之内。同时，考虑到他们的特殊性，需要劳动部门制定一些特别规定,来弥补某些法律的空缺①,或是比照非全日制用工进行保护②。

笔者认为,在校大学生已经年满16周岁,不违反《劳动法》关于劳动年龄的禁止性规定;大学生利用业余时间、寒暑假进行劳动,有一定的连贯性和隶属性,符合劳动关系的基本特征;相较于《民法》保护,把兼职大学生纳入《劳动法》保护,对兼职大学生更加有利,可以更好地规范用工单位的用工行为,减少不必要的麻烦和纠纷。同时,考虑到兼职大学生学生身份的限制,在工作时间和行动自由上和普通劳动者有差别,难以被标准劳动关系所包容,③所以,可以将大学生兼职劳动作为灵活用工的非全日制形式,适用《劳动合同法》的一般规定;或者应在劳动立法中专章对大学生兼职劳动做出特别的规定,在工作时间、劳动报酬、劳动条件等方面进行规范。比如大学生兼职劳动的劳动报酬(包括金额、支付方式、支付期限等),原则上由兼职大学生和用工单位协商确定,但不得低于最低小时工资的70%或80%。

二、劳动关系的认定

劳动关系,从本质上讲,是劳动者与用人单位之间形成的一种法律上的权利义务关系,因为直接关系到双方当事人的切身利益,所以,是否建立劳动关系,显得尤为重要。特别是对劳动者而言,意味着劳动者可以因此受到《劳动法》的保护。

《劳动合同法》颁布之前,《劳动法》对于劳动关系的建立,特别是判断的标准,并没有明确规定,所以实践中,许多人认为劳动关系是否建立,完全取决于当事人之间有没有签订书面劳动合同。

---

① 陈寒. 论在校生作为职场劳动者的法律保护[J]. 教育政策与法律, 2008(6).

② 安琪. 从劳动法视角探究兼职大学生遭遇侵权之原因及解决模式[J]. 巢湖学院学报, 2009(2).

③ 李培智. 大学生实习劳动关系认定探微[J]. 法学杂志, 2012(6).

这种观点成为用人单位推脱法律义务、逃避法律责任的最好借口，不仅严重损害了劳动者的合法权益，而且导致不签劳动合同的乱象越演越烈，进而扰乱了国家正常的劳动管理秩序。

2008年1月1日，《劳动合同法》开始实施，其中第7条规定："用人单位自用工之日起即与劳动者建立劳动关系。"该条文清晰地说明劳动(法律)关系的建立以用工为标准，而不是劳动合同，这样更有利于厘清劳动关系，以保护劳动者和用人单位双方的利益。

那么什么是"用工"？"用工之日"如何确定？

从字面上说，"用工"是指用人单位使用了劳动者的劳动力，具体可以表现为劳动者去用人单位上班，用人单位给劳动者安排了工作任务。所以，"用工之日"可以理解为劳动者去用人单位"报到之日"，即用人单位在招录劳动者时，约定的工作之日。

实践中，"用工之日"并不等同于劳动合同的"签订之日"。劳动合同的签订可以在用工之前，也可以在用工之后。但劳动关系的建立，只能以用工为准。因此，如果劳动者与用人单位在用工之前就已经订立劳动合同的，从法理上说，由于双方并未建立劳动关系，所以不受《劳动法》的约束，该劳动合同的效力待定。

正是因为用工与劳动合同之间，并没有必然的联系，所以如何证明用工事实？特别是在没有签订书面劳动合同的情况下，如何证明已经用工，是劳动关系认定的难点问题。

对此，可以参照执行劳社部发〔2005〕12号《关于确立劳动关系有关事项的通知》。根据该通知的规定，用人单位招用劳动者未订立书面劳动合同，但具备下列情形的，劳动关系成立：

(1)用人单位和劳动者符合法律、法规规定的主体资格；

(2)用人单位依法制定的各项劳动规章制度适用于劳动者，劳动者受用人单位的劳动管理，从事用人单位安排的有报酬的劳动；

(3)劳动者提供的劳动是用人单位业务的组成部分。

用人单位未与劳动者签订劳动合同，认定双方存在劳动关系时可参照下列凭证：

1.工资支付凭证或记录(职工工资发放花名册)、缴纳各项社会保险费的记录；2.用人单位向劳动者发放的"工作证"、"服证"等能够证明身份的证件；3. 劳动者填写的用人单位招工招聘"登记表"、"报名表"等招用记录；4. 考勤记录；5. 其他劳动者的证言等。其中，1、3、4项的有关凭证由用人单位负举证责任。

总之，为切实保护自己的合法权益，劳动者在工作实践中，应当收集、保存一切与用人单位有关的凭证，包括用人单位的报销凭证、因公传递的电子邮件等，在诉讼中也可以作为证明用工的有效证据。

劳动者与用人单位因劳动关系引发争议的，可向有管辖权的劳动争议仲裁委员会申请仲裁。

我们在这里讨论认定的劳动关系，是特指区别于集体劳动关系的个别劳动关系，仅指标准劳动关系，不包括非标准劳动关系，例如非全日制用工、劳务派遣就不是标准的劳动关系。

三、劳动合同定义的修改

劳动合同是劳动者与用人单位之间签订的用以证明双方劳动关系的法律文件，包含双方具体权利义务内容。

对于劳动合同的定义，《劳动法》第16条，以法律条文的形式，进行了界定。根据该规定，劳动合同是劳动者与用人单位确立劳动关系、明确双方权利和义务的协议。

对此定义，笔者认为有待商榷，理由如下：

1. 如前所述，《劳动合同法》已经明确规定，劳动关系自用工之日起建立。确认劳动关系的依据是用工行为，而不是劳动合同。所以，《劳动法》第16条的规定已经明显与《劳动合同法》的规定相悖。按照新法优于旧法原则，必须加以修改或者废止。

2. 该定义把劳动合同作为确认劳动关系的依据，不仅误导了劳动者，也导致了实践中用人单位大钻法律漏洞，拒绝与劳动者签订书面劳动合同的乱象。

笔者建议，劳动合同的定义可以参考合同的定义。因为劳动合同虽然与民事合同性质不同，但都具有合同的一般特征，必须遵循平等协商、意思自治、诚实信用的原则，而且劳动合同本身是从雇佣合同中发展、分离出来的，二者之间有着非常密切的关联。

《合同法》第 2 条规定："本法所称合同是平等主体的自然人、法人、其他组织之间设立、变更、终止民事权利义务关系的协议"。

因此，劳动合同的定义是"劳动者与用人单位之间设立、变更、终止劳动权利和义务的协议。"

四、事实劳动关系的废止

事实劳动关系是指劳动者与用人单位之间形成从属性劳动的事实用工关系，但这种事实用工关系不符合劳动关系成立的法定要件的劳动力使用和被使用的关系。

事实劳动关系的概念之所以出现，与《劳动法》的立法缺陷有着莫大关系。如前所述，由于《劳动法》对于劳动合同定义的界定，导致实践中把劳动合同作为认定劳动关系的依据，使得大量未签订书面劳动合同的用工关系得不到法律的有效保护。再者，劳动法强调要求用人单位与劳动者要签订劳动合同，但对用工单位在实际工作中大量使用未签订劳动合同的"事实劳动关系"应该承担的法律责任并未作为明确规定，因此，很多的用人单位都不愿意与劳动者签订书面劳动合同。没有劳动合同，空口无凭，不仅劳动者的身份难以认定，而且很容易在劳动者与用人单位之间就劳动关系、劳动报酬、工作内容、社会保险等问题产生争议，并给劳动争议的审理造成举证障碍。许多仲裁机构或法院对于无书面劳动合同的劳动争议案件，或者不受理，或者认定为无效，劳动者的合法权益受到极大损害。

因此，在《劳动合同法》实施之前，事实劳动关系简单地说就是没有书面合同形式的劳动关系。实践中，事实劳动关系主要有三种表现形式：一是无效劳动合同而形成的事实劳动关系；二是原劳动合同期限届满，用人单位与劳动者既未终止劳动关系又没有续签书面劳动合同，而形成的实际用工情况；三是用人单位与劳动者自始至终未签订书面劳动合同。

第三章 劳动关系的认定与劳动合同的定义

1995年8月,劳动部在《关于贯彻执行若干问题的意见》中第一次使用了"事实劳动关系"这一概念。该意见第2条首先规定:"中国境内的企业、个体经济组织与劳动者之间,只要形成劳动关系,即劳动者事实上已成为企业、个体经济组织的成员,并为其提供有偿劳动,适用劳动法。"接着第17条规定:"用人单位与劳动者之间形成了事实劳动关系,而用人单位故意拖延不订立劳动合同,劳动行政部门应予以纠正。用人单位因此给劳动者造成损害的,应按劳动部《违反〈劳动法〉有关劳动合同规定的赔偿办法》(劳部发〔1995〕223号)的规定进行赔偿。"第82条规定:"用人单位与劳动者发生劳动争议,不论是否订立劳动合同,只要存在事实劳动关系,并符合《劳动法》的适用范围和《中华人民共和国企业劳动争议处理条例》的受案范围,劳动争议仲裁委员会均应受理。"

最高人民法院《关于审理劳动争议案件适用法律若干问题的解释》(法释〔2001〕14号)第16条规定:"劳动合同期满后,劳动者仍在原用人单位工作,原用人单位未表示异议的,视为双方同意以原条件继续履行劳动合同。"这表明对于用人单位与劳动者以前签订过劳动合同,劳动合同到期后用人单位未明确表示终止劳动合同且让劳动者继续提供劳务而形成的事实劳动关系,而这种事实上的劳动法律关系就转换成正式的劳动关系,无论是用人单位还是劳动者均继续受原劳动合同约束,享有原劳动合同约定的权利,并应履行原劳动合同约定的义务。

2004年1月1日《工伤保险条例》开始施行,该条例第61条规定:"本条例所称职工,是指与用人单位存在劳动关系(包括事实劳动关系)的各种用工形式、各种用工期限的劳动者",进一步明确了事实劳动关系的合法地位。

对事实劳动关系的认可,从法理上明确劳动关系并非依赖书面合同而存在的唯一性,更加明确了劳动保护范围,让故意或有意不与劳动者签订劳动合同的用人单位受到法律制裁提供了法律依据,更好地维护了劳动者的合法权益。

但是,事实劳动关系本身并不是劳动法律关系,而只是视同劳动法律关系,是为了应对法律缺失而做的司法解释,无论从法理

四、事实劳动关系的废止

上,还是从维护劳动关系稳定的司法实践方面,都值得商榷。

笔者认为,事实劳动关系是特定历史条件下的产物,是应对法律缺失的无奈之举。随着我国《劳动合同法》的颁布实施以及修改完善,在劳动关系的认定问题上,已经完全明确化、具体化,不存在任何的法律漏洞。因此,为维护法律的统一和尊严,应当废止事实劳动关系的概念。审判实践中,只有对劳动关系的认定,而不存在对事实劳动关系的认定。

就像事实婚姻早已废止一样,事实劳动关系也已经完成了它的历史使命。从《劳动合同法》生效以后,只要劳动者按照用人单位的要求提供了劳动,劳动者与用人单位双方就已经建立了劳动法律关系,而这种关系应当受到《劳动法》的约束和保护,即用工事实作为认定劳动关系的依据,而不再是事实劳动关系存在的基础。事实劳动关系已经完成它的历史使命,应当并且已经废止。

第四章　集体劳动合同与工会制度

一、集体劳动合同的概念和特征

集体劳动合同，又称集体合同，是指工会或职工代表代表职工与用人单位或其他团体之间根据法律、法规的规定，就工作时间、休息休假、劳动安全卫生、劳动报酬、保险福利等事项，经协商一致所签订的书面协议。集体合同制度作为调整劳动关系的一项重要法律制度，在我国的很多法律法规和行政规章中对集体合同制度均作出了相应的规定。集体合同是集体协商的结果，是由用人单位与代表劳动者的工会或职工代表签订，具有以下法律特征：

(1) 集体合同是特定的当事人之间订立的协议，一方为工会，另一方为用人单位。工会作为集体合同的一方当事人，必须代表劳动者群体意志和利益，依法为劳动者争取合法权益。

(2) 集体合同的具体内容可能涉及劳动关系的各个方面，也可能只涉及劳动关系的某个方面，因此，企业职工一方与用人单位可以就劳动报酬、工作时间、休息休假、劳动安全卫生、保险福利等事项中的一项或数项订立集体合同。

(3) 集体合同采取要式合同的形式，需要报送劳动行政部门登记、审查、备案方为有效。

(4) 集体合同的双方当事人的权利义务不均衡，其基本上都是强调用人单位的义务，如为劳动者提供合法的劳动设施和劳动条件。

(5) 集体合同的法律效力及于用人单位及其全体劳动者，一般高于用人单位与劳动者签订的个人劳动合同①，它规定用人单位在不低于国家劳动标准的基础上，向劳动者提供劳动报酬和劳动条件。劳动者个人劳动合同中的劳动条件和劳动报酬等标准不得低于集体合同的标准，低于集体合同标准的部分无效。

二、集体劳动合同与劳动合同的区别

集体劳动合同与劳动者个人劳动合同(以下简称劳动合同)是劳动合同的两种类型，它们之间的区别，主要表现在以下几个方面：

(1)当事人不同。劳动合同的当事人是用人单位和用人单位的劳动者个人；而集体合同的当事人是用人单位和代表用人单位职工的工会，尚未建立工会的用人单位，由上级工会指导劳动者推举的代表与用人单位签订集体合同。

(2)内容不同。劳动合同由劳动者个人与用人单位分别签订，主要约定的是用人单位和劳动者个人之间的权利与义务，反映的都是带有个性的东西，比如说，工作内容、工资、岗位、福利待遇等，每个劳动者和用人单位签订的劳动合同的内容都不相同；而集体合同主要是约定劳动者权利和用人单位义务，如基本劳动条件、劳动标准等，集体合同反映的是共性的问题。集体合同只有一份，对全体劳动者都可以适用。

(3)签订的时间不同。劳动合同自用工之日起1个月内必须签订，而集体合同的订立则没有时间的限制。

(4)生效的时间不同。劳动合同经双方当事人签字盖章，即产生法律效力。而集体合同在双方当事人签署完后还需由劳动行政部门审查。劳动行政部门自收到双方签订的集体合同文本之日起15日内没有提出异议的，集体合同即产生法律效力。

(5)合同期限不同。劳动合同的期限有三种：1.固定期限，即

---

① 刘春彦，杨磊杰.集体合同效力高于劳动合同[J].成才与就业，2009(15).

劳动合同约定终止时间；2. 无固定期限，即劳动合同无确定的终止时间；3. 以完成一定工作任务为期限。而集体合同只有一种期限，就是有固定期的，而且时间只能是1年至3年。

三、集体劳动合同制度的法律意义[①]

集体劳动合同制度体现双方友好协商、公平合作的精神，在侧重保护劳动者利益的基础上兼顾劳资双方的合法权益。

(1) 从劳动者的角度，集体合同是维护职工自身合法权益的一种合法有效的手段。在签订劳动合同时，单个职工因处于弱势地位而不足以同用人单位相抗衡，因而难以争取到公平合理的劳动条件。由工会或职工代表同用人单位签订集体合同，就可以规定用人单位全体职工应该享有的一些基本权益，从而确保职工得到最基本的劳动保障。许多涉及职工整体利益的问题，如企业工资水平、劳动条件、集体福利等事项，均可通过集体合同进行约定。对于这些约定，用人单位都必须遵守执行，否则构成违约或违法，需承担法律责任。因此，集体合同能够纠正和防止劳动合同对于劳动者的过分不公平，也使劳资双方取得基本的平衡。

(2) 从用人单位的角度，集体合同制度有利于减少企业劳动力管理成本，提高用工效率，促进企业发展。通过签订集体合同，明确用人单位及全体职工的权利及义务，有利于减少或缓解劳动矛盾和劳动争议，使劳动关系更和谐更稳固，企业生产经营秩序更良好，从而促进企业的稳定发展。

(3) 从政府的角度，劳动关系属平等主体间的民事关系，劳动纠纷属于民事纠纷，不属于政府职责范围，应由争议双方通过民事法律程序予以解决，不应由政府出面处理解决。实行集体合同制度，劳资双方的劳动纠纷可通过集体合同自行解决，从而减轻政府的压力，缓解社会矛盾。

[①] 曾爱国. 进一步完善我国集体合同制度的法律思考[D]. 中国政法大学硕士论文, 2009年.

（4）从法律层面的角度，集体合同中的内容是劳动法规的具体化，是在符合劳动法规的前提下做出的补充规定，这些内容不但为企业调整劳动关系提供了具体依据，同时也弥补了劳动法规的不足。

总之，同一般的劳动法律法规相比，集体合同对劳动关系的调整，对不同企业劳动关系的针对性比较强[①]，同时也有利于消除或弥补劳动合同存在的某些随意性，给劳动关系的调整提供一种新机制，从而使劳动关系更和谐、更稳定、更巩固，更有利于促进用人单位的发展。

四、工会在劳动合同中的作用

工会，又称劳工总会、工人联合会，是劳动者基于共同利益而自发组织的社会团体。在我国，工会是职工自愿结合的工人阶级的群众组织。中华全国总工会及其各级工会组织代表职工利益，依法维护职工合法权益。而劳动者的合法权益与劳动者签订的劳动合同密切相关，其合法权益能否得到切实保障均贯穿在劳动合同的订立、履行过程中，劳动合同的好坏会直接影响劳动者的合法权益的实现与否。

自《劳动法》颁布后，劳动合同制度在我国逐步建立。但我国目前在劳动合同制度的实施过程中还存在不少问题，如劳动合同签订率低；用人单位拒签或劳动者不愿签的现象突出；用人单位随意变更、解除合同现象时有发生，等等。这些问题的存在不仅造成劳动关系不和谐，劳动者的合法权益受到损害，也影响了经济发展和社会稳定。要改变现状，必须不断完善劳动合同制度，强化对劳动合同监督检查的力度，充分发挥工会在劳动合同特别是在集体合同制度中的作用，切实维护职工合法权益。

---

① 王守志. 论集体协议与集体合同在劳动关系调整中的地位[J]. 北京市计划劳动管理干部学院学报，2002(10).

(一) 工会代表职工与用人单位进行平等协商、签订集体合同

工会代表职工签订集体合同,是集体合同当事人①。工会代表职工与用人单位通过平等协商、签订集体合同,把直接涉及劳动者切身利益的重要问题,如劳动报酬、工作时间、休息休假、劳动安全卫生、保险福利等作为平等协商、签订集体合同的重要内容。集体合同通过把用人单位和职工之间带有共性的劳动关系以合同形式确定下来,使双方各自的权利及义务得以明确,约束双方履行集体合同,从而为维护劳动者合法权益提供保障,同时也为劳动者签订个人劳动合同提供重要依据。用集体合同规范劳动合同,把集体合同中通过平等协商取得的成果充分体现在劳动者的劳动合同之中,让劳动者能够享有集体合同带来的保障。

县级以下区域内,建筑业、采矿业、餐饮服务业等行业,工会(行业性工会联合会)根据本地区、本行业的实际情况和特点②,可与相应行业内各企业,就劳动报酬、工作时间、休息休假、劳动安全卫生、保险福利等事项进行平等协商签订行业性集体合同。县级以下一定区域内(镇、区、街道)可由工会(区域性工会联合会)与区域内相应的经济组织或各企业,就劳动报酬、工作时间、休息休假、劳动安全卫生、保险福利等事项进行平等协商,签订区域性性集体合同。工会通过平等协商,代表劳动者与用人单位组织签订行业性、区域性集体合同,约束本行业、本区域的所有劳动者和所有企业,从而有利于本地区劳动关系的稳定,也有利于劳动者合法权益的保护。

(二) 工会积极参与劳动合同的源头工作,参与劳动合同文本的起草、制定和修改,切实保护劳动者的合法权益

工会参与劳动合同文本的起草、制定和修改,对于用人单位提

---

① 刘爱云. 浅谈工会在签订集体合同中的地位与作用[J]. 兵团工运, 2003(3).

② 张冬梅. 工会应大力推行行业性、区域性和专项集体合同[J]. 工会博览, 2008(1).

供的劳动合同格式文本中有关试用期、劳动合同的期限和终止条件、违约责任等条款,特别是涉及职工切身利益的条款,如劳动报酬、劳动条件和劳动保护、工作时间、休息休假、社会保险福利待遇等条款,如存在侵犯劳动者合法权益的不合理、不合法的内容,要向用人单位提出明确的意见和建议,并要求用人单位予以修改,确保订立的劳动合同符合国家法律法规规定,劳动合同约定的劳动标准不低于集体合同的标准,从而防止用人单位利用合同条款减轻其法律义务逃避或免除其法律责任并加重职工责任,确保劳动者的合法权益不受损害。

(三)工会为劳动者与用人单位订立和履行劳动合同提供指导和帮助

劳动者与用人单位签订的劳动合同,是为了确定双方劳动关系,明确双方权利义务。由于劳动合同的签订涉及许多相关的法律问题,直接关系到职工的各项劳动权利,包括劳动就业、劳动报酬、劳动安全卫生、社会保险等的实现。但是现阶段,我国劳动者的法律素养相对较低,很多劳动者的劳动合同意识不强,不知道要签订劳动合同及如何签订劳动合同,特别是社会上普遍存在着用人单位不与劳动者签订劳动合同的现象,这对于劳动者合法权益的维护极为不利,迫切需要工会组织给劳动者提供帮助和指导。工会要指导劳动者认真、仔细地审阅劳动合同各项条款,特别是对与劳动法律、法规相悖的内容,以及用人单位制定的"土政策",应及时向用人单位行政部门提出更正意见,然后由劳动者和用人单位协商达成一致意见后再签订。

(四)工会有权对涉及劳动者切身利益的规章制度提出意见和方案,并与用人单位协商确定

用人单位的规章制度是用人单位制定的组织劳动过程和进行劳动管理的规则和制度的总和。用人单位为组织生产经营及加强劳动管理,应依法建立和完善劳动规章制度,而完善的规章制度的制定,需要广泛听取职工意见和建议。职工的民主参与,能保障规章制度的制定更科学，规章制度的内容更合理。因此，用人单位在制定、修改或决定规章制度的过程中，特别是遇到涉及职工切身利益的事项，如劳动报酬、劳动条件、劳动保护、保险福利等时，工会应积极参与，经职工代表大会或者全体职工讨论后，提出明确的意见、建议或方案，代表职工与用人单位通过平等协商确定，使规章制度趋于更合理合法，做到既有利于用人单位经营管理工作的开展，又有利于职工合法权益的保护。针对用人单位在规章制度实施过程中，容易发生侵犯职工合法权益的不当情形，工会应依法向用人单位提出，通过协商予以纠正，切实保障职工享有的劳动权利。工会积极参与用人单位规章制度的制定，能有效杜绝用人单位的独断专行，做到劳动合同与集体合同、企业规章制度相衔接，防止有的用人单位用内部规章制度规避劳动合同的约定，侵害职工合法权益。

（五）工会通过与用人单位建立集体协商机制，维护用人单位职工的具体权利

集体协商机制是为了维护用人单位职工的具体权利，工会作为职工代表与用人单位就涉及职工劳动权利的事项，经平等协商，为达到一致意见而建立的沟通和协商解决机制。它的层面比三方机制要低，这一机制主要是在基层企业工会与用人单位之间建立，在某些情况下，地方总工会与用人单位之间也会建立这一机制。我国自1995年《劳动法》中正式确立集体协商制度的法律地位，其后在《工会法》、《劳动合同法》中也明确规定工会代表职工与用人单位建立集体协商机制，赋予了工会就劳资关系中涉及职工切身利益的事项，如职工的劳动条件、劳动报酬、工作时间和休息休假、保险福利、劳动安全卫生、女职工特殊保护等事项以及双方认为需要协商的其他事项，有权与用人单位就上述事项进行平等协商，经协商达成一致意见。这既是工会履行法律要求的维护职工合法权益的基本职责，也是工会依法维权的重要手段。集体协商在用人单位和职工之间建立了一个利益共享机制，理顺了双方的利益分配关系，既促进了企业发展，又维护了职工合法权益。同时，集体协商在用人单

位和职工之间搭建了一个有效沟通、协商共决的平台，使劳动关系的矛盾能够及时化解在基层和萌芽状态，减少和化解了劳动关系的矛盾和纠纷，促进劳动关系和谐稳定。

（六）工会与政府劳动行政部门和企业方面代表之间建立劳动关系三方协商机制，共同研究解决劳动关系方面的重大问题

劳动关系三方协商机制，是指政府、工会组织和企业代表三方，通过一定的议事规则和程序，就制定或实施经济社会法律法规或政策以及与有关劳动关系问题，进行协调沟通，共商对策，合作共事的一种制度。这一制度是国家调整劳动关系的重要手段。在我国现实劳动关系矛盾十分突出的情况下，劳动关系除依靠劳动合同、集体劳动合同及劳动争议处理制度的微观调整外，通过三方协商机制，从宏观层面、在整体上协调劳动关系，对我国社会稳定和经济持续发展就显得尤为必要。1990年，我国批准加入国际劳工组织144号《三方协商促进国际劳工标准公约》，其后在《劳动法》，《工会法》，《劳动合同法》中均对三方协商机制作出了原则性规定。2001年8月3日，国家协调劳动关系三方会议成立，国家一级协调劳动关系三方机制正式启动，随后各地区、各行业建立了多层次的三方协商机制，就涉及劳动关系的重大问题，如经济与社会政策的制定、劳动立法、劳动就业、劳动报酬、社会保险、集体合同和劳动合同、劳动标准、职业培训、职业安全与卫生、工作和休息时间、劳动争议等，三方进行有效沟通、合作，在化解劳资矛盾、稳定劳动关系方面取得了良好的效果，得到各方和社会的认同和支持。

三方协商机制，实际上是一种平等对话的机制。建立三方协商机制，有利于从更高层次上协调劳动关系，更好地引导用人单位与劳动者实现其签订的集体合同和协议，促进各方利益主体的相对一致性。三方协商机制由政府代表（劳动行政部门）、企业代表（行业协会，如企业联合会、商会等）以及代表劳动者的地方总工会等三方组成，三方主体独立，权利平等，职能各有侧重。三方就劳动关

系有关问题加强沟通和合作，经协商达成共识，就会形成共同遵守的规则，这对于稳定劳动关系，预防和化解劳动矛盾，维护社会稳定起着重要的"平衡器"的作用。

总之，工会在建立健全劳动合同制度，培育和发展劳动力市场，建立统一、开放、公平和规范的劳动力市场运行机制，促进劳动力的合理流动和劳动力资源的合理配置，依法规范用人单位的用工行为，加强劳动管理，增强用人单位的社会责任，充分保障职工和用人单位的合法权益，预防和妥善处理劳动争议，建立和谐稳定的劳动关系方面起着非常重要的作用。特别是在通过行业或区域集体协商及签订集体合同、专项集体合同过程中、在维护劳动者合法权益方面，工会的主导作用更为显著。

五、我国工会制度的缺陷与不足

（一）我国工会制度的历史沿革

我国的工会产生于 20 世纪 20 年代，是随着工人运动的发展而产生的，具有反帝反封建的历史使命。1922 年 5 月 1 日，代表着全国 110 多个工会和 20 余万有组织的工人的 173 位代表，参加了在广州举行的"第一次全国劳动大会"。大会通过了《全国总工会组织原则》、《八小时工作》、《罢工援助》等决议案。这次大会的召开，标志着中国工人阶级开始走向团结统一的道路，为中国工运和工会组织的统一奠定了基础，推动了第一次全国工运高潮的深入发展。1924 年 11 月，孙中山以大元帅的名义颁布了《工会条例》，标志着我国的工会制度正式形成。1925 年 5 月 1 日，"第二次全国劳动大会"在广州举行，它代表 166 个工会，共拥有有组织的工人 54 万人。在"第二次全国劳动大会"上，组建成立了"中华全国总工会"。新中国成立后，政府大力发展国有企业，并迅速建立起各级工会组织。1950 年 6 月 29 日，新中国第一部工会法《中华人民共和国工会法》颁布实施，它吸取了过去中国共产党领导工人运动的经验①，明确了工会的性质，保障了职工群众的利益，新中国工会制度从此建立。但由于我国的社会主义性质和新中国成立后的计划经济体制的影响，我国的工会开始表现出不同于以往的鲜明的时代特征。计划经济下的劳动关系实质上是一种纵向化的行政劳动关系，劳动者本质上直接与政府发生劳动关系，而企业则从属于政府，不具有事实上的独立人格。因此，在这个大前提下，工会不可能真正进入劳动关系中，也不可能起到真正保护劳动者权益的目的。就当时而言，"工会是党联系职工群众的纽带和桥梁，是人民民主专政的基础和柱石，是教育职工群众的共产主义大学校"②。此时工会的主要职能和地位被彻底地政治化，特别是受到"文化大革命"运动的影响，工会的原始职能消亡殆尽。

改革开放以后，我国进行市场经济转型的同时，劳动人事制度也进行了改革，全面实现劳动合同制。1992年4月3日，七届全国人民代表大会第五次会议表决通过了新的《中华人民共和国工会法》。该部工会法所反映的仍然是计划经济体制的一些做法，无法体现工会的独立性，无法真正发挥工会的作用。

2001年10月27日，九届全国人大常务委员会第二十四次会议通过《中华人民共和国工会法》修正案，标志着我国社会主义市场经济条件下的现代工会制度的建立，工会的相关职能开始恢复。但是，任何改革的道路都是曲折的。虽然工会法修正案对工会的性质、地位、工会独立性的保障制度等方面做出了较大的改进，但是工会组织的建立，仍然离不开政府的批准和全面管理，所以还不能完全摆脱计划经济体制的影响，具有鲜明的国家管理特征和明显的行政化特征。

总之，我国现行的社会主义工会体制既不是计划经济体制下的

---

① 张志京. 劳动法[M]. 上海：复旦大学出版社，2014.
② 常凯. 劳权论——当代中国劳动关系的法律调整研究[M]. 北京：中国劳动社会保障出版社，2004.

"政治工会",也不是西方意义上的传统工会①,而是具有鲜明的初级阶段中国特色。

(二)我国现行工会制度存在的问题

自2008年1月1日起,《中华人民共和国劳动合同法》正式实施以来,本着向劳动者倾斜保护的立法精神,国家对劳动者利益的保护得以加强,作为劳动者社团的工会也越来越受到重视。但在实践中,工会在协调劳资双方关系、处理劳资纠纷方面所起的作用并不明显,有些单位阻碍工会的组建甚至没有组建工会组织,有些单位的工会组织形同虚设,职工合法权益受到侵害时工会不作为等现象十分普遍,严重违背了工会成立的初衷,引起了社会对工会组织的质疑,以及对工会制度的思考。笔者认为,究其原因,除了历史原因外,最主要的原因还是由于我国现行的《工会法》以及与之相配套的法律制度不够健全完善所导致。

1. 工会体制依然存在"行政化"②特点,工会地位不独立,导致工会维权功能虚置。在我国,工会组织均隶属于中华全国总工会的组织系统,地方各级工会的成立必须得到上级工会的批准,使得我国任何工会组织的建立,都离不开政府的批准和全面管理,实践中,中华全国总工会的组织设置,和国家机关一样,按照行政区划和行政级别,层层组建,具有特别浓厚的"官方"行政色彩;用人单位的工会,则是作为一个内部机构进行管理,工会主席由单位任命,所以也必须服从于用人单位,完全不具有独立性,根本无法在劳动者与用人单位产生争议时,站在劳动者的一边与用人单位进行谈判,严重地制约了工会进行有效的维权。其二,工会的组织原则,要求所有的单位员工都成为工会会员,无论是劳动者还是经营者,这样的定位,导致工会的立场不清,无法真正代表任何一方的

---

① 赵文祥,王艳玲,于静淼. 我国工会转型问题浅议[J]. 天津市工会管理干部学院学报,2013(1).
② 陶红武. 我国集体合同制度存在的不足及完善[J]. 北京市工会干部学院学报,2010(1).

利益，也就不可能真正担负起维护劳动者权益的重任。其三，工会的经费主要来自国家财政和用人单位经费，工会工作人员的工资、奖励、补贴，由所在单位支付，经济上的不独立，导致行为上的不自由，最终工会成为用人单位的附庸，使其在发挥职能时呈现出软弱性。

总之，工会过多的官方色彩，工会不完全独立的地位等问题，使工会组织在工人、企业、政府之间处于一个极为尴尬的境地①。其直接的后果就是职工不信任工会组织，许多职工不愿意加入工会组织。

2. 工会组织设置的强制性和单一性，有违自愿公平的法律原则

工会是劳动者的组织，从性质上来说，应该是社会团体，是由其成员自愿成立的，是公民结社自由的体现。《工会法》第3条虽然规定，在中国境内的企业、事业单位、机关中以工资收入为主要生活来源的体力劳动者和脑力劳动者，不论哪个民族、种族，不分性别、职业，不管宗教信仰、教育程度如何，都有权利依法参加和组织工会，任何人都不得阻挠和限制。但是在实践中，工会的设置几乎是一个模式，就是每个用人单位都设有工会，并且只有一个工会，单位的员工都自动地成为工会的会员。这种形式上的单一必然带来内容上的僵化，使得工会更像是一个摆设，而不是真正代表劳动者利益的组织。相反，在外国比如说英国，一个企业内部可以自由组建多个工会，多个工会并存，职工可以自由地加入其中的任何一个或多个工会组织。英国的任何一个工会都有与企业进行集体谈判的权利。这就在工会系统中引入了竞争机制，工会必须不断加强自身建设，提高自己的服务质量与服务范围，从而吸引劳动者加入，更好地发挥工会的作用。

3. 工会权利的规定过于原则，操作性不强。根据西方国家法律的规定，工会的主要权利有：组织工会和代表职工的权利、维护

---

① 邓芳. 现代企业中工会基本职能缺失的深度思考[J]. 工会论坛——山东省工会管理干部学院学报, 2006(4).

权、集体谈判的权利、参与权、罢工权。虽然我国《工会法》第三章专章对工会的权利和义务进行了规定，但从条文的表述来看，基本都是"工会有权提出意见"或者"应当听取工会意见"，权利的范围比较狭窄，而且基本上只规定工会有权"做什么"，却没有规定"怎么做"以及如果没有做"如何处理"，因此操作性极差，很容易沦为纸面上的权利。如《工会法》第 19 条规定："企业、事业单位违反职工代表大会制度和其他民主管理制度，工会有权要求纠正，保障职工依法行使民主管理的权利。"根据该条规定，工会有权对违规行为提出异议，要求纠正，但是，并没有写明如果企事业单位没有听从并纠正，怎么处理。所以，该条规定非常空洞。

4. 工会维权缺乏法律依据，难以开展强有力的工作。虽然目前我国有关工会建立、发展的法律条款的制定与实施较之新中国成立初期已有完善，但面对改革开放以来的新形式，仍有很多不足。

第一，工会参与集体协商谈判权的缺失[①]，对劳动者的代表性和其维权职能无法充分体现。中华全国总工会当前特别倡导的维权机制的两种重要形式，一是工资集体协商和谈判机制，二是安全生产民主管理和民主监督机制。这两种机制直接相关的是职工的劳动力再生产权益和生命健康权益，是最基本的维权内容。但是，目前在立法上尚属空白，无法保障工会参与集体谈判的权利。具体表现为在集体协商中，工会作为协商主体的法律地位不明确。一般说来工会代表职工进行工资集体协商具有当然的合法性。但是，在《工会法》中没有对劳动关系中工会会员权利(即工会权利的源权利[②])作出规定，使得在集体协商中工会作为代表的法律地位缺乏支撑，工会对劳动者的代表性受到质疑，从而削弱了集体协商和集体合同的威慑力，不足以让劳动者信服。

---

① 周帅. 我国工会在集体谈判中的职能缺失问题及对策研究[J]. 辽宁行政学院学报，2014(7).
② 杨爽. 我国工会的维权职能研究[D]. 吉林大学硕士论文，2010.

第二，雇主方对等主体缺位问题突出①。尽管《工会法》第十条规定："同一行业或者性质相近的几个行业，可以根据需要建立全国的或者地方的产业工会。"但与工会从上到下形成的比较明确的组织体系不同，在我国许多区县一级，雇主方的代表如全国性行业协会并没有设立相应的分支机构，也没有地方性行业协会，因而在进行区域性、行业性集体协议过程中，无雇主方代表（行业协会）代表雇主参与集体协商，雇主方对等主体缺位妨碍了集体协商工作的开展，影响了行业性、区域性集体协商谈判，最终会导致行业性集体合同、区域性集体合同的签订。

第三，工会委员会组成人员的资格界定存在漏洞②。基层工会委员会成员的任职资格及产生办法，在我国《工会法》并没有作出明确的规定，只是在第9条规定，企业主要负责人的近亲属不得作为本企业基层工会委员会成员的人选；工会会员大会或者会员代表大会有权撤换或者罢免其所选举的代表或工会委员会组成人员。《工会法》对于工会委员会成员的资格除要求企业主要负责人的近亲属不能作为成员人选外，对其他人是否能担任工会委员会成员并未作出如何限定，对担任工会委员会成员应符合什么条件也未作出明确规定，由此就出现了在我国国有企业工会主席由企业副职负责人兼任的普遍现象。不同的工会委员会因组成人员的能力、意识的差异而导致不同的维权结果、维权效果，由此造成工会不能有效地履行其基本职责，无法正常地保障和维护职工合法权益。工会如不能履行职责，依法维护职工合法权益，就会产生工会在职工眼里的信任危机。

第四，职工民主管理权利无法可依。"民主管理权是法律赋予劳动者的基本权利"③，是职工参加企业经营管理活动依法享有的

---

① 程延园.集体谈判制度在我国面临的问题及其思考[J].中国人民大学学报，2004(2).

② 詹庆和，柏宁湘.当前工会存在的问题及对策思考[J].福建论坛：经济社会版，1999(9).

③ 关怀.劳动法学[M].北京：法律出版社，2000.

参与权、知情权、表达意见权及监督权等权利。虽然在《工会法》中规定工会可通过职工代表大会或其他形式，组织职工参与本单位的民主决策、民主管理和民主监督，行使民主管理权利。但对职工代表大会的组织性质、地位、职权职责并没有规定，也缺乏职工行使民主管理权利的保障措施。现阶段，我国由于存在不同所有制企业，我国法律法规对不同的企业的民主管理无法进行统一的制度规范，企业职工代表大会的职权规定也各有差异。在《劳动法》、《全民所有制工业企业法》中规定职工代表大会的组织性质是企业实行民主管理的基本形式，职权职责是职工行使民主管理权利的机构，工作机构是工会，工会对企业涉及职工切身利益的事项有提出建议权、审议权、决定权甚至否决权。而在其他类型企业特别是非公有制企业方面，法律规范并没有强制规定企业必须设立职工代表大会或其他形式来组织和代表职工行使民主权利，从而导致很多企业根本没有建立职工代表大会制度。这些企业即使依照法律规定设立工会，但工会也是流于形式，被排除在企业管理及决策之外，企业经营管理决策特别是涉及职工切身利益的事项，企业最多听取工会意见。当出现企业侵犯职工合法权益的行为时，工会实际上除了表示异议之外，也没有更多的办法。企业民主管理制度的缺失，工会地位的下降，必然影响职工民主管理权利的行使及权益的保障。

第五，工会的救济途径和方法有限，难以起到实质性作用。《工会法》中，大多数条文的规定，除了是用人单位应当听取工会的意见，或者工会有权提出意见以外，并没有进一步的救济方法和手段，所以实践中，当用人单位没有听取工会意见的时候，工会也毫无办法，只能不了了之。特别是在企业侵犯职工劳动权益，职工通过司法途径依法维权时，《工会法》只规定工会应当给予支持和帮助。但以何种方式提供支持和帮助，《工会法》中并未规定具体的方法及手段。值得借鉴的是，美国工会为维护工人权益，在法律的框架内，可以运用的手段有很多[1]，包括与企业主进行集体谈判、平等协商，与雇主签订集体合同，游行示威，动员消费者进行

---

[1] 魏涵琳. 我国工会法律制度研究[D]. 郑州大学硕士论文，2012年.

联合抵制，开展国会院外游说活动以影响立法，参与议员竞选，提起法律诉讼，最重要的是还可以举行罢工。罢工权，是西方国家工会基本都享有的权利，它是天赋人权的表现，是西方国家在穷尽所有办法仍不能保证职工合法权益的情况下所迫不得已采取的极端措施。英国工会享有罢工权，如果集体谈判最终破裂，可以经过全体会员秘密投票决定是否举行罢工。

5. 工会法律责任不明，无法可依。《工会法》虽然规定了企业及工会工作人员有违反《工会法》相关规定的行为，依法追究其民事责任，行政责任或刑事责任；但对工会自己不履行其基本职责、对侵害职工合法权益的行为不为职工维权提供帮助，甚至其自身违反《工会法》规定、侵犯职工合法权益的，工会是否应该承担相应的法律责任以及承担何种法律责任，在《工会法》中并未作出规定。这在一定程度上使工会在履行其基本职责过程中积极性不高，甚至出现消极懈怠的现象，不利于工会积极维权，职工的合法权益也得不到切实保障和维护。

六、我国现行工会法律制度建设的完善

建设我国完善的工会法律制度，对于建立和谐稳定的劳资关系，特别是对于我国市场经济秩序的维护和发展将具有极为重要的意义。

(一)确保工会具有社会团体法人资格，使其能真正独立开展活动，依法维护职工合法权益

1. 保障工会的独立法律地位。虽然我国《工会法》赋予工会具有社会团体法人资格，但同时又规定上级工会组织领导下级工会组织，使得工会既具备独立民事主体地位，又具有行政管理的属性，因此，应明确区分工会与国家机关之间的界限。首先，在工会的组织机构方面，改变中华全国总工会按行政区划层层设置的方式，而是由工会自行决定其组织形式与办事机构，以便精简人员，提高工作效率；其次，在工作地点上，工会的办公地点尽量要同国家机

关、企事业单位的办公地点分开，以便分清职责，解除工会与政府、用人单位间的依赖性。

2. 保障工会的经济独立性。借鉴国际上先进国家的做法，充分保证工会有维持工会工作所需的必要的财产和经费。依据经费独立原则，必须明确工会的经费应当与用人单位相区别，确保工会经费来源为工会会员缴纳、政府补助、工会所属企业事业单位的拨缴和上缴等。确保工会经费主要用于为职工服务和工会活动。严格禁止工会接受所属用人单位各种形式的经费支持①。工会主席及工会工作人员的工资及各项待遇应当由工会的职工来决定。

3. 通过法律的强制规定，禁止政府、用人单位干涉工会。规定工会领导人不得兼任企业高层管理职务，且不得为高层管理人员(包括企业主)的近亲属等利益相关人员。做到会员大会或会员代表大会民主选举产生工会委员会委员，包括工会领导干部，使工会委员会成员按职工意愿，真正从职工中选举出来，彻底解决"老板工会"②问题，从而更好地保证职工的权益不受侵犯。

(二)打破工会设置的单一性，允许劳动者自愿组织与参加工会

1. 修改《工会法》，改变我国工会体制中的行政审批制度为注册登记机制，即劳动者可自由组建工会，并向主管机关注册生效。

2. 增加工会的类型，除了中华全国总工会、用人单位工会以外，允许针对特许人群劳动者，设立诸如"农民工工会③"、"教师工会"等身份、行业工会。

3. 引入竞争机制，允许用人单位的劳动者按照自己的意愿，组织和参加一个或几个工会；改变单位职工自动成为工会会员的做

---

① 陶红林. 关于对强化工会经费管理独立性的思考[J]. 经济视野, 2014(18).

② 陈维政, 任晗. 中国企业工会角色冲突对工会职能作用发挥的影响和对策研究[J]. 管理学报, 2016(3).

③ 杨洪宝. 浅谈农民工外出务工前加入工会组织的必要性和可操作性[J]. 中国工运, 2006(3).

法，在充分尊重职工意愿的情况下，最终确定职工是否成为该单位工会组织的成员。

4. 明确界定工会组织的会员资格，严格禁止企业经营者及企业高级管理人员成为工会会员。

（三）赋予工会更加有效的救济方法，肯定工会有组织罢工的权利

我国于1997年10月加入的联合国《经济、社会及文化权利国际公约》要求缔约国尊重劳动者的罢工权[1]，对公约第8条第1款（丁）"有权罢工"的规定，我国没有提出保留意见。因此，我国依据公约规定应赋予劳动者享有罢工的权利。但由于我国现阶段的《宪法》及其他的法律法规都没有规定公民罢工权，自然也就没有保障劳动者享有罢工权利和劳动者行使罢工权利的具体规范[2]，致使目前我国劳动争议中劳动者的罢工无法得到法律的支撑及保护。劳动者的合法权益一旦受到侵害，在我国现今劳资关系极不对等的情况下，其维权往往会耗费高昂的成本，即使这样也不一定能得到很好的结果。由此带来的后果是受害职工要么自认倒霉，要么采取过激手段，走向极端，导致事态往往出现不可控的状态。针对我国劳资双方矛盾的实际情况，如果对劳资双方之间劳动争议的处理仍处于一种缺乏规制的[3]状态下，我国劳资双方的矛盾不可能得到缓解，还会进一步扩大甚至激化，除劳动者的合法权益无法得到有效保护外，我国的社会稳定必将受到严重的影响。因此，有必要对劳资双方之间的矛盾的解决提供一个更加有效的解决机制，并在法律层面赋予工会在解决劳资纠纷中发挥更大作用。从各国的罢工实践来看，劳资双方产生纠纷，工会往往代表劳动者与雇主谈判，甚至组织劳动者举行罢工，使劳动者的正当诉求得到支持、合法权益得

---

[1] 牛津法律大辞典[M]. 北京：光明日报出版社，1988.
[2] 温晶峰. 论我国法律保障罢工权的必要性[J]. 现代经济信息，2009(20).
[3] 参见《经济、社会和文化权利国际公约》(1966年)第八条。

到保障。结合中国劳资关系的实际情况，并借鉴国外处理劳资矛盾的经验，在我国相关的立法中赋予公民在劳资关系中依法享有罢工权已经显得非常必要①，同时赋予工会有权代表职工与用人单位就双方间的劳资纠纷进行劳资谈判，在一定情况下组织职工依法举行罢工。工会有了与企业交涉的权利甚至组织罢工的权利，其维权力度必将加大，维权效果将会更为显著，劳资双方之间的矛盾也可以及时得到合理的疏通和化解，这在一定程度上就会避免产生群体事件以及社会混乱。当然，对罢工权予以适当的限制，未经工会会员投票决定，不得擅自举行罢工。

（四）完善工会维权制度，建立健全的工会法律体系

1. 完善工会组织在保障职工民主管理方面的法律制度。工会应积极参与《工会法》、《劳动法》及企业法等法律制度建设和立法工作，就涉及职工利益和工会工作需要立法的问题向立法机关提出建议或提交立法草案，要求相关法律中应赋予工会就职工切身利益问题，如民主管理、劳动报酬、劳动条件、保险福利等事项，有否决其他机构决议的权利；还应赋予工会除在集体合同中具有原告资格外，对侵犯劳动者民主管理权的行为，在人数众多的群体性劳动争议中有代表劳动者提起诉讼的权利。同时赋予工会监督职能，对用人单位妨碍职工民主管理、侵害职工合法权益的行为，工会有权要求用人单位予以改正。为使工会高效工作，稳定劳资关系，还应在用人单位建立多种有效机制，如利益协调及诉求表达、矛盾调处和权益保障等机制②，积极整合各种社会资源，强化工会组织民主参与和依法维权、依法行政、依法管理、依法决策的职能。采取这些措施，有利于提高工会维权者的地位，促进劳资矛盾和谐稳定发展，从根本上预防和减少劳资纠纷的产生。

2. 加强对工会委员会人员资格身份的限制，特别是工会干部

---

① 于维同，杨大富. 论我国的罢工权立法[J]. 行政与法：吉林省行政学院学报，2005(6).

② 卿红. 创新维护群众权益机制的路径探寻[J]. 行政与法，2012(3).

的兼职问题①。兼职工会干部由于其身份的特殊性，在劳资关系纠纷中必然不能代表职工并依法维护职工合法权益。因此，在国有企业中，工会干部包括工会主席不能由上级任命而应当由职工民主选举产生，且他们在企业中不能担任任何行政管理职务；在民营或股份制企业中，企业方投资人、合伙人、股东、董事及高级管理人员也不能加入工会组织，成为工会会员，更不能担任工会干部。只有这样，才能避免工会会员角色混同错位，也才能保证工会更好地履行职责，依法维护职工合法权益。

3. 完善集体协商制度，建立健全集体劳动关系谈判机制②。一方面，建立完善集体协商制度，在立法上赋予工会与用人单位平等谈判的地位及权利。另一方面，完善强化集体合同制度③。针对我国目前有关法律、规章对集体合同的规定不够具体明确、效力不够、力度不强的问题，须通过专门法律对集体合同作出规定，进一步规范集体合同内容、订立程序、履行要求、违约责任，等等，使集体合同能真正达到维护职工整体利益的目的。与此同时，在相关法律法规中还应规定集体协商双方的法律责任，用法律责任制度约束集体协商双方的协商行为、履约行为，从而进一步增强工会集体协商的约束力，确保集体合同得以顺利履行。

4. 完善相关法律法规制度。在完善《工会法》的同时，不断完善《劳动法》、《公司法》等相关法律，如《劳动合同法》、《劳动争议调解仲裁法》等；同时，通过制定行政法规、地方性法规、行政规章，使调整劳动关系的法律体系形成统一完整的整体，从而给我国所有的劳动者提供强有力的法律保障，也使工会能更好地发挥维护职工合法权益的职能作用。

---

① 王剑强. 改制企业工会存在的问题与思考[J]. 工会论坛：山东省工会管理干部学院学报，2008(4).

② 汪文来. 完善集体协商机制构建和谐劳动关系[J]. 特区实践与理论，2009(6).

③ 范围. 我国集体合同法律制度实践的困境分析[J]. 阅江学刊，2011(3).

(五)确立工会在维权中的法律责任①

《工会法》中只有关于用人单位及工会工作人员在侵犯职工合法权益时的法律责任规定,而对于工会履行基本职责方面,如在平等协商和签订集体合同过程中、保障职工行使民主管理权利、维护职工合法权益等方面,工会没有履行职责或怠于履行职责时应承担的法律责任,《工会法》并没有作出规定,不利于工会积极维权。因此,《工会法》中必须明确规定工会组织在维权中的法律责任,只有这样,才能督促各级工会组织认真地履行职责,更好地维护劳动者的合法权益。

---

① 李凌云. 工会的法律责任初探[J]. 华东政法大学学报,2008(2).

第五章 用人单位规章制度

一、用人单位规章制度在劳动合同实施中的作用

(一) 用人单位规章制度制度的概念

对于"用人单位规章制度"的概念,学术界目前有如下几类解释。第一种观点认为用人单位规章制度是用人单位内部的组织规范,包括对劳动者进行劳动管理的行为规则,这种观点在大陆法系国家学者中广为接受。第二种观点认为用人单位规章制度是劳动者应当共同遵循的规范,是用人单位为了提高工作效率,统一设定的关于工资、工作时间、休息休假等劳动条件,以及劳动者应当遵守的工作纪律等的规定。第三种观点认为用人单位规章制度是用人单位依法制定的,保障劳动者享有劳动权利和履行劳动义务的各种规则、章程和制度的总称,我国学者较多持这种观点。

笔者认为,用人单位①规章制度②是用人单位所制定的适用于

---

① 我国劳动法学界通常将劳动力使用权的使用者统称为"用人单位",并且《劳动法》、《劳动合同法》等法律法规明确"用人单位"指中华人民共和国境内的企业、个体经济组织;"国家机关、事业组织、社会团体"相对于与其建立劳动合同关系的劳动者而言,也是"用人单位"。鉴于企业型用人单位与非企业型用人单位存在的目标有根本差别,为了限定本书研究范围,故本书所采用的"用人单位"的概念是将研究范围限定在"企业"范围内。

② 正如国际劳工组织(ILO)特别委员会1959年所定义的,为"企业界对work roles, company roles, work shop rules, rules of employment, standing order 之称号,供企业之全体从业人员或大部分从业人员之使用,专对或主要对就业中行动有关的各种规则。"参见黄越钦《劳动法新论》,台北翰芦图书出版有限公司2012年版,第183页,林振贤《劳基法的理论与实务》,捷太出版社2004年版,第125页。

第五章 用人单位规章制度

该单位的所有劳动规则,是劳动者在劳动过程中必须遵守的行为规范,其内容涵盖所有与劳动相关的规定,包括工作时间制度、休息休假制度、工资福利制度、录用考核制度、考勤请假制度、考评奖惩制度,以及劳动安全卫生制度等。

(二)有关用人单位规章制度的现行立法

用人单位的规章制度必须依法制定才有效,才能对劳动者产生约束力。《中华人民共和国宪法》明确规定,"遵守劳动纪律"是公民的基本义务。《劳动法》第 4 条规定:"用人单位应当依法建立和完善规章制度"。第 25 条规定:"劳动者严重违反劳动纪律或者用人单位规章制"的,用人单位可以单方解除劳动合同,而无需支付经济补偿金。第 89 条规定:"用人单位制定的劳动规章制度违反法律、法规规定的,由劳动行政部门给予警告,责令改正;对劳动者造成损害的,应当承担赔偿责任。"

在《劳动法》基础上,《劳动合同法》对用人单位规章制度作了进一步完善。《劳动合同法》第 4 条集中就用人单位规章制度的制定主体、内容、民主程序、告知程序作了规定,其中,第 38 条第 1 款第 4 项规定:"用人单位的规章制度违法,对劳动者造成实质损害的,劳动者可以即时单方解除劳动合同。"第 39 条第 1 款第 2 项规定:"严重违反用人单位的规章制度的,用人单位可以解除劳动合同。"第 74 条第 1 款规定:"用人单位制定直接涉及劳动者切身利益的规章制度及其执行的情况,由县级以上地方人民政府劳动行政部门依法进行监督检查。"第 80 条规定:"用人单位直接涉及劳动者切身利益的规章制度违反法律、法规规定的,由劳动行政部门责令改正,给予警告;给劳动者造成损害的,应当承担赔偿责任。"

此外,《公司法》、《全民所有制工业企业法》、《城镇集体所有制企业条例》、《乡镇企业法》等经济法领域的法律、法规中也都规定用人单位有制定劳动规章制度的权利,并对劳动规章制度的制定程序作出了相应规定。如《公司法》规定:"公司制定规章制度,应当听取公司工会和职工代表大会的意见和建议。"而国有企业、集体企业制定重要劳动规章制度必须经职工代表大会审议决定，其他企业制定重要劳动规章制度时，应当听取工会和职工的意见。

同时，《最高人民法院关于审理劳动争议案件适用法律若干问题的解释》第 19 条规定："用人单位依法制定的劳动规章制度，可以作为人民法院审理劳动争议的依据。"《最高人民法院关于审理劳动争议案件适用法律若干问题的解释（二）》第 16 条规定："在用人单位劳动规章制度与集体合同或者劳动合同内容不一致时，劳动者有优先选择适用劳动合同的权利。"

（三）制定用人单位规章制度的法律意义

用人单位规章制度是劳动合同内容的重要补充，是用人单位调整劳动关系的重要依据，能够明确劳资双方权利和义务，约束劳动者的劳动行为，协调劳动关系，① 因此具有十分重要的法律意义。

1. 自劳动合同订立阶段即能明确双方权利和义务

一方面，用人单位规章制度作为用工自主权的具体体现，是由用人单位制定的。通过用人单位规章制度，用人单位可以非常明确地制定对招用员工的要求、明确职工的工资福利待遇、明确职工的工作条件、工作内容和责任等，而员工在入职前也可以非常明确地知道这些内容②。这样有利于工双方在签订劳动合同时进行协商，减少分歧。另一方面，用人单位规章制度是用人单位劳动管理行为的重要依据，有利于劳动管理行为的规范化、统一化，防止用人单位对劳动者的权利义务随意支配，保持劳动关系的清晰和稳定。

2. 有利于明确劳资双方实现权利和义务的措施、途径和方法

依据《劳动合同法》第 4 条、第 38 条、第 39 条的规定，通过用人单位规章制度，明确劳资双方权利和义务实现的措施、途径和方

---

① 郭文婷. 企业规章制度法律问题探讨[J]. 法学视野, 2012(5).
② 郑超. 企业规章制度规制研究[D]. 山东经济学院硕士学位论文, 2011 年.

法，完善劳动合同的内容，有利于建立和维护用人单位正常的生产和工作秩序，避免不必要的纠纷。例如，休息休假是劳动合同的必备条款，但是鉴于休息休假制度的多样性，劳动合同中不可能作出具体约定。所以，实践中关于各类假期的请假条件、请假手续、假期期间的待遇等问题，一般都是用人单位在规章制度中进行详细规定。

3. 有助于出现劳动争议时双方权利责任的厘清[①]

由于劳动关系双方当事人之间的利益具有对抗性，所以，在劳动过程中，用人单位与劳动者之间的利害冲突是不可避免的。《劳动合同法》第39条规定："劳动者严重违反规章制度，用人单位可以单方面解除劳动合同"，并且不需要支付经济补偿金。据此规定，首先要求用人单位必须要有明确、有效的规章制度；其次，用人单位必须对违反规章制度的行为的表现形式以及性质做出界定，尽量细化，并且有相应的制裁措施，从而为劳动合同的实施提供方便，更好地维护双方当事人，特别是用人单位的合法权益。

4. 为劳动争议仲裁提供法律依据

2001年最高人民法院《关于审理劳动争议案件适用法律若干问题的解释》第19条规定："用人单位通过民主程序制定的规章制度，不违反国家法律、行政法规及政策规定，并已向劳动者公示的，可以作为人民法院审理劳动争议案件的依据。"因此，用人单位依法订立的规章制度涉及用人单位和劳动者双方的权利和义务，裁判机关也会依据用人单位规章制度来裁判案件。特别是当法律法规、劳动合同和集体合同对纠纷的有关事项规定不明确或者不规范时，规章制度就显得尤为重要[②]。

[①] 方配礼. 论企业规章制度在劳动争议案件中的适用[J]. 重庆科技学院学报(社会科学版), 2009(10).

[②] 胡立峰. 用人单位劳动规章制度研究[D]. 厦门大学硕士论文, 2009年.

二、用人单位规章制度的内容

(一)用人单位规章制度可以选择的内容

用人单位规章制度的内容,涉及劳动条件、劳动纪律、考核奖惩、福利社保、企业文化等很多方面,从性质上可以分为两种类型:第一类规章制度直接涉及劳动者切身利益,必须经过法定程序才能生效;第二类规章制度与员工切身利益是不相关的,也没有法律的效力,更多体现为一种企业文化和精神。

《劳动合同法》第4条规定:"用人单位应当依法建立和完善劳动规章制度,保障劳动者享有劳动权利、履行劳动义务。用人单位在制定、修改或者决定有关劳动报酬、工作时间、休息休假、劳动安全卫生、保险福利、职工培训、劳动纪律以及劳动定额管理等直接涉及劳动者切身利益的规章制度或者重大事项时,应当经职工代表大会或者全体职工讨论,提出方案和意见,与工会或者职工代表平等协商确定。"

该条文通过列举性方式,表明用人单位规章制度的内容包括但不限于以下事项:第一,关于劳动标准的规定。主要涉及工作时间、休息休假、工资福利、社会保险,以及职业培训、劳动安全与卫生等内容。该部分内容有关劳动者的劳动权益,是劳动合同、集体合同重点关注的事项,劳动法律法规中有很多强制性规定,用人单位的规章制度是不得违反的。第二,关于劳动纪律以及奖惩的规定。每个用人单位都有劳动纪律,而劳动纪律又必然涉及奖惩。劳动纪律的目的在于维护用人单位内部正常秩序,奖惩的目的则在于调动员工积极性。奖励事项取决于企业自身的需要。为了防止惩戒权的滥用,避免发生恶性的劳动纠纷事件,有必要在劳动规章制度中明确违纪行为所包含的范围,惩戒权行使的程序及惩戒的具体措施等问题[1]。第三,关于劳动定额和工作职责的规定。这部分内容

---

[1] 董保华.劳动合同立法的争鸣与思考[M].上海:上海人民出版社,2011.

关系到劳动者工作任务的完成情况，是用人单位对劳动者进行考核考评的重要依据，因此必须通过规章制度予以明确、细化。

(二) 用人单位规章制度应当有所限制的内容

用人单位规章制度是用人单位依法制定的，不得违反法的基本原则和规定。因此，必须有所限制。

1. 用人单位规章制度不得侵犯劳动者的基本权利

"基本权利"是指由《宪法》规定的公民享有的的权利。基本权利"在法律确认的权利体系中具有最高的地位和价值，是国家一切法律保障个人权利的最高准则和依据"[1]。我国《宪法》规定的公民基本权利包括人身权和财产权，其中跟劳动者有关的权利有生命健康权、安全权、人格尊严权、人身自由、劳动自由、休息权、获得劳动报酬权等。用人单位在制定本单位规章制度时，不得侵犯劳动者的基本权利。但权利和自由并不是绝对的，用人单位基于劳动关系的从属性，对劳动者的工作行为进行组织与管理，如要求劳动者服从工作安排、不能随意迟到早退、着装符合统一要求等，并不是侵犯劳动者基本权利的行为，而是对劳动者的劳动权利做的一些交换。这种交换是以劳动者取得工作机会，获得劳动报酬等为条件的，因此是在劳动者认可的范围内[2]。

2. 用人单位规章制度不得违反法律的强制性规定

所谓强制性法律法规是指必须依照法律法规适用，不能予以变更和排除适用的规范。它是行为主体必须按行为指示作为或不作为的规则。它的特点是主体没有自行选择的余地，也就是说用人单位规章制度中不得规定违反劳动基准法及其他上位法中的强制性规定，[3] 否则该内容就没有法律效力。《劳动法》兼具私法和公法的

---

[1] 郑尚元. 劳动合同法的制度与理念[M]. 北京：中国政法大学出版社，2008.

[2] 李沫德. 定型化劳动契约之研究[D]. 台北：中国文化大学中山学术研究所博士论文，2002年.

[3] 王益英. 外国劳动法和社会保障法[M]. 北京：中国人民大学出版社，2008.

性质,在工作时间、最低工资、加班工资、劳动合同的形式和内容、劳动安全、女职工及未成年工的保护、社会保险等很多方面的规定都非常严格,不允许用人单位违反。实践中,用人单位的规章制度,凡是与法律的强制性、禁止性规定相违背的,属无效规定。如用人单位擅自规定的加班工资支付标准与法定标准不符的,属无效规定。

3. 用人单位规章制度中有关劳动奖惩内容的限制

用人单位有权通过规章制度的形式,对违反劳动纪律的劳动者进行惩处。1982年的《企业职工惩戒条例》是我国最早的也是唯一一部关于违纪惩戒的立法,该条例已在2008年被废止。目前,现行劳动法律中没有对劳动者惩戒的规定,实践中用人单位如何对违纪的劳动者进行惩处,完全由用人单位决定。因此,用人单位必须在法律允许的限度内,明确违纪的具体事项和惩处内容,最好在规章制度中作出列举。一般,用人单位在规章制度中规定的惩戒事项有:①学历造假,即劳动者自身的学识素养并未真正达到其职位的要求,通过造假等不正当手段获取与用人单位要求不匹配的职位;②职务懈怠,此类行为在《惩戒条例》中曾被表述为"违反劳动纪律,经常迟到、早退,旷工,消极怠工,没有完成生产任务或者工作任务",需要强调的是这些懈怠行为必须达到一定强度时才能进行惩处,用人单位不能用"经常"、"较多"等类型的程度副词进行限定,而必须要使用可以计算,量化的规定;③危害性的职务行为,这类行为包含的内容较为复杂,如伪造业务财务记录、伪造文件、利用职务之便获取或使用企业财产为个人牟利、严重泄密等行为,即基于用人员工的身份所实施的职务行为违反了法律的强制性规定,甚至构成犯罪[①]。

用人单位应明确惩戒措施的种类、方式和幅度,如警告、记过、记大过、降级、撤职、留用察看、开除七种行政处分以及解除劳动合同等。其中,用人单位要想单方面解除与劳动者的劳动合

---

① 杨继春.企业规章制度的性质与劳动者的违纪惩处[J].法学杂志,2003(5).

同，劳动者必须违反规章制度达到严重的程度。所以，用人单位有必要在规章制度中对这一程度予以细化，明确规范自由量裁权，使规章制度的适用更加公平。

三、制定用人单位规章制度的程序

实体公正和程序公正是衡量法律是否为良法的重要标准。用人单位的规章制度虽然不是法律，但在用人单位和劳动者之间是有约束力的。根据我国现行的劳动法律，规章制度程序的合法性必须包含以下三个方面：职工民主参与、报送审查或备案、正式公布。

（一）职工民主参与程序（双决或者单决）

劳动者民主参与制定用人单位的规章制度，是各国立法的共同做法。1936年《法国劳动法典》第122款第35条规定："雇佣规则在提交工厂委员会讨论通过之前，不能将其付诸实施。"1947年《日本劳动标准法》第89条规定："起草或修改雇佣规则时，雇主应征求有关企业中过半数工人所组成的工会的意见，或过半数工人代表的意见。"[1]我国《劳动合同法》第4条规定："用人单位在制定、修改或者决定有关劳动报酬、工作时间、休息休假、劳动安全卫生、保险福利、职工培训、劳动纪律以及定额管理等直接涉及劳动者切身利益的规章制度或者重大事项时，应当经职工代表大会或者全体职工讨论，提出方案和意见，与工会或者职工代表平等协商确定。"

劳动者的民主参与权，具体表现在以下几个方面：①知情权，即了解用人单位规章制度的权利，而并不包含参与制定的权利，当然也无否定的权利。②建议权，即劳动者对用人单位事务提出参考性意见的权利，但用人单位并没有义务听取或者采纳。③质询权，即劳动者对用人单位特定事项进行询问并提出质疑的权利，用人单

---

[1] 王松柏.劳动契约在法律上的地位[M].台北：台湾新学林出版股份有限公司，2009.

位负有答复的义务。④表决权,即劳动者对用人单位的规章制度表示同意或不同意的权利,用人单位规章制度一旦不能通过就无法生效。⑤批准权或决定权,即劳动者对用人单位规章制度进行审议决定或审查批准的权利①。

我国历年来的不同立法,在劳动者民主参与制定用人单位规章制度的问题上,存在较大分歧。《全民所有制工业企业法》和《城镇集体所有制企业条例》规定,用人单位规章制度的生效必须取得职工大会或职工代表大会的同意;《公司法》规定须征求工会、职工代表大会的意见;《劳动合同法》则规定,"讨论、提出方案和意见"。相比之下,《劳动合同法》下的民主参与,仅限于表达意见,因此,我国用人单位规章制度制定的决定权属于"单决制",即用人单位一方决定,不需要取得劳动者的同意。

而德国劳动法典采用"共决制"的做法,规定企业职工委员会拥有对企业劳动规章的决定权。企业劳动规章应当由企业经营者与职工委员会共同决定。德国《企业组织法》第 87 条规定:"职工委员会对下列事项享有共同决定权:①企业的纪律问题和企业内雇员行为准则;②工作时间和休息时间;③劳动时间的暂时缩短和延长;④劳动报酬的相关问题,如定薪原则的确定,新定薪办法的引入、使用或变更,计件和奖金的数额以及类似的与劳动成果挂钩的报酬等。"②为配合"共决制",德国《企业组织法》又规定了企业职工代表的选举制度:"选举为直接选举,以无记名投票方式进行,四年进行一次。工人和职员在选举期间可以投票选举工人代表以及职员代表,以无记名投票方式决定联合选举的比例。第一次的职工代表选举事宜,由职工现行组织选举委员会主办。以后的选举事宜,则由改选后的职工委员会主办。如果对选举结果有异议的,3人以上的选民连署或由工会出面,在结果公布后两周内向主管的劳动法院提起控诉。"

---

① 黄越钦. 劳动法新论[M]. 台北:翰芦图书出版有限公司, 2012.
② 董保华. 劳动合同法的争鸣与思考[M]. 上海:上海人民出版社, 2011.

法国和我国的做法一样,也实行"单决制",通过限制企业单方面制定权、报送劳动监察部门备案的方式对劳动者进行保护。法国规定:"劳动规章的内容若涉及安全卫生条件与企业惩戒权的,企业须征求企业委员会的意见,如果没有企业委员会的,要征求员工代表和企业安全卫生委员会的意见。"企业不遵守上述程序的,不仅该企业劳动规章无效,而且雇主有可能面临第四等违警罪即妨碍企业委员会正常运行罪的指控,受到刑罚处罚。在报送劳动监察部门备案审查方面,法国规定:"雇主向劳动监察官提交企业劳动规章进行合法性审查时,必须附上企业委员会或者员工代表,及企业安全卫生委员会的意见。"同时,雇主要把企业劳动规章粘贴在员工工作场所、招聘办公室的大门等员工能够看得到的适宜地点,以便全体员工能够及时了解企业的劳动规章,及时掌握自身的权利与义务[①]。

德法两种程序和做法,笔者认为,德国的"共决制"较为理想,但其实施的前提条件是强大的工会组织以及完善的集体谈判制度,尤其是其发达的企业职工委员会制度。目前,除德国外,鲜有国家可以做到"共决制"。而且,从理论上讲,劳动关系的隶属性,也决定了用人单位有权通过规章制度对用人单位和劳动者进行管理,所以,用人单位规章制度的内容,不可能全部要求集体协商,某些方面用人单位具有主导性和决定权。

笔者建议,我国可以借鉴法国的"生效要式主义",即规定规章制度或者重大事项的内容违反法律、行政法规或者存在明显不合理的情形或者未向劳动者公示或告知或者劳动者有异议的,用人单位规章制度不生效。例如我国广东省在立法上明确指出,用人单位未遵守民主参与程序制定并公布的劳动规章无效,并对未遵守民主程序的情形做出例外规定[②]。

[①] 董保华. 论实际履行原则——调整个别劳动关系的基本原则[J]. 中国劳动, 2005(9).

[②] 《广东省用人单位劳动规章制度审查备案办法》规定用人单位制定劳动规章制度应遵循以下程序: 1. 由用人单位法定代表人或负责人提出草案; 2. 提请职工代表大会或全体职工讨论修改; 3. 由职工代表大会或者全体职工审议通过; 4. 报送劳动行政部门审查备案。

(二)报送备案或审查程序

虽然我国立法规定,劳动者对关乎其切身利益事项享有一定的民主参与权,但由于用人单位一直处于主导地位,所以,用人单位规章制度的制定需要借助外部力量的监督与制衡①。1997年的《关于对新开办用人单位实行劳动规章制度备案制度的通知》曾经规定:"为规范新开办用人单位劳动管理行为,切实维护劳动者合法权益,经研究决定从1998年1月1日起,对新开办用人单位实行劳动规章制度备案制度,要求新开办用人单位应依照《劳动法》的有关规定制定劳动规章制度,并在正式开业后半年内将制定的劳动规章报送当地劳动行政部门备案,各级劳动行政部门要对用人单位劳动规章制度的内容和制定程序进行合法性审查,经审查发现用人单位的劳动规章制度内容违反法律法规规定的,应责令其限期改正。"②

《劳动合同法》第74条规定:"县级以上地方人民政府劳动行政部门依法对下列实施劳动合同制度的情况进行监督检查:(一)用人单位制定直接涉及劳动者切身利益的规章制度及其执行的情况。"第80条规定:"用人单位直接涉及劳动者切身利益的规章制度违反法律、法规规定的,由劳动行政部门责令改正,给予警告;给劳动者造成损害的,应当承担赔偿责任。"可见,在我国行政审查其实是事后审查,而对于事前审查限于"备案"。

(三)用人单位公示与告知程序

用人单位规章制度在经过了职工的民主参与和行政机关的核备、审查之后,并不当然具有了法律效力,还得公布于众或直接向

---

① 《法国劳动法典》法律篇第122条第36、37款规定了企业规章制度制定的程序。其中规定,劳动监察官要审查企业劳动规章制度的合法性,如程序不合法,则督促其按合法程序重新制定;如内容不合法,则可以要求其修改甚至撤销。

② 赖达清,刘杰. 新编劳动法学[M]. 北京:中国政法大学出版社,2010.

个别劳动者告知。公示程序是用人单位规章制度制定程序中重要的必经环节,是用人单位规章制度对劳动者发生法律约束力的前提条件,同时也有利于劳资双方权利义务的明晰,以防止企业暗箱操作、更改其内容以达到规避法律法规的目的,所以,几乎世界各国的劳动法都不约而同地规定了用人单位规章制度的公示程序,我国也不例外①。

最高人民法院《关于审理劳动争议案件适用法律若干问题的解释》的第19条和《劳动合同法》第4条都规定:"公示过程是用人单位适用劳动规章制度的法定程序,是规章制度生效的必备要件。如果用人单位没有对规章制度进行公示,将承担对其不利的法律后果。"没有经过公示的劳动规章制度不作为人民法院审理劳动案件的依据;《劳动合同法》第80条规定:"违反法律规定没有公示的用人单位将承担行政责任;如果以没有经过公示的劳动规章制度作为惩罚劳动者的依据或者给劳动者造成其他损害的,要承担民事赔偿责任。"

目前,用人单位规章制度常用的公示方式有:①在人流量较大或者醒目的位置张贴告示,如宣传栏、大门进出口、电子显示屏等。这种方式节约成本、便于操作,但证据效力较低,用人单位很难举证职工知晓规章制度,所以此种公示方式不能单一使用,需配合其他公示方式。②将用人单位规章制度制成手册印发员工,使员工随时翻阅学习,并且员工签收的回执可作为公示的证据。这种方式是比较可取的,但成本较高,易造成浪费。③组织员工集中培训学习,一方面由专业培训人员详细地向员工阐述规章制度的内容和注意事项,督促劳动者自觉遵守规章制度;另一方面,可以使参加集中培训的员工签到便于证据的收集,是值得提倡的方式。④以劳动合同的附件或者作为格式合同的方式,在与劳动者签订劳动合同时予以告知解读②。⑤其他一些先进有效的公示方式,如制作动画

---

① 高圣平.用人单位劳动规章制度的性质辨析[J].法学,2006(10).
② 林嘉主编.劳动合同法热点问题讲座[M].北京:中国法制出版社,2011.

片，在用人单位播放宣传，或制成电脑的屏幕保护等。

如果用人单位有明确真实的证据证明已经对劳动规章进行了公示，劳动者再以不知晓劳动规章制度为由违反劳动纪律，则不能作为抗辩理由获得处罚的豁免。① 因为劳动者既有知晓劳动规章制度的权利，也有按照规章履行规章制度的义务。

此外，在劳动关系存续期间，如果用人单位的生产经营情况发生变化，需要对用人单位的规章制度进行修改，甚至需要制定新的规章制度时，用人单位对变更后的规章制度同样需要公示于全体员工，以达到使每位员工都能在正常情况下了解企业规章制度的目的。总之，用人单位的规章制度未经公示即开始执行，是无效的，也是违法的。公示与告知程序，是用人单位规章制度发生法律效力的必经程序。如《法国劳动法典》就规定，雇佣规则应于完成了公布等手续两周之后方能实施。②

（四）劳动者违反规章的惩戒程序

关于劳动者违反规章制度的处罚程序，我国的劳动法律没有详细的规定，对此，可以借鉴其他国家的做法。如法国劳动法在实施惩戒措施时强调："企业根据采取的惩罚措施强度的不同，适用的程序也要有所区分。对于实施警告之类较轻的处罚，企业惩戒时可以省略提前通知程序，可以在宣布处罚的同时书面告知处罚理由；对于较重的处罚，企业必须遵守谈话、听取辩护等程序并在一个月内做出处罚决定。"在德国，企业在实施处罚权时必须要遵循一定的程序，该程序应当在其规章制度中明确规定。如果用人单位不遵守这些法定程序，剥夺劳动者的申辩权，没有调查取证，或者处罚决定仅由单位单方面做出等，处罚是不发生效力的③。

参考我国已经废止的两部法规《企业职工奖惩条例》和《国营企

---

① 丁建安. 企业劳动规章的法律效力研究[D]. 吉林大学博士学位论文，2009年.
② 法国1936年《劳动法典》第122款第36条。
③ 常凯主编. 劳动法[M]. 北京：高等教育出版社，2011.

业辞退违纪职工暂行规定》的规定，一般用人单位对劳动者进行惩戒时，要进过以下几个步骤：①调查取证；②听取本人申辩意见；③会议讨论；④征求工会意见；⑤报请审查批准；⑥制定公布或送达书面纪律处分决定。

（五）制定用人单位规章制度的建议

用人单位规章制度是《劳动法》的重要内容，是用人单位不可或缺的行为规范，其有效性与否，直接关系到用人单位和劳动者的切身利益，因此必须加以重视。为保证用人单位规章制度的合法性、明确性和可操作性，笔者认为，可以加强以下几个方面的工作：

1. 事先的调研和可行性论证

大多数用人单位在制定或修改其规章制度之前，都会经过事先详细的调研和可行性论证。这种专业性的调研工作，可以选择行业内具有代表性的单位，特别是行业内先进企业。必要时甚至可以考察国外企业，如大型跨国公司、排名在世界500强的先进企业。对于用人单位规章制度的具体内容，应当做详细的立项和规划，利用管理学的各种分析工具，如SWOT分析工具、麦肯锡分析工具等先进的工具和方法对用人单位规章制度如何制定及利弊进行完整、系统和全面的利益权衡和利弊分析，以期获得更加科学的管理结果①。

2. 专业律师团队审核

用人单位在起草完规章制度之后，应当将草稿交专业律师团队（法律顾问）进行审核，这是非常必要并且重要的，一方面可以保证规章制度的科学性、合理性，另一方面可以保证其合法性、有效性。而且用人单位规章制度制定的重要目的就是避免劳动争议案件的发生，甚至是群发性案件的发生，而员工离职时和离职后是引发劳动争议案件的高发期，专业律师团队参与有针对性地对员工手册、奖惩制度等进行预防式设计，尤其是程序设计，一方面可以针

---

① 胡立峰. 劳动规章制度与劳动合同制效力冲突[J]. 法学，2008(11).

对用人单位的特殊情况制定有针对性的法律风险防范方案,规避风险需求;另一方面即使争议发生,也可以更稳妥、更富效率地解决争议。

3. 执行的严谨性并且及时修订

用人单位规章制度一经制定,便起着规范效力。为体现其价值,建议用人单位在劳动管理过程中,严格遵守有效的规章制度。同时建立规章制度执行情况的跟踪制度,在执行规章制度过程中,还应建立部门之间、员工之间相互监督的制衡机制,各部门要对本部门规章制度执行情况进行跟踪监督、定期考核,有效提高制度执行力,从而彰显规章制度的严肃性,体现规章制度价值,也能促使员工增强纪律意识,自觉遵守规章,从而保证规章制度有效而严格的执行①。

此外,在规章制度执行的过程中,因用人单位生产经营情况的变化,以及立法的不断更新,用人单位规章制度也应当及时进行修订。

四、用人单位规章制度与劳动合同产生冲突时的效力问题

劳动合同是用人单位与劳动者之间明确彼此权利义务的依据,对双方都具有法律约束力;用人单位规章制度是对用人单位和劳动者双方权利义务具有重大影响的行为规范,是用人单位组织社会化劳动所必需的制度②,同样具有法律约束力。实践中,劳动合同与用人单位规章制度有着十分密切的关系,劳动合同的内容常常包含了规章制度,但是由于规章制度本身可能存在与劳动合同相抵触的

---

① 姜颖. 劳动合同法论[M]. 北京:法律出版社,2006.
② 郑尚元. 劳动合同法的制度与理念[M]. 北京:中国政法大学出版社,2008.

内容，因此就会产生判定劳动规章制度和劳动合同效力孰高孰低的问题①。

众所周知，规章制度是调整用人单位与劳动者关系的重要规范，用人单位依法可据其解除与劳动者的劳动合同，但根据2006年最高人民法院的《关于审理劳动争议案件适用法律若干问题的解释(二)》第16条的规定："用人单位制定的内部规章制度与集体合同或者劳动合同约定的内容不一致，劳动者请求优先适用合同约定的，人民法院应予支持。"笔者认为，规章制度的效力不能高于劳动合同，理由有以下几点：

(1)规章制度是在用人单位主导下劳动者参与制定的行为规范，其性质并非法律规范，而更接近于一种特殊形式的格式合同，因此规章制度并不具有高于劳动合同的效力。

(2)在劳动合同订立过程中，因为"劳动者在成立劳动关系前，与雇主就劳动条件为协商时，并无从属地位之关系，纵使在劳动关系存立间，就劳动条件之维持或提高，与雇主为协商时，亦无服从之义务"。② 因此，劳动合同双方是平等，劳动合同由双方自愿协商订立，是双方共同的意思表示。而规章制度是由用人单位制定的，劳动者仅有民主参与提出建议的权利，并没有协商的权利，但劳动者有遵守用人单位规章制度的义务。

(3)从对劳动者的法律约束力来看，先有劳动合同，后有规章制度。也就是说，只有先建立了劳动关系，才会出现劳动者适用规章制度的问题。因此，有学者指出："用人单位规章制度的效力是来源于劳动合同的，其效力显然弱于劳动合同。"③笔者也认为，为防止用人单位片面削减劳动者在劳动合同中的既得权利，应禁止用人单位单方面设立规章制度效力高于劳动合同的规定。

---

① 陈亚. 用人单位规章制度的法律性质及立法模式探讨[D]. 华东政法大学硕士论文，2007.

② 丁建安. 论"根据二分说"的优越性——再议企业劳动规章的法律性质及其制定、变更程序[J]. 法制与社会发展，2013(3).

③ 徐金锋. 论劳动规章制度之法律定性[J]. 东北师大学报(哲学社会科学版)，2012(1).

四、用人单位规章制度与劳动合同产生冲突时的效力问题

(4)从劳动合同的解除来看,只有在劳动者严重违反规章制度的前提下,才能解除与劳动者的劳动合同,表明在一般违反规章制度的情形下,用人单位是不能单方面解除劳动合同的。因此,违反用人单位规章制度并不必然导致劳动合同的解除,台湾地区曾有学者指出,"违反工作规则情节非属重大者并非即构成违约行为得为解约或就其产生之损害请偿","工作规则是雇主片面规定,尚未如劳动契约般具有私法上双务关系与违约请求赔偿之效力"。[①] 因此从法律效力的位阶上,劳动合同应高于规章制度。

综上所述,笔者认为,判断规章制度与劳动合同的效力要贯彻"劳动合同优先原则"和"有利原则":首先,一般情况下,劳动合同效力高于用人单位规章制度,这是首要的规则;其次,倾斜保护劳动者利益的"有利原则"是劳动法的基本原则,如果用人单位规章制度的内容对劳动者更有利,宜优先适用用人单位规章制度。

---

① 黄越钦. 劳动法新论[M]. 北京:中国政法大学出版社,2003.

第六章 无固定期限劳动合同

一、无固定期限劳动合同的立法意义

(一) 关于无固定期限劳动合同的概念及法律特征

无固定期限劳动合同，是指用人单位与劳动者经协商约定无确定终止时间的劳动合同。"无确定终止时间"，是指劳动合同中的期限条款一栏是空白的。因此，合同期限长短不能确定，不存在合同期限届满的情况。值得注意的是，无固定期限并非指永远，更不是"终身制"、"铁饭碗"，无固定期限劳动合同经用人单位与劳动者协商同意，或出现双方约定的解除条件，或者符合法律规定的情形的，一样是可以解除或终止的。

《劳动合同法》以劳动合同的期限为分类标准，将劳动合同分为三类：固定期限劳动合同、无固定期限劳动合同和以完成一定的工作任务为期限的劳动合同。无固定期限劳动合同与另两类劳动合同相比，其自身具有以下法律特征：

(1) 无固定期限劳动合同具有很强的稳定性。因为无固定期限劳动合同没有规定确切的终止时间，用人单位与劳动者之间的劳动关系在劳动者的法定劳动年龄范围内和用人单位的经营期限内一直存在，除非协商或依法解除或终止。无固定期限劳动合同是劳动关系长期化、稳定化原则的体现，能有效防止我国劳动合同普遍存在的"一年一签"、"两年一签"的短期化现象，从法律层面规范并约束用人单位不得随意与职工签订短期劳动合同，避免用人单位在用完职工年轻时的"黄金年龄"①后不再续签劳动合同，同时也是用人单位社会责任的体现，在对老职工给予适当照顾方面提供法律保障，进一步维护劳动者合法权益。

（2）无固定期限劳动合同是没有确切终止时间的劳动合同，即劳动合同的存续期间是不确定的。无固定期限劳动合同何时终止，最终取决于用人单位和劳动者双方之间的意愿或合同是否符合法律规定的条件。而固定期限劳动合同约定有明确的合同终止时间，如："合同期限一年"，合同期限届满，双方如不续约，则合同终止。以完成一定工作任务为期限的劳动合同则是合同双方以某项工作的完成作为合同期限，工作完成，合同自然终止。如完成某项工作任务，以项目承包方式完成承包任务，因季节性原因临时用工等。

（3）无固定期限劳动合同的订立具有一定的强制性。《劳动合同法》的基本原则是平等自愿、协商一致，劳动合同只有经过双方协商一致才能订立。但无固定期限劳动合同在符合法律规定的情况下，用人单位基于法律的强制性规定而必须订立。在《劳动合同法》第14条第2款规定了的三种情况下，如果劳动者提出或同意续订劳动合同的，除非劳动者提出订立固定期限劳动合同，否则用人单位就必须与劳动者签订劳动合同，而且只能是无固定期限劳动合同。因此，在符合法律规定的情形下，劳动者在无固定期限劳动合同的订立上有非常大的主动权。这体现了国家通过公权力干预劳动关系，也体现了国家对劳动者合法权益的保护。

（二）关于无固定期限劳动合同制定的法律意义②

《劳动合同法》自2008年1月1日起实施以来，引起了社会各界的广泛关注和讨论，特别是法律规定的无固定期限劳动合同制

---

① 颜廷伟. 签订无固定期限劳动合同的优劣分析[J]. 知识经济，2014(23).

② 廖晓红. 浅析无固定期限劳动合同制度[J]. 企业技术开发，2008(9).

度，更是引起社会各方褒贬不一的争议。一方面，很多劳动者认为它能稳定劳动关系，给自己长期工作提供了保障，因而希望能签订无固定期限劳动合同；另一方面，用人单位认为它会增加用工成本，加重自己的负担，给自己上了一个"紧箍咒"，因而尽量与劳动者签订固定期限劳动合同，为对抗该规定，有些用人单位甚至不惜突击裁员。当然，就无固定期限劳动合同这项制度本身而言，无论社会对它看法如何，争议多大，这项制度对于改变我国劳动合同目前普遍存在的很严重的短期化现象，对于劳动者合法权益的保护，维护劳动关系长期稳定，具有极其重要的意义。

1. 就劳动者而言，订立了无固定期限劳动合同，劳动者的合法权益才能得到有效保障

国家劳动立法的目的是为了调整劳动关系，规范劳动关系中双方当事人的权利和义务。由于劳动关系的隶属性，劳动者处于被管理被支配的地位，同时，劳动者与用人单位相比，始终处于弱势，如果完全按照平等协商原则订立合同，劳动者的权益往往无法保障。因此，国家立法在权衡劳资双方不均衡的地位情况下，通过劳动法律规范侧重于对劳动者合法权益进行保护。《劳动合同法》把订立无固定期限劳动合同的主动权授予劳动者，规定应当订立无固定期限劳动合同是一种强行性、义务性的法律规则，用人单位必须履行义务。在符合法律规定的情况下，劳动者通过签订无固定期限劳动合同，使自己的合法权益能够得到法律的保护，这体现了国家对劳动者合法权益保护的重视，也体现了用人单位的道义和社会责任，用人单位在追求实现自身经济利益的同时，也应当保障实现劳动者的经济利益。

2. 就用人单位而言，无固定期限劳动合同制度对于用人单位提高劳动效率，形成用人单位和劳动者双赢[①]的局面起着重要作用

尽管无固定期限劳动合同制度侧重保护了劳动者合法权益，但并非完全牺牲用人单位的利益，其目的是尽可能平衡劳动者和用人

---

① 胡荣. 浅析无固定期限劳动合同在法律实践中的误区[J]. 南昌高专学报，2009(4).

单位的地位，使双方具有平等对话的能力①。这一制度设计，不仅有利于劳动者，也同样有利于用人单位。

一方面，无固定期限劳动合同制度把劳动者在同一用人单位连续工作十年以上，作为劳动者提出订立无固定期限劳动合同的法定情形之一，是因为劳动者的"黄金年龄"阶段一直在用人单位工作，为用人单位的发展作出了贡献，用人单位从道义上讲也应给这部分劳动者提供未来职业及生活保障。同时，用人单位解决了劳动者的后顾之忧，劳动者就会更加努力工作，更好地为用人单位创造效益。因此，这一制度把用人单位的发展与劳动者利益紧紧联系在一起，同舟共济，有利于增强劳动者的职业稳定性和工作责任感，从而努力工作，提高劳动效率，为用人单位创造更多的经济效益。

另一方面，签订无固定期限劳动合同的劳动者基本都是熟悉老练的员工，可以减少用人单位培训新人的成本以及解决新人上岗适应期劳动效率低下的问题，保证用人单位用人规划的预期性与连续性。由此，用人单位的劳动者队伍保持了稳定，可以节约用工成本，减少管理费用，最终形成劳资双方共赢的局面。

3. 无固定期限劳动合同制度有利于形成较为稳定的劳动关系，有助于社会秩序的和谐稳定、社会关系的良性发展

尽管无固定期限劳动合同制度的实施，可能确实会使用人单位产生一定的成本与管理上的压力，但这是扭转不平衡的"资强劳弱"劳资关系局面应当付出的代价，也是在不平衡局面下帮助劳资关系中的弱势群体的有效办法，更是法律实现社会公平的价值体现。"全国劳动合同期限签订三年以下的占60%左右，其中很多是一年期。这不利于维护劳动者的就业稳定，不利于其建立对单位的归属感和责任感，不符合国家包括用人单位的长远利益。"②若不实行无固定期限劳动合同制度，会令现有劳资关系中本已非常不对称

---

① 董文军. 我国《劳动合同法》中的倾斜保护和利益平衡[J]. 当代法学，2008(3).

② 沈水生. 对《劳动合同法》性质的分析与理解[J]. 中国劳动保障报，2008-03-04.

的"资强劳弱"现象进一步强化，结果强者更强，弱者更弱，令劳动者的收益权甚至是生存权受到严重损害，扩大了两极分化的局面，既不符合社会公正、社会共赢的利益诉求，也为社会稳定埋下了不安定的隐患。

在现今市场经济条件下，用人单位要想拥有一席之地并处于不败地位，必须提高自身的竞争力。企业之间尽管要依靠产品、依靠服务展开竞争，但这些竞争是需要员工的工作才能实现的，因此，市场的竞争归根结底是人才的竞争。用人单位只有让劳动者对单位有认同感、归属感，劳动者才会发挥其主观能动性、创造性，积极努力工作，为单位创造更多更大的效益。所以，用人单位应当改变观念，建立合理的用人机制，努力提高生产效率，提升产品质量，才能真正地在市场经济的竞争中立稳脚跟。

二、无固定期限劳动合同的订立

依据《劳动合同法》第14条的规定，订立无固定期限劳动合同应符合以下情形或条件：

1. 用人单位与劳动者协商一致，可以订立无固定期限劳动合同。对于用人单位与劳动者协商一致订立无固定期限劳动合同的情形或条件，法律没有作如何限制性规定，也就是说，只要双方当事人按照平等自愿原则，不违反法律的强制性规定，没有采取胁迫、欺诈或隐瞒事实等手段，不存在有乘人之危使对方违背真实意愿的情形，当事人双方经充分协商，达成一致意见，就可以订立无固定期限劳动合同，并且有效。

2. 在出现法律规定的情形下，劳动者单方提出订立或同意续订无固定期限劳动合同，用人单位不得拒绝，必须与劳动者订立无固定期限劳动合同。此种法定情形分为三种：

（1）劳动者在同一用人单位连续工作满十年的。这里的关键是"同一用人单位"和"连续工作"。劳动者如果不是在同一单位，而是在两个或者三个用人单位工作满十年以上，则不符合这一条件要求，劳动者就不能向用人单位提出订立无固定期限的劳动合同。同样,劳动者即使是在同一用人单位,但是如果工作年限出现了断裂,不是连续的状态,也不符合法定的条件,无权要求订立无固定期限劳动合同。

至于什么是同一用人单位,什么叫连续工作,《劳动合同法》未做出明确解释,所以在实施过程中引发极大混乱。

①"同一用人单位",从字面上理解应该是指劳动合同的单位主体、工作地点等要素都维持开始的状态,没有改变。因此,临时去外地出差,不算改变用人单位。但是,如果从总公司调到分公司,或者分公司之间甚至母子公司之间进行调动,并且重新签订劳动合同的,还算不算"同一用人单位"？工龄能否连续计算？对此,从法理从实务的角度,不同的人理解差异很大,那么到底该如何操作？依据 2008 年 5 月颁布实施的《劳动合同法实施条例》第 10 条的规定:"劳动者非因本人原因从原用人单位被安排到新用人单位工作的,劳动者在原用人单位的工作年限合并计算为新用人单位的工作年限。"从该条文的规定,可以看出,判断是否是"同一用人单位"的标准,不能简单地从合同主体、工作地点来判断,重点在于是否是"用人单位指派"。也就是说,如果是出于工作需要由原单位安排而发生的工作变动,工龄用工连续计算；但如果是自己跳槽,即使仍然在同一总公司内部,也不能连续计算。

②对于"连续"的含义,劳动部《关于贯彻执行〈中华人民共和国劳动法〉若干问题的意见》第 22 条曾解释为"不间断"的意思。按照此种理解,那么用人单位就可以在劳动者连续工作将要满十年时,利用休假、停工或与劳动者解除劳动合同、结束劳动关系等各种方法或手段,使劳动者在本单位的工作年限因为不能连续计算而中断,从而达到不与劳动者签订无固定期限劳动合同的目的。特别是因为我国颁布实施《劳动合同法》的时间较晚,大量劳动者在 2008 年之前的工作年限,能否包含在十年之内以及工龄能否"强制清零"等问题,牵涉很大,却无法可依。因此,必须在立法上进一步明确"连续"的含义,规定一些可以操作的标准或者条件。对此,《劳动合同法实施条例》第 9 条规定:"劳动合同法第十四条第二款规定的连续工作满 10 年的起始时间,应当自用人单位用工之日起

计算，包括劳动合同法施行前的工作年限。"

（2）用人单位初次实行劳动合同制度或者国有企业改制重新订立劳动合同时，劳动者在该用人单位连续工作满十年且距法定退休年龄不足十年的。这一情形是针对国有企业改制和初次实行劳动合同制度的单位专门所作的规定。国有企业改制在20世纪80年代中期开始，国有企业通过改制逐渐改变了企业形态，成为股份制企业或者民营企业。在国有企业改制之前，职工在企业的工作是"固定工"、"铁饭碗"，正常情况下职工在企业会稳定地工作至法定退休年龄，他们的生活有保障。国有企业改制后，职工的身份发生了改变，已由过去的"固定工"变成现在的"合同工"；同时，由于很多职工已在国有企业工作了很长时间，年龄偏大，知识水平和劳动能力等客观原因，使得这些职工不能完全适应改制后企业的需要，面临着"饭碗"随时不保的窘态及风险。他们一旦被企业解雇，其劳动权甚至生存权都将受到严重影响。因此，对那些将青春热血、"黄金年龄"都奉献给了国家，并且给国家和国有企业作出过贡献的老职工，国家在制度法律和政策时，必须充分考虑到他们的切身利益，并给他们在国有企业改制后的生存权益和职业发展提供保障。

（3）连续订立二次固定期限劳动合同，且劳动者没有劳动合同法第39条和第40条第1项、第2项规定的情形，续订劳动合同的。依据这一条款的规定，如果用人单位和劳动者已经连续两次订立了固定期劳动合同的，即使是两个一年期的短期劳动合同，虽然在用人单位的工作年限只有两年，但是如果没有《劳动合同法》第三十九条规定的情形，用人单位就必须与劳动者续订劳动合同，并且劳动者要求订立无固定期限的劳动合同，就必须是无固定期限劳动合同。这一规定就笔者看来，是《劳动合同法》立法中最高明最有技术含量的条文之一，将非常有力地遏制劳动合同短期化现象，保护劳动者的就业权利和长期利益，同时保持用工的稳定性，防止因频繁更换劳动力而加大用工成本。

对于"连续两次"订立固定期限劳动合同的次数从什么时间算起的问题，《劳动合同法》第97条规定："本法第十四条第二款第三项规定连续订立固定期限劳动合同的次数，自本法施行后续订固定期限劳动合同时开始计算。"因此，计算固定期限劳动合同的订立次数，应当自2008年《劳动合同法》生效以后算起，而2008年之前的次数是不算的，包括2008年之前订立2008年之后才到期的次数也不算。

2008年《劳动合同法》颁布实施之前，许多用人单位基于自身利益方面的各种考虑，并没有与劳动者订立书面的劳动合同，从而使得劳动关系处于一种不确定的状态，用人单位和劳动者的权利义务不明，一旦发生劳动争议，也无据可查。所以，《劳动合同法》在第10条规定："建立劳动关系，应当订立书面劳动合同。已经建立劳动关系，没有订立书面劳动合同的，应当自用工之日起一个月内订立。"第14条规定："用人单位自用工之日起满一年不与劳动者订立书面劳动合同的，视为用人单位与劳动者已订立无固定期限劳动合同。"

法律关于劳动合同应采取书面形式的这一规定，其目的在于更好地督促劳动合同双方履行合同义务，以利于更好地维护劳动者的合法权益。但在实践中，仍然存在着很多用人单位在与劳动者建立劳动关系时，并不与劳动者订立书面劳动合同的现象。因此，在劳动者合法权益被侵犯后，为避免劳动者维权时无据可查的情况，同时也给用人单位无视法律以惩戒，法律规定在用人单位用工之日后满一年还未与劳动者订立书面劳动合同的，用人单位与劳动者之间已订立无固定期限劳动合同。且依据《劳动合同法》第82条第2款规定："用人单位违反本法规定不与劳动者订立无固定期限劳动合同的，应当向劳动者支付二倍的月工资。"用人单位应向劳动者支付二倍的月工资。

三、无固定期限劳动合同的实施争议

我国《劳动合同法》的立法目的之一是维护劳动者的合法权益。而实行无固定期限劳动合同制度，能促使我国劳动用工制度长期化、稳定化，并最终解决长期以来一直困扰我国的劳动关系短期化现象。但从无固定期限劳动合同制度的实施及适用情况来看，这一制度仍然还存在一些不足之处，对这一制度的争议也还很大。

1. 争议最大的是《劳动合同法》的第 14 条第二款关于劳动者提出订立或者同意续订劳动合同时，用人单位应当订立无固定期限劳动合同的规定，即法律强制性规定用人单位订立无固定期限劳动合同的问题。根据该法律条款规定，劳动者在符合"在用人单位连续工作满十年"或者"连续订立二次固定期限劳动合同"等条件后，用人单位应当与其订立无固定期限劳动合同。这一规定容易让人认为：一旦劳动者与用人单位签订了无固定期限劳动合同，劳动者手里就握有"铁饭碗"，工作身份"终身制"有保障。因为劳动者在退休前有一道"护身符"保佑着，用人单位就不能解雇他们。而用人单位认为加重自己的负担，不利于用人单位招收招用新员工；并且签订了无固定期限劳动合同的劳动者，会成为单位的"永久员工"①，增加了单位的用工成本和管理成本。因此，很多用人单位将无固定期限劳动合同这一制度看成是对它们套上的"紧箍咒"，于是就会想方设法逃避与劳动者签订无固定期限劳动合同，并最终导致在《劳动合同法》出台前，各地纷纷上演了以"华为"为代表的企业大批辞退裁减员工的"工龄清零"现象。

2. 抛开劳动合同的其他条款，如劳动报酬、劳动保险等不谈，单就劳动合同的期限条款问题，依照法律规定，除非劳动者提出订立固定期限劳动合同，否则用人单位都应当与劳动者订立无固定期限劳动合同。对此规定争议较大：第一，平等自愿是合同的基本原则，劳动合同也不例外。从法理上说，依据法律的强制性规定订立合同，有违法的精神；第二，劳动期限作为劳动合同诸多条款中的一项条款并不具备决定或替代其他合同条款的效力；第三，一旦用人单位与劳动者续订固定期限劳动合同，即用人单位与劳动者第二次订立固定期限劳动合同，那么就意味着用人单位与劳动者之间的劳动合同期限将自行转化成无固定期限的劳动合同，除非劳动者表

---

① 冷默. 无固定期限劳动合同的六大问题[J]. 劳动保障世界，2011(17).

三、无固定期限劳动合同的实施争议

示续签固定期限劳动合同。由此带来的后果是：一方面剥夺了用人单位的用工自主权，对用人单位不公平；另一方面会使用人单位在与劳动者第一次签订的固定期限劳动合同期满后，不再与劳动者签订第二次固定期劳动合同，反而导致劳动者失去工作。这显然不是《劳动合同法》的立法原意与目的，不利于劳动关系的长期化和稳定化。

3. 无固定期限劳动合同制度在实际操作中也存在问题。首先，无固定期限劳动合同将职业稳定设定为普遍的目标，并不合理。因为，不同身份的劳动者由于其自身各自实际情况不同，他们对劳动合同的期限长短以及工作稳定性的要求是不尽相同的，并非所有劳动者都认为劳动合同期限越长越好。比如说农民工，一般以一年为外出务工周期，超过一年的合同期，对他们并无价值，有时候还会妨碍他们就业选择①；又比如中老年劳动者对于职业稳定的要求会比较迫切，而青年劳动者，特别是刚刚大学毕业参加工作的劳动者，并不希望因为劳动合同期限过长，而影响他们的多种尝试；还比如掌握一定职业技能或有经营管理经验的劳动者，如与用人单位签订较长期限的劳动合同，会使他们失去更多的就业机会，丧失更多的涨薪升职的机会。而劳动密集型企业，由于从事简单的生产经营，对劳动者的技术要求不高，且劳动者容易招用、容易替换，这些企业就业的劳动者就容易遭受到失业的威胁，劳动者往往希望有一个长期的劳动合同来保障自己，而用人单位却希望掌握主动权，不被束缚；所以，劳动合同短期化的对象主要就是这部分劳动者。因此，设计无固定期限劳动合同制度时不应一刀切，而应针对不同劳动者和不同的用人单位，区别对待，具体问题具体分析。

其次，"强制续签"②的条件被简单化。法律关于强制续签无固定期限劳动合同的规定只考虑了合同的期限，而劳动合同的内容还包括劳动条件、工作内容、劳动报酬等。当双方无法就合同中所

---

① 黎虹. 劳动合同短期化刍议[J]. 湖南师范学报，2007(1).
② 董保华. 无固定期限劳动合同的法律适用[J]. 中国人力资源开发，2009(6).

有的这些问题达成合议时,合同将无法签订,强制续签也无从谈起。依《劳动合同法实施条例》第十一条的规定,劳动合同除期限外,其他的内容再行商定。因此,在实践中,用人单位在签订劳动合同时极有可能会依据此规定故意降低劳动条件和劳动报酬等,从而逼迫劳动者放弃签订无固定期限劳动合同。这显然有违无固定期限劳动合同制度的立法初衷。既然想要凭着"强制续签"的规定保护劳动者,那么就要全面考虑,使其发挥应有的作用。

再次,无固定期限劳动合同制度关于用人单位这一主体适用范围的规定脱离现实,不利于劳动争议的解决。按照《劳动合同法》第2条、第96条规定,作为劳动合同主体一方的用人单位包括企业、民办非企业组织、国家机关、事业单位、社会团体和个体经济组织。而作为用工主体的个体经济组织是指雇工7人以下的个体工商户。它一般从事简单的、无较高技术要求的工业、商业或服务业活动。因而个体经济组织对雇员的职业技能技术要求普遍不高,且其自身经营也不很稳定,导致雇员使用随意性很大,因此,在个体经济组织中雇主和雇员签订无固定期限劳动合同就显得很不现实。而在现实生活中,个体经济组织几乎都没有与雇员签订书面劳动合同,更谈不上签订无固定期限劳动合同。由此可以看出,劳动立法应结合我国现阶段用工的实际情况,区别不同的用工主体并对它们在签订劳动合同方面作出不同规定。只有明确规范了各用工主体的用工义务,才能更好地解决劳动纠纷,让所有的劳动者合法权益都能得到法律的保障。

四、国外无固定期限劳动合同立法的启发与借鉴

我国劳动立法中所确立的无固定期限劳动合同制度,借鉴了欧洲国家以无固定期限劳动合同为主的用工模式,其目的在于完善劳动合同制度,保护劳动者合法权益,构建和发展和谐稳定的劳动关系。但《劳动合同法》自颁布实施以来,社会上对无固定期限劳动合同制度仍然存在很多争议,实践中也存在许多问题,《劳动合同法》出台前后,大批用人单位突击大量裁员的现象,也印证了无固

四、国外无固定期限劳动合同立法的启发与借鉴

定期限劳动合同的弊端。由此,借鉴国外关于无固定期限劳动合同制度规定,以期更好修改并最终完善我国劳动法制中的无固定期限劳动合同制度。

(一)在部分欧洲国家的劳动立法中,无固定期限劳动合同是劳动合同的主要类型①,是体现劳动关系的基本形式

在法国,无固定期限劳动合同是劳动合同的常态,固定期限劳动合同是例外。法国要求雇主与雇员订立的劳动合同,在绝大多数情况下应是无固定期限的劳动合同,而固定期限的劳动合同只有在法律有明确规定及要求的情形下才允许订立。只要是在劳动法律规范没有特别明确规定的情形下,订立的劳动合同均应是无固定期限的劳动合同②。

瑞典关于劳动合同的规定与法国近似。瑞典的劳动法律规范规定雇员通常可以获得永久的雇佣。瑞典通过劳动立法,稳定了雇主和雇员之间的雇佣关系。

英国劳动立法上确立了禁止不当解雇制度③,规定雇员在同一雇主处工作满两年,便享有不被非正当解雇的权利;两年期满后,可视为在劳资双方之间形成了实质意义上的无固定期限合同,雇主在无正当理由的情况下是不能随意解雇员方的。

我国目前由于劳动力基数较大、经济发展速度放缓等原因,导致就业压力大,所以,在我国存在多种形式的劳动合同,而在《劳动合同法》中这些劳动合同分为三种类型,即固定期限劳动合同、无固定期限劳动合同与完成一定工作任务的劳动合同。《劳动合同法》的这种划分并未将三类劳动合同区分地位高低,也未将无固定

---

① 彭根云. 无固定期限劳动合同制度研究[D]. 南昌大学硕士论文,2010年.

② 王溢英. 外国劳动法和社会保障法[M]. 北京:中国人民大学出版社,2001.

③ 程延园. 英美解雇制度比较分析——兼论解雇中的法律和经济问题[J]. 中国人民大学学报,2003(2).

期限劳动合同作为用工的基本形式加以普遍适用，只是强化了在无固定期限劳动合同的订立问题上，劳动者享有选择的权利，而用人单位只有法定的义务。该项制度的设置并未强制双方当事人在任何情况下都必须订立无固定期限劳动合同，而是从立法层面鼓励、引导双方当事人签订无固定期限劳动合同，实践中还是以有固定期限劳动合同为主。但是，随着形势的发展，在条件成熟的时候，我国的劳动立法还是应该借鉴国外的成熟做法，将无固定期限劳动合同作为我国劳动合同的主要形式，让其更好地为建立和谐的社会主义社会而服务。

(二) 关于无固定期限劳动合同的转化机制①

法国和瑞典法律都规定，固定期限劳动合同到期，如劳动关系继续维持的，则该固定期限劳动合同不必经过合同订立程序就自动转化为无固定期限劳动合同。如《法国劳动法典》第 123-3-10 条规定②，雇主与雇员之间的劳动合同期限届满，双方间劳动关系如果还继续存续的，则该劳动合同即变成为无固定期限劳动合同。若雇主与雇员未签订书面劳动合同，但双方之间存在事实劳动关系，视为双方已签订无固定期限劳动合同。若雇员已在多个岗位上与雇主连续订立固定期限劳动合同的，也视为双方间已签订无固定期限劳动合同。瑞典在《就业保护法》中规定：雇主和雇员订立的劳动合同的试用期不能超过 6 个月，③ 试用期内双方都可以随时提出终止合同，但雇主终止合同时，必须提前 2 周通知雇员，否则该合同将转为无固定期限劳动合同；若雇员在过去的 5 年时间内作为替代者被雇主雇佣的时间总计超过 3 年时间的，则双方之间的这种雇佣关系就转变成为无固定期限雇佣关系。

我国关于无固定期限劳动合同的转化机制在《劳动合同法》第

---

① 许静. 无固定期限劳动合同制度研究[D]. 西南政法大学硕士论文，2009 年.
② 罗洁珍. 法国劳动法典[M]. 北京：国际文化出版公司，1996.
③ 金英杰. 中外无固定期限劳动合同的比较[J]. 中国教工，2008(5).

四、国外无固定期限劳动合同立法的启发与借鉴

14条第3款"用人单位自用工之日起满一年不与劳动者订立书面劳动合同的,视为用人单位与劳动者已订立无固定期限劳动合同"这一规定中具体体现出来。这一法律规范确立了我国无固定期限劳动合同的转化制度,但是范围太窄,可以作适当拓宽。

(三)欧洲国家立法不限定无固定期限劳动合同的签订条件,而是限定固定期限劳动合同的签订条件

《法国劳动法典》规定只有在执行临时性、替代性工作、非关键性岗位,才允许与劳动者订立固定期限劳动合同。同时规定固定期限劳动合同续订次数只能一次,且续订的合同期限和原合同期限相加不能超过18个月,最多不能超过24个月。并且特别规定在两种情形下不能签订固定期限劳动合同:(1)雇主因集体劳动冲突(如罢工)招聘雇员替代暂停履行劳动合同的雇员时;(2)雇员工作在部门规章所列的特别危险的工作岗位上的。①

德国劳动法律规定,雇主需要有足够充分的理由才能与雇员签订固定期限劳动合同,且合同期限最多不能超过18个月。同时,雇主与雇员签订的第一份劳动合同如果是无固定期限劳动合同,则以后劳动合同也必须是无固定期限劳动合同。因此,在德国,无固定期限的劳动合同越来越普遍,② 固定期限劳动合同越来越少。

瑞典劳动法律规定,固定期限劳动合同主要在临时性、季节性、短期的工作岗位上适用,且合同期限不得超过3年,其他工作岗位须签订无固定期限劳动合同。

我国《劳动合同法》在第14条对用人单位与劳动者之间签订无固定期限劳动合同的情形和条件作出了规定,而对双方间固定期限劳动合同的订立,除在第13条规定双方协商一致可以订立外,对其订立条件再没有作出任何限制性规定或要求。这给用人单位规避法律责任及社会义务提供了充足的理由和借口,使用人单位在与劳

---

① 参见《法国劳动法典》法律篇第122-1-1,122-1-2,122-3条。
② 王溢英. 外国劳动法和社会保障法[M]. 北京:中国人民大学出版社,2001.

动者签订劳动合同时自然会首选固定期限劳动合同，由此直接导致我国目前劳动合同短期化现象仍然十分普遍，劳动者的合法权益得不到有效保护。

（四）借鉴日本的终身雇佣制度，细化无固定期限劳动合同的适用范围

在我国当前经济环境下，有相当一部分劳动者实际上并不太愿意签劳动合同包括无固定期限劳动合同。究其原因，一方面是由于认识上的误区，劳动者担心劳动合同会束缚其工作流动；另一方面则与劳动者的职业生涯发展、社会保障的实际惠及程度等因素密切相关。例如，尽管现在有许多餐饮企业愿意与员工签订劳动合同，以稳定员工队伍，并对员工进行培训和再提高。但据调查①，餐饮行业中员工不愿意签订劳动合同的现象比较普遍。原因就是一些员工把从事餐饮业当作另觅高就的过渡或跳板，而且对社会保障跨区域接转的现实障碍及其解决的信心不足。所以，无固定期限劳动合同虽然有其优越性，但是也不能一刀切，应当区分不同的地区、行业、人群等，做出不同的规定。

日本的终身雇佣制②是因时因行业因企业制宜，追求企业用工稳定性和灵活性平衡的典范，值得我国学习和借鉴。根据日本劳动法律规定，终身雇佣制从企业规模来看，通常只存在于大企业中，技术性不强的行业包括众多中、小企业长期雇佣的比例较低。从企业的产业划分看，制造、通信、金融、保险等技术性较强的行业，长期雇佣的比例较高，而商业、服务业等行业则极低。在大企业中，以终身雇佣的"正规社员"（亦称"本工"）为内核，从本工到计时工（包括长期时间工、短期时间工和季节工）、零工、嘱托劳动者形成了一个多形式、多层次、多元化并具有相当弹性的用工体系；本工

---

① 郭继强. 强制性无固定期限劳动合同的弊端及其改进[J]. 学术月刊，2009(1).

② 唐伶. 论无固定期限劳动合同——兼评日本终生雇佣制[J]. 求索，2010(8).

四、国外无固定期限劳动合同立法的启发与借鉴

占员工的比例因企业规模和产业性质的不同而有较大的差别,制造业一般占到一半左右,而饮食业有的甚至不到十分之一①。

因此,我国在无固定期限劳动合同制度的立法上,可以进一步细化其适用范围,对劳动者的需求进行分层,根据不同年龄、不同层次、不同地域、不同行业,分别进行细致的规定。比如对经济发展程度较高的城市,年龄在45岁以下的男性(或40岁以下的女性)、掌握一定职业技能的劳动者可按照现行立法来适用;对于发达城市中虽掌握一定职业技能,但年龄在45岁以上的男性(或40岁以上的女性)以及经济发展相对缓慢的城市中年龄在25岁以上,且不具有较强竞争力的劳动者可以设定连续工作满5年或者连续签订两次固定劳动合同即可设立无固定期限劳动合同的规定②,以便因势利导因地制宜,更大地发挥无固定期限劳动合同的职业稳定性,更好地维护劳动者的合法权益,促进用人单位的长远发展。

总之,从国外的劳动合同制度来看,不同国家鉴于经济发展水平以及历史条件所限,其无固定期限劳动合同制度存在一定差异。即使是同一国家,在不同的历史时期也不尽相同,但无固定期限劳动合同制度在总的方面相似,而且发展趋势脉络一致,值得我国劳动立法所借鉴。当然,尽管无固定期限劳动合同制度在国外的劳动关系实践中取得了理想的效果,但要想在我国现阶段劳动关系实践中完全适用而无任何争议是不现实的。我们只有从我国劳动力市场的实际情况出发,借鉴国外无固定期限劳动合同制度经验,从制度层面不断加以修改并逐步完善,无固定期限劳动合同制度在维护劳动者合法权益、构建我国稳定的劳动关系方面一定会发挥重要作用,从而实现劳动者和用人单位的双赢。

---

① 李向阳. 企业信誉、企业行为与市场机制——日本企业制度模式研究[M]. 北京:经济科学出版社,1999.

② 葛玉婷. 我国无固定期限劳动合同法律问题研究[J]. 安徽警官职业学院学报,2014(5).

第七章　劳动合同的单方变更与用人单位用工自主权

一、劳动合同变更的相关理论

(一) 对劳动合同变更的界定

在劳动关系的存续期间，劳动合同变更是十分常见的现象。它是指虽签订了劳动合同，但合同尚未被履行完毕时，用人单位和劳动者变更劳动合同的行为。

我们可以从以下几点来了解劳动合同变更。首先，从时间上来说，劳动合同变更应发生在劳动合同签订之后终止之前，是否进入履行阶段并不能成为行使变更权的必要条件，也就是说在劳动合同签订后履行前这一时期，仍然可以发生劳动合同的变更行为。

其次，从内涵上来说，目前对劳动合同变更有广义的理解与狭义的理解之分。从广义上讲，劳动合同变更既包括劳动合同的主体变更，也包括劳动合同内容的变更；从狭义上讲，劳动合同变更仅仅是劳动合同内容的改变，而不包括劳动合同主体的改变。劳动合同的内容，是劳动者与用人单位通过协商订立的劳动合同的条款。它是双方当事人具体权利和义务的表现，直接关系到双方的切身利益，因此，变更了劳动合同的内容就是变更了劳动合同，这点是毫无疑问的；但劳动合同的主体变更是否应当属于劳动合同变更呢？这就有些疑问了。劳动合同的主体，是指用人单位和劳动者。劳动合同签订以后，由于客观情况的变化，用人单位和劳动者的情形会发生改变，如用人单位的名称、地址进行变更，投资人、股东包括法定代表人、负责人进行更换，以及市场竞争引发的分立合并等，而劳动者的姓名、地址、身份证号码、联系电话、专业技能、身体健康等情况也可能发生改变。有学者认为，劳动合同具有人身性的特点，"从某程度上说，是基于对双方的信任而订立的。劳动合同主体的变更，意味着合同双当事人已经不再信任对方，那么在原当事人之间建立的劳动关系消灭"。① 况且，当事人主体变更的情形，通常不会影响劳动合同的履行，更不会对当事人的利益造成实质改变。因此，劳动合同主体的变更应不属于劳动合同的变更。此外，有学者依据《劳动合同法》第 34 条主张：当用人单位发生合并或分立等情况时，原劳动合同是继续有效的，该劳动合同将由承继其权利与义务的用人单位继续履行，因此，这种情况下的劳动合同主体变更，从性质上说，应该是劳动合同的承继，也不是劳动合同的变更。

《劳动合同法》是我国关于劳动合同的专门立法，对于劳动合同的一般法律问题均有规定，其中明确提及劳动合同变更字样的条款，仅有第 35 条。它明确指出："用人单位与劳动者协商一致，可以变更劳动合同约定的内容。变更劳动合同，应当采用书面形式。"由此观之，我国的《劳动合同法》在劳动合同变更的理解方面采纳了狭义的观点。所以，本章所论述的劳动合同变更仅指劳动合同内容的变更。

(二) 劳动合同变更的内容

理论上，劳动合同中的一切条款皆可以变更。因此，劳动合同的变更涵盖了《劳动合同法》第 17 条规定的七项内容，即关于用人单位、劳动者、工作内容和工作地点、合同的期限、工作时间与休息休假、劳动报酬、劳动保护和劳动条件以及职业危害防护、社会保险、法律法规规定的其他事项，这七项内容是劳动合同必备的条款。除此之外，劳动合同中的约定条款也是劳动合同变更的内容，

---

① 黎建飞. 中华人民共和国劳动合同法辅导读本[M]. 北京：中国法制出版社，2007.

常见的约定条款包括培训、试用期、福利待遇、保守用人单位商业秘密、补充保险、竞业限制等。

(三) 劳动合同变更的方式

依据《劳动合同法》第 35 条,劳动者和用人单位经协商一致,可以变更劳动合同约定的内容,应以书面形式进行劳动合同的变更。首先,必须采取书面形式,才能进行劳动合同的变更。法律之所以强调书面形式,主要是基于保障劳动者权益的需要。如果劳动者与用人单位因劳动合同产生争议,以书面形式变更的劳动合同便于劳动者进行举证,这与签订劳动合同应采用书面形式的规定是一致的①。但是,虽然劳动合同变更应采取书面形式,却并不排除在实践中存在非书面形式的情形,司法实践中也没有完全否定以非书面形式变更劳动合同的效力,而仅仅强调书面形式变更劳动合同的效力高于非书面形式变更的效力②。其次,以书面形式变更劳动合同,必须经用人单位与劳动者协商一致。

至于劳动合同当事人,特别是用人单位是否有单方变更劳动合同的权利,无论是法学理论还是司法实践中,都存在着极大的争议,至今尚无定论,也是我国劳动立法的一大空白。对此,笔者将从用人单位用人自主权的视角,讨论给予用人单位单方变更权的必要性和可行性。

二、劳动合同单方变更的基本原理

(一) 关于劳动合同单方变更的争论

劳动合同单方变更是指劳动合同当事人对劳动合同的内容不经

---

① 劳动合同法第 10 条:"建立劳动关系,应该订立书面劳动合同。"
② 《劳动合同法实施细则》(征求意见稿) 51 条:"《劳动合同法》施行后,未以书面形式变更劳动合同的,若发生劳动争议,以原书劳动合同确定的内容为依据。但原劳动合同中与《劳动合同法》的规定不一致的内容无效。"

二、劳动合同单方变更的基本原理

协商而单方面予以改变的民事法律行为，理论上有用人单位单方变更和劳动者单方变更两种情形。

1. 对于劳动合同是否可以单方变更的问题，学界存在根本对立的两种观点，争论十分激烈。一种观点指出，"劳动合同的变更是指劳动合同依法订立后，在合同尚未履行或者尚未履行完毕之前，经用人单位和劳动者双方当事人协商同意，对劳动合同内容做部分修改、补充或者删减的法律行为"①，变更劳动合同应由双方当事人协商一致，单方变更劳动合同是不被允许的。另一种观点认为，"劳动合同的变更，是指当事人双方或单方依法修改或补充劳动合同内容的法律行为。它发生于劳动合同生效后尚未履行或尚未履行完毕期间，是对劳动合同所约定的权利和义务的完善和发展，是确保劳动合同全面履行和劳动过程顺利实现的重要手段"②，所以，单方变更劳动合同是可以的，也是必需的。

笔者赞同劳动合同可以单方变更的观点，理由如下：第一，理论研究不应受立法与司法实践的束缚，不能因为目前我国的劳动立法中没有关于劳动合同单方变更的表述就否定其合理性，衡量单方变更是否可行应以现实社会的客观需求为标准。第二，不能将劳动合同完全民事化，要看到劳动合同的特殊性③。劳动合同所调整的社会关系与民事合同所调整的社会关系存在本质上的差异性，民事合同强调当事人意思自治，劳动合同虽有意思自治的要素，但更多地表现为公权力的干预性。劳动合同作为一种继续性合同，在终止之前始终处于履行的状态中，在履行的过程中必然会出现双方难以预料的特殊情况，如不赋予当事人单方变更权，将无法应对复杂多变的社会实践。第三，从法理上说，劳动合同的单方变更是合理的。劳动合同单方变更权属于法的自由价值范畴，主要体现为个人权利，即表现为作为主体的个人所享有的做自己想做事情的权利，

---

① 信春鹰. 中华人民共和国劳动合同法释义[M]. 北京：法律出版社，2007.

② 王全兴. 劳动法学[M]. 北京：高等教育出版社，2008.

③ 候玲玲. 劳动合同的特殊性研究[J]. 法学，2006(1).

这种情形表现为消极自由,即法律规定的自由,如果法律没有规定则不能行使此项权利或自由。《劳动合同法》所体现的法的价值不仅仅是自由,还有法的秩序,这是劳动合同与民事合同的最大区别。这里所讲法的秩序主要表现为社会组织的生产秩序、交易秩序以及涉及社会稳定的个人与家庭的生活秩序,如果《劳动合同法》仅仅以自由作为自己的价值目标,那么当个体自由发生冲突时,只能采取协商一致的方式解决,这也是民事合同强调意思自治的法理基础。劳动合同既然在体现法的自由价值的同时也要顾及法的秩序价值的实现,赋予合同当事人单方变更劳动合同的权利就非常必要。法律上确立单方变更权并不是个体自由的扩张,而是基于秩序价值的需要对另一方自由权利的限制,如果一味地强调合同变更必须协商一致,则将劳动合同与民事合同相等同,是没有看到其差异性。

2. 对于劳动者能否单方变更劳动合同的问题,也有对立的两种观点。笔者认为,由于劳动关系的隶属性,用人单位对劳动者有管理监督命令的权利,而劳动者应当服从用人单位的管理监督命令。因此,劳动者几乎不可能不经用人单位的同意,就单方地变更劳动合同内容,除非法律对此作出了特别的强制规定。因此,劳动合同的单方变更,原则上特指用人单位的单方变更。这与用人单位的用人自主权也是一致的,是用人单位从事生产经营管理活动的客观必然需要。

(二)劳动合同单方变更的种类

劳动合同的单方变更,理论上可以分为法定单方变更与约定单方变更两种情形。法定单方变更是指劳动法律明确规定当事人可以行使的单方变更权,其行使有严格的条件限制;约定单方变更是指按照劳动合同的事先约定,在劳动合同履行过程中所做的单方变更,即:在劳动合同当中,用人单位和劳动者可以约定变更劳动合同的事由,并当约定的变更事由发生时,用人单位就可照此约定,变更劳动合同。这种约定属于劳动合同的附条件,从法理上说,是可以成立的。但是由于没有明确的法律规定的支持,所以,实务中的争论也不可避免。赞成的观点认为，此种做法灵活机动，有利于用人单位根据情形的变化，合理地变更调整经营管理策略，以更好地适应竞争的需要，也避免了日后可能的纠纷，所以，是值得肯定的做法；反对的观点则认为，用人单位极可能会滥用自己的优势地位，变相迫使劳动者接受一些不合理的约定，以便随意地变更劳动合同，造成劳动关系的不稳定，损害劳动者所依法享有的权益。

比如，在现实中，有很多用人单位便和劳动者在合同中约定："用人单位有权根据生产经营变化及劳动者的工作情况调整其工作岗位，劳动者必须服从单位的安排。"对此中约定的效力问题，有不同的看法。

笔者认为，如果劳动合同事先的约定是双方真实的意思表示，那么根据合同必须履行原则，该约定对双方当事人都有约束力。用人单位依约定对劳动者工作岗位的变更，就应视为是对劳动合同的履行，因此是合法有效的。据此，可以参见《劳动部关于企业职工流动若干问题的通知》(1996年)第2条的规定，"用人单位与掌握商业秘密的职工在劳动合同中约定保守商业秘密有关事项时，可以约定在劳动合同终止前或该职工提出解除劳动合同后的一定时间内(不超过六个月)，调整其工作岗位，变更劳动合同中相关内容"。

此外，上海市高级人民法院民一庭《关于审理劳动争议案件若干问题的解答》(沪高法〔2009〕3号)中第15条规定："用人单位和劳动者因劳动合同中约定，用人单位有权根据生产经营需要随时调整劳动者工作内容或岗位，双方为此发生争议的，应由用人单位举证证明其调职具有充分的合理性。用人单位不能举证证明调职具有充分合理性的，双方仍应按原劳动合同履行。"江苏省高级人民法院《关于当前宏观经济形势下妥善审理劳动争议案件的指导意见》(2009年2月27日江苏省高级人民法院审判委员会全委会第5次会议通过)规定："用人单位有权依据其劳动规章制度或双方的书面约定调整劳动者的工作内容和工资报酬，发生争议的，用人单位应当对调整劳动者工作内容和工资报酬的合法性和合理性承担举证责任。"浙江省高级人民法院《关于审理劳动争议案件若干问题的意见(试行)》(浙法民一〔2009〕3号)第42条也规定："用人单位调整劳动者工作岗位，一般应经劳动者同意。如没有变更劳动合同主要内容，或虽有变更但确属用人单位生产经营所需，且对劳动者的报酬及其他劳动条件未作不利变更的，劳动者有服从安排的义务。"

以上法院的一些规定，便在实际上承认了在劳动合同之中约定的，有关用人单位有权依据需要进行单方变更劳动合同条款的法律效力。与此同时，为了维护劳动者的正当利益，法院又规定用人单位在行使该项权利时应当有充分理由，并且承担举证责任。

我们应当注意，用人单位和劳动者在有关单方变更劳动合同方面进行约定时，首先，该种约定只适用于变更事由可以预见的情形，比如，当用人单位预计不久之后就将搬入 A 地办公时，这样，在招聘员工的过程中，就可以在劳动合同中就合同期内工作地点的变更做出约定；其次，约定变更的事由应明确而具体，比如：变更后的工作地点必须是确定的，不能含混地约定无论工作地点怎么改变，用人单位都可以变更劳动合同。

1. 劳动合同法定单方变更的情形

虽然在《劳动合同法》中没有清晰定义此情形，但是有其他法律依据，同样，这主要在《劳动合同法》第四十条的规定上[①]。该规定虽然属于用人单位单方有权解除劳动合同的情形，但在具体执行过程中，法律赋予了用人单位单方变更权。

（1）当劳动者身患疾病或不是因为工作受伤，在规定的医疗时间到达后不能从事原来的工作时，用人单位是有权利为其安排新的岗位，也需为其安排其他工作，这种安排可以与劳动者协商，也可

---

① 《劳动合同法》第四十条：有下列情形之一的，用人单位提前三十日以书面形式通知劳动者本人或者额外支付劳动者一个月工资后，可以解除劳动合同：

（一）劳动者患病或者非因工负伤，在规定的医疗期满后不能从事原工作，也不能从事由用人单位另行安排的工作的；

（二）劳动者不能胜任工作，经过培训或者调整工作岗位，仍不能胜任工作的；

（三）劳动合同订立时所依据的客观情况发生重大变化，致使劳动合同无法履行，经用人单位与劳动者协商，未能就变更劳动合同内容达成协议。

二、劳动合同单方变更的基本原理

以不与劳动者协商,并且实践中大多数情况下,是用人单位根据用工实际情况以及劳动者的工作能力等,单方做出决定,所以表现为用人单位的单方变更权。

(2)当劳动者不能胜任工作时,用人单位应该或者对劳动者进行培训,或者调整劳动者的工作岗位,为其另行安排工作,而不能解除劳动合同。所谓"不能胜任工作",指的是不能按要求完成劳动合同中指定的任务或同工种、同岗位的工作量。用人单位不得故意提高定额标准,使劳动者无法完成。此条款的目的在于防止用人单位仅仅以不合格为由,解除劳动合同,使劳动者失去工作,因此,是基于保护劳动者利益的角度,对劳动者工作的一种合理安排,是非常人性化的处理方式,其目的就是把单方变更权在法定情形下赋予用人单位。

用人单位以劳动者不能胜任工作为由调整工作岗位的,须对"劳动者不能胜任工作"承担举证责任,相关证据包括:①工作岗位的具体要求被劳动者所了解;②考量劳动者是否能胜任工作的标准;③列出考核劳动者不能胜任工作的方法,如岗位与劳动者的哪些行为要求不符。如果没有十足的证据表明可以调整劳动者的工作岗位,那么今后若有劳动纠纷用人单位须承担不利后果。

(3)劳动合同在订立之时所依据的客观情况发生了重大变化时,导致劳动合同不能履行的情形。"客观情况",是指发生不可抗力或出现致使劳动合同全部或者部分条款无法履行的其他情况。主要包括:企业迁移、资产转移、企业改制、部门撤并、经营方向或经营战略重大调整、企业产品结构调整等。又比如劳动者的身体健康程度发生变化、丧失部分劳动能力、所拥有的职业技能与岗位不相适应、职业技能发生改变等,使得原劳动合同不可履行,或如果履行原合同所规定的义务会对劳动人员明显不公平。据此条款,用人方应先与劳动人员协商,变更原有劳动合同,若协商不成,用人方可依法解除劳动合同。在实际情况下,劳动者一般都会接受用人单位对劳动合同的变更,劳动者如果不想失业即对用人单位的变更合同要求默认或服从,因此,此条款也可以作为用人单位单方变更劳动合同的情形之一。

(4)劳动人员因工负伤,而构成五、六级伤残。依据《工伤保

第七章　劳动合同的单方变更与用人单位用工自主权

险条例》第三十四条规定，职工因工致残，而被鉴定为五级或六级伤残的，除可享受一次性的伤残补助金，还应保留其与用人方之间的劳动关系，由用人方适当地安排工作。若难以安排工作，用人方应按月发伤残津贴。据此，职工的工伤经鉴定可构成五级、六级伤残的，用人方可以将劳动人员发生工伤之前的工作岗位调整成为劳动人员能够执行的新岗位。

（5）用人单位条款的变化，包括工资规则的变化、劳动纪律的变化等。根据劳动法有关规定，用人方应依法建立并完善规章制度，要保障劳动人员享有劳动的权利并履行劳动义务。用人方根据其单位的生产经营和经济效益情况，依法确定其工资分配的方式和水平。用人方在制定、修改并决定实行有关报酬、工作的时间、休息休假和劳动安全卫生、保险福利、职工培训、劳动纪律以及劳动定额管理等涉及劳动人员切身利益的规章制度和重大事项时，应经职工代表大会或者全体职工的讨论，提出意见、方案，同工会或者职工代表进行平等协商确定。由此可知，用人单位可以在法定条件下制定、完善和修改本单位的工资制度等规章制度，一般来说，这些变更无需与劳动者沟通协商，但这属于用人单位单方变更，并因此会改变劳动合同的内容，因此，笔者认为可以作为用人单位在法定条件下单方面变更劳动合同的情形。

（6）单方变更劳动合同期限条款。通常双方协商一致才能变更劳动合同的期限，否则无法达到变更合同的目的，这也是《劳动法》及《劳动合同法》赋予当事人的权利，但并非绝对，特殊情况中，法律也能将单方变更权赋予一方当事人。《劳动合同法》的第十四条规定①，劳动者在用人方连续工作十年以上，劳动人员可享

---

　　① 劳动合同法第十四条　无固定期限劳动合同，是指用人单位与劳动者约定无确定终止时间的劳动合同。
　　用人单位与劳动者协商一致，可以订立无固定期限劳动合同。有下列情形之一，劳动者提出或者同意续订、订立劳动合同的，除劳动者提出订立固定期限劳动合同外，应当订立无固定期限劳动合同：
　　（一）劳动者在该用人单位连续工作满十年的；
　　（二）用人单位初次实行劳动合同制度或者国有企业改制重新订立劳动合同时，劳动者在该用人单位连续工作满十年且距法定退休年龄不足十年的；
　　（三）连续订立二次固定期限劳动合同，且劳动者没有本法第三十九条和第四十条第一项、第二项规定的情形，续订劳动合同的。

有单方变更权,即可要求同用人方签订无固定期限的劳动合同。这样对合同的期限的变更,是法律强制性的特别规定,无论用人方的主观意愿如何,都必须同劳动者订立无固定期限的劳动合同。

此外,《劳动基准法》的修改、集体协商订立的集体合同或条款的变更都会引起劳动合同内容的变更。如最低工资标准、工作时间制度、劳动条件等的变动,劳动合同中约定的原标准低于新的劳动基准标准的,应进行相应调整,双方可协商一致调整至新标准以上,协商不成的,由用人单位单方变更,按新标准履行。

2. 劳动合同约定单方变更的情形

实践中,劳动合同的约定单方变更,主要涉及以下几各方面的内容:

(1)对劳动者工作地点与工作内容的单方面变更。工作内容是具体包括劳动者从事劳动的工种、岗位、职务、工作范围、工作任务、工作职责、劳动定额、质量标准等。这些劳动合同确定劳动者应当履行劳动义务的主要依据,工作内容与合同期限、工资并列为劳动合同的核心三要素,是劳动合同的核心条款之一,也是《劳动合同法》所规定的法定之必备条款。劳动人员的工作内容,原则上要由用人方与劳动人员在建立法律劳动关系时协商而定。但在劳动合同履行的过程中,用人单位也可以在劳动合同事先有约定的前提下,进行单方变更。具体变更的情况,又可以进行细化,分析如下:

第一,对劳动者工作岗位的调整①。一方面,工作岗位通常决定了员工的工作内容和职责范围,乃至薪酬水平,所以,对于劳动者来说至关重要。在劳动合同协商的时候,每一位劳动者都会把工作岗位作为决定"是否签约"②的重要依据。另一方面,工作岗位又是比较原则抽象的,某一个岗位具体的工作内容,往往要和用人

---

① 沈劳薪. 在劳动合同履行期间,用人单位可以单方变更调整劳动者工作岗位吗?[J]. 福建劳动和社会保障,2003(8).

② 杨永琦. 公司依据合同约定变更员工的工作岗位是否合法[J]. 人事天地,2016(1).

单位的规章制度，如岗位职责规范、考核考评制度等结合起来，才能加以确定，所以，是不容易也不能够随意变更的。原则上，用人单位对劳动者工作岗位的变更，必须经劳动者协商同意。但是，如果用人单位出于工作的客观需要或者根据考核考查的结果，劳动者坚持不愿变更，但用人单位必须对劳动者的工作岗位做出合理的调整时，用人单位是否有权单方变更？答案是肯定的。

当然，为防止产生不必要的纠纷，损害劳动者的合法权益，用人单位在单方变更劳动者的工作岗位时，应当按照以下原则①：①岗位的调整应与调整后的岗位有一定的关联，譬如把财务助理调整为财务经理可以认定为合理的，而把财务助理调整到销售岗位则可能欠缺合理性；②调岗后如果劳动者不能适应胜任工作，用人单位还有责任负责对其进行培训，以达到其胜任调岗后的工作；③岗位变更前应与劳动者进行解释及说明，做到有理有据②。

第二，劳动者的能力可以通过职务高低来体现，对劳动者降职或升职的单方变更，体现了劳动者的地位，也决定着劳动者的薪酬水平。从本质上讲，职务是用人单位定义的。所以，具有可变性，用人单位可以对劳动者的职务进行变更。如果劳动合同在签订时，用人单位对劳动者的职务做了明确规定，那么变更的时候应该取得劳动者的同意。如果用人单位希望在劳动者无论是否同意的情况下，都可以达到变更的目的，就只能通过约定的方式，进行单方变更。

第三，针对劳动者劳动地的变动。劳动地是指劳动者进行生产和进行工作的地方。1995年实施的《劳动法》，并未将工作地点规定为劳动合同的必备条款，导致多年来，很多用人单位将劳动者随意调动，特别是一些全国性的大公司大单位，不仅严重影响了劳动者正常的生产生活秩序，也阻碍了劳动者的持续成长。所以，《劳

---

① 王叶. 用人单位单方变更劳动者工作岗位和劳动报酬的法律探析[D]. 苏州大学硕士论文，2011年.

② 王炳瑞，牛俊颖. 企业单方调岗需要注意的法律问题[J]. 中国劳动，2008(1).

动合同法》颁布的时候，将工作地点增加规定为劳动合同的法定必备条款，要求劳动合同中必须明确约定工作地点。在此情况下，劳动合同的变更也包括变动劳动者劳动地，用人单位需要与劳动者协商达成一致才能调整劳动者的劳动地，否则不能单方面变更劳动者劳动地。在现实生活中往往用人单位根据劳动者劳动岗位的实际情况，运输从业人员、流动施工人员、营销人员等，将工作地点约定得宽泛而模糊。有的用人单位在签订劳动合同时，通过集体合同、企业规章制度等形式，与劳动者就工作地点调整等事项达成概括性合意，将调整劳动者工作地点的权利让渡给用人单位①。此外，由于劳资双方在签约时无法预见的客观原因，比如厂址整体搬迁等，为维持企业正常生产经营，避免大规模解雇劳动者，即使劳资双方在事先未达成合意的情况下，也会导致劳动者的工作地点发生群体性变更。由于工作地点的调整可能会对劳动者的生活造成影响，甚至对劳动合同的履行产生影响，由此引发的劳动争议日益增多。

笔者认为，工作地点的安排属于用人单位经营管理的范畴，在正当合理的前提下，应该允许用人单位做出变更。为防止给劳动者造成不便，所以可以事先在劳动合同中对用人单位可以对劳动者工作地点进行调整的事项做出约定。

（2）对工作时间与休息休假条款的单方变更。用人单位与劳动者可以在法律规定的前提条件下约定工作时间与休息休假的具体内容，此条款同时受到法律规定与双方约定的限制，用人单位对劳动者工作时间与休息休假的临时安排，不应列入单方变更合同的情形，因为这是用工自主权的体现，但这并不意味着不发生单方变更行为。在实践中，用人单位因生产经营状况发生变化而改变合同中关于工作时间与休息休假的内容，并且这种改变不是一种临时性的安排，则属于变更合同的行为，如夏令时工作时间的调整。同样，如果用人单位出于生产经营管理活动的需要，做出统一的安排和部署，可以不必经得每一个劳动者的同意，而做出单方面的变更。

---

① 刘业林.用人单位调整工作地点，劳动者是否有权拒绝？[J].工会信息，2015(34).

(3)对劳动报酬条款的单方变更。《劳动法》对劳动报酬条款限制较多,给双方当事人约定的空间较小,如果劳动报酬条款违反法律则归于无效,所以,一般在合同中,双方只是笼统地约定依据单位的薪酬制度执行。也就是说,在薪酬制度中详细规定劳动者加薪与降薪的条件及实施方法,并使之成为劳动合同的附件①。假如用人单位因为薪酬制度的改变而需要改变劳动者的工资待遇时,并不需要与每一位劳动者进行协商同意,所以,属于用人单位的单方变更权。但是如果在实践中,劳动合同中直接约定了工资的数额,用人单位给劳动者加薪或者减薪的,必须经过劳动者的同意,不得擅自进行变更。

(4)对劳动条件条款的单方变更。劳动条件是指劳动者进行劳动所必备的主观条件和客观条件。如厂房、机器设备、交通工具、必要的办公设备和办公用品、通风和除尘装置、安全和调温设备以及卫生设施等。劳动条件条款是与劳动保护、职业危害防护并列的劳动合同必备条款之一,其中,劳动保护与职业危害防护所执行的是国家强制性规定,双方无法进行单方变更,而劳动条件由用人单位提供,并且因为用人单位的实际情况不同而不同,所以伸缩性较强,在实践中出现用人单位单方变更的几率比较大。

劳动条件具体可以分为基本劳动条件与特定劳动条件②。基本劳动条件是与生产活动密切相关,如果不具备则无法完成生产任务的物质与技术条件,双方即使不作约定也自然必须具备,故对基本劳动条件双方均不就单方变更,也不存在变更的可能性。特定劳动条件则不然,它是为更好地完成工作任务,由用人单位向劳动者提供的额外的、规格更高的物质或技术条件,如交通工具,一般在合同中不会做约定,而由用人单位在合同履行过程中机动地向劳动者提供,因而常常会发生变化,是用人单位单方可以决定的,属于用

---

① 王童.浅析劳动合同法背景下的企业用工自主权——以企业单方变更岗位和薪酬为例[J].商品与质量:学术观察,2013(8).
② 赵一州.劳动条件变更与劳动合同变更的关系[J].江苏警官学院学报,2015(5).

二、劳动合同单方变更的基本原理

人单位单方变更的情形。

(5)对劳动合同约定条款的单方变更。除了上述法定必备条款会出现单方变更外，约定条款出现单方变更的可能性更大。据《劳动法》第十九条第二款规定，劳动合同除必备条款外，当事人可以协商约定其他内容。本条第二款规定："劳动合同除前款规定的必备条款外，用人单位与劳动者可以协商约定试用期、培训、保守商业秘密、补充保险和福利待遇等其他事项。"这里所规定的"试用期、培训、保守商业秘密、补充保险和福利待遇"都属于法定可备条款。关于这些条款的单方变更情形，具体分析如下：

①试用期条款是双方可以约定的条款，但前提是必须在国家法律规定的范围之内，这意味着用人单位可以视情况对该条款进行单方变更。如果用人单位延长试用期，应属于违反劳动合同的行为，如果用人单位单方决定取消劳动者的试用期或缩短试用期限，这种行为对劳动者有利，可视为用人单位的单方变更行为。

②对培训条款的单方变更，其可能性相对较小，因为该条款是针对特定劳动者进行的，是为了提高劳动者的劳动技能而进行的教育与训练活动。培训条款因其特殊性，在实践中有时会以劳动合同附件的形式存在，所以一旦双方约定了培训条款，即使要变更，也是双方在协商一致的前提下变更，单方变更可视为违约行为。

③对保守商业秘密、竞业限制条款的单方变更，其可能性也相对较小，因为这些条款属于针对性非常强的内容，由用人单位与个别劳动者专门协商订立。所以，一旦签订，必须履行。如果变更，也必须双方协商变更，任何一方的单方面变更，都是违约行为。

④福利待遇条款所涉及的内容非常复杂，基本关系到职工生活的方方面面，如职工住房、交通补贴、误餐补贴、工作餐、定期旅游、小孩教育等不一而足。福利待遇由用人单位提供，经常会发生变化，所以劳动合同中的约定一般比较机动，可以约定由用人单位进行单方变更。笔者认为，无论是对福利内容的增加还是减少，只要是针对全体劳动者，就是公平有效的用人单位单方变更。

三、劳动合同单方变更权与用人单位用人自主权的关系

(一)什么是用人自主权

经营单位从本身发展需要的角度出发,对招募和管理员工有自主决定权,由招工权、辞退权、管理权、奖惩权、工资报酬分配权、组织调配权等综合性因素组成①。每个用人单位都高度重视用工自主权,其中劳动合同的变更与管理权、奖惩权、工资报酬分配权、组织调配权等权能的变动有非常直接的关系。因此,用工单位在单方面情况下更改劳动合同的权利与用工自主权是分不开的②。

虽然用人单位的用工自主权在法律中并没有明确定义,但是在某些条文中还是有所体现,归纳起来主要有:《劳动法》第四条和第四十七条对员工薪资的自主权有较为明确的规定,相关规章制度应该由专业法律予以完善,劳动者的权利和义务应该明确划分。本单位的工资发放方式和水平应该由决策者根据单位的实际发展水平和经济状况来决定;最高人民法院《关于审理劳动争议案件适用法律若干问题的解释》第十九条规定,企业根据《劳动法》第四条的规定,相关规章由民主手段或者程序制定,在法律框架内制定实施,且已经履行公示手续的,法院可以据此审理劳动争议案件;《劳动合同法》第四条再次确认用工自主权,重点强调了规章制度和劳动者的权利义务履行情况。劳动报酬、工作时间、休息休假、劳动安全卫生、保险福利、职工培训、劳动纪律以及劳动定额管理等对劳动者自身利益影响较大的制度,职工代表大会应该召开民主会议,制定出切实可行的方案,与劳动者平等对话和沟通。劳动者对涉及

---

① 沈艳慧.劳动合同变更问题研究[D].厦门大学硕士学位论文,2006年.

② 杨冰.论劳动合同的变更[D].西南政法大学硕士学位论文,2010年.

自身利益的重大决议有知情权，用人单位应采取措施积极完善公示制度。《就业促进法》第八条规定，用人单位对本单位招收劳动者有自主的权利。用人单位必须根据《劳动合同法》依法保障劳动者的利益。

（二）用人单位用工自主权与劳动合同单方变更权之间的界限

首先，用工自主权的确定是用人单位经营管理自主权的一种体现，是用人单位从事生产经营管理活动的需要。按照日本学者的观点，认为劳动者在签订劳动合同之时已经将自己全部的利害关系委托给用人单位，不会事无巨细规定到具体的劳动行为。因此，只有劳动者和单位就本身的工作地点和工种达成一致意见，否则，用人单位有单方决定权。调职命令的生效条件即用工者单方面行使了意思表示，从法律属性上来说，调职命令属于形成权利。但是调职命令的行使不是绝对自由的，必须受到三个要件的制约：首先，必须满足企业发展的需要，对企业的管理有实质性的帮助；其次，必须保障被调职劳动者的基本生活保障；最后，必须强调诚实信用原则。若违反此三要件，即为权利滥用①。

其次，用人单位的用工自主权是基于劳动者与用人单位的隶属关系而产生的，因此，与用人单位的劳动合同单方变更权之间有着必然的内在联系。2012年6月，广东省高级人民法院、广东省劳动人事争议仲裁委员会出台《关于审理劳动人事争议案件若干问题的座谈会纪要》，其中第22条规定："劳工工作岗位受到用人单位调整的，同时符合以下情形的，符合《劳动法》规定的合理范围，《劳动法》不支持劳动者以单位自行调整其岗位为理由而要求其给予自己经济补偿：（一）单位基于自身经营和战略的调整对劳动者工作进行调整；（二）新岗位薪资相比原岗位相当；（三）不具有侮辱性和惩罚性；（四）无其他违反法律法规的情形。"2013年2月，最高人民法院《关于审理劳动争议案件适用法律若干问题的解释

---

① 刘志鹏. 劳动法理论与判决研究[M]. 台北：元照出版社，2000.

(四)》第 11 条规定:"劳动合同的变更未采用书面形式,但已经实际履行了口头变更的劳动合同超过一个月,且变更后的劳动合同内容不违反法律、行政法规、国家政策以及公序良俗,当事人以未采用书面形式为由主张劳动合同变更无效的,人民法院不予支持。"以上广东省的规定,肯定了用人单位用工自主权与单方变更权之间的一致性,而最高院的司法解释则比广东省的规定更加宽松,《劳动法》中双方协商一致且必须是书面形式的规定被进一步放宽,变相肯定了用人单位单方口头通知变更"工作岗位"和"劳动报酬"的效力,从而在全国立法的层面上,使用人单位获得了调岗调薪的用工自主权。

再次,用人单位的用工自主权和劳动合同单方变更权,从性质上都属于私权利①,其行使主体是相同的,所以在行使过程中不仅可能存在冲突而且还存在滥用问题。因此,用人单位用工自主权与劳动合同单方变更权之间的界限要明确划分。笔者认为,可以通过立法的方式,确立一个客观、合理的标准,对这两种权利适用情形、适用程序做出规定。

四、劳动合同单方变更权的立法建议和应对措施

(一) 立法建议

鉴于目前我国劳动合同的变更在法律上要求协商一致,变相否定了劳动合同单方变更的客观事实,第一,不符合实践中用工情况发生变化的需要;第二,用工自主权也没有得到明确的保障,也不利于劳动关系的和谐和稳定。所以,笔者建议可以采取以下措施保障《劳动合同法》的修改和完善。

1. 在把劳动合同的协商变更作为基本原则的同时,肯定用人单位的劳动合同单方变更权。劳动合同当事人有劳动合同变更要求

---

① 姚钰. 用人单位单方变更劳动合同的法律问题研究——以用人单位经营权的保障和限制为视角[D]. 浙江大学硕士论文,2011 年.

四、劳动合同单方变更权的立法建议和应对措施

时，与对方当事人进行协商应是首要的选择，任何一方均不能擅自行使单方变更权利。劳动合同的履行必须严格按照双方约定的事项进行，这不仅是劳动法的基本原则，也是合同价值的体现。只有当双方不能达成一致意见或不具备协商条件时才可行使单方变更的权利。所以，单方变更只是作为劳动合同履行的例外情况对待，协商一致仍然是合同变更的首要目的①。

2. 明确可以单方变更劳动合同的法定情形，做出列举性的规定，同时在程序上加以保障，允许劳动者做出救济。虽然目前在《劳动合同法》第四十条隐含有关于单方变更劳动合同的法定条件，但该条款属于合同的解除条款，在实践中能否作为单方变更的情形，还存在着争议，所以必须通过立法加以明朗化。

3. 用工自主权与劳动合同的单方变更权必须被明确划分，明确二者之间的界限，防止用人单位滥用用工自主权。

（1）单方变更劳动合同应该首先考虑对对方当事人有利。单方变更劳动合同作为履行劳动合同的一种变通措施，当事人一方在行使时应有利于对方当事人，否则，此项权利的行使将无任何现实意义。用人单位在行使此项权利时应对劳动者有利，如加薪与增加福利待遇，在此种情形下一般不需劳动者的同意，也不必与劳动者协商。

（2）单方变更劳动合同应该保障对方合法权益。也就是说，用人单位行使单方变更权，对劳动合同的内容做出单方变更，原则上必须是对劳动者有利的，不能损害劳动者的既得利益②。因为，对劳动者有利的变更，劳动者一般是能够接受的，如果此时法律又没有禁止性规定，那么按照"法不禁止即可为"的法律传统，用人单位进行单方变更是十分可行的。反之，如果用人单位变更的事项会造成对劳动者权益的损害，如降薪或减少福利待遇等，则必须和劳

---

① 宋艳秋. 劳动合同变更中用工自主权与择业自由权的冲突与协调[D]. 上海财经大学硕士论文，2010年.
② 丁宇翔. 企业如何规范劳动合同的单方变更[J]. 中国劳动，2007 (9).

动者协商一致，不得进行单方变更。

（3）单方变更劳动合同应以合理、合适为原则①。用人单位单方变更劳动合同，出发点应该是单位的整体效益和社会公共利益，其不合理或不合适使用是对该权利的滥用。在实践存在大量用人单位滥用单方变更权的现象，如对劳动者职位的任意调整或惩罚性调整，用人单位在变更劳动合同时存在恶意，则属于这种不合理或者恶意变更的范畴。虽然用人单位单方变更劳动合同在目前我国立法中还有一定缺失，但是司法实践中已有一些判例，这些判例可以作为我们进行理论研究的依据。

（二）应对措施

实践中，用人单位在生产经营等客观情况发生变化时，适当调整劳动者的工作情况，比如调岗调薪，是正常的管理需求，用人单位想要实现组织目标免不了需要调配资源。目前，我国《劳动合同法》还未修改，用人单位与劳动者变更劳动合同，协商一致仍然是最理想的解决途径。所以，在现行法律框架下，如何通过劳动合同的单方变更来保障用人单位的用工自主权，是值得探讨和研究的课题。

以劳动者的工作岗位为例，用人单位调整劳动者的工作岗位，无非是因为自身原因如生产调整、人员调配、组织结构变更，或员工原因如不能胜任现岗位、员工要求等。笔者认为，可以针对不同情形，采取不同的应对措施：

1. 劳动合同中岗位约定模糊化

最基本的做法，可以将劳动合同中的具体岗位，包括工作内容、职务、薪资、培训、考核等统一约定为人力资源管理，这样在部门内部调动时就不会理解为是对合同进行了变更。其他岗位也是如此，将岗位约定为大概念比约定得很具体更有操作空间。

2. 不约定工作岗位，只描述具体工作内容

按照合同法的规定，工作岗位或职务不应在劳动合同中出现，

---

① 冯淑英. 劳动合同变更若干实务问题探讨[J]. 山东审判, 2014(3).

具体应该是工作内容。所以，如果用人单位在设计劳动合同的条文时，不写岗位，只写工作内容，就可以增加事后调整的余地。具体做法，用人单位可以参照注册公司时确定营业范围一样，约定较宽泛的工作内容。这样，工作内容没有变化而只是调整工作范围的，就不算是变更合同。比如，在日本劳动力市场，劳动合同中很少就工作内容、工作地点做出具体约定。

3. 将变更合同转化为履行合同

法律并没有禁止合同里约定两个以上的岗位，可以在合同里约定在什么情况下员工的岗位将调整到另一部门的某岗位。有如此约定时，单位在约定的条件成就时调岗，就不再是变更合同的行为而是履行合同的行为。如此操作需要注意两点：第一，约定的调岗条件必须明确具体，用人单位和劳动者双方都可以很清楚地判断约定的条件是否已成就；第二，调入岗位事先约定，当事人双方无需再次协商确定。如果调入岗位约定不清，调岗条件成就时双方需要另外协商新岗位的，则条款又变成"单位有权调岗"一样的原则约定，等于没有约定，调岗就成为了变更合同，劳动者有权不同意单位新安排的任何岗位，因为按《劳动法》规定，合同的确定需要当事人双方达成一致意见。

4. 客观情况变化时调整

如果用人单位的经营环境出现重大变化，需要调整经营结构，造成部分岗位取消、缩编的，用人单位可以与劳动者协商变更其岗位，如果劳动者不能接受的，用人单位有权依据劳动合同法40条第3项的规定，单方解除合同。那么，在失业和调岗之间，劳工更加倾向于选择调整岗位，此时与用人单位就可以和劳动者协商签订关于调岗的变更协议。

5. 员工不能胜任工作时调岗

根据《劳动合同法》第40条第2项的规定，劳动者能力达不到工作要求的，单位可以组织劳动者进行技能培训或者调整其工作岗位。实践中，操作此规定的关键是要证明劳动者不能胜任工作。所谓不能胜任工作，是指达不到本岗位通常或事先确定的要求或者指标，因此，用人单位事先必须与劳动者确定其岗位要求、考核指标等，然后依据用人单位规定的考核程序进行考核，并且有明确的考核结果与理由，调整岗位前应当保留岗位要求和考核结果的书面凭证。

用人单位应当将考核的结果以及调整工作岗位的情况，第一时间以书面方式通知劳动者本人。如果劳动者没有书面提出不同意见的，相当于以继续履行合同的行为接受了劳动合同的调整。需要注意的是，用人单位需要证明所发通知确已送达员工，可以在送达书面通知后要求签收回执。

第八章 劳务派遣合同

一、劳务派遣的界定

(一) 劳务派遣的概念

劳务派遣也可称作人力派遣,是由劳务派遣方与用工方签订派遣协议,将其劳动者派到用工方工作,用工方向劳务派遣方支付劳务费的一种用工形式。

劳务派遣不同于普通的用工方式,在劳务派遣关系中,存在着三个当事人、两个合同关系。其中,三个当事人分别是劳务派遣单位、劳动者和用工单位;两个合同中,一个是劳务派遣机构和劳务人员签订的劳动协议,另一个是劳务派遣机构和用工方签订的派遣协议。劳动协议体现了劳务派遣机构和劳务人员之间的关系,劳务派遣机构是这一劳动关系中的用人单位,依法承担着用人单位对劳动者的义务,比如支付工资、缴纳社会保险和提供劳动保护等;而劳务派遣协议则体现了劳务派遣机构和用工方两个平等的民事主体之间的合同关系,劳务派遣机构按合同约定派遣劳务人员提供相应的劳务工作,用工方则按约定支付相应的劳务费。

日本也将劳务派遣称作"人才派遣"。日本对劳务派遣事务进行了立法,有着《劳动者派遣法》,当中有着严格的法律定义:"所谓劳务派遣就是指将自己所雇用的劳动者,在该雇佣关系下,让该劳动者接受第三方的指挥命令,并让其为第三方从事劳动,但是,这种劳动并不包括约定让第三方雇用该劳动者从事劳动。"日本的《确保派遣事业妥适营运及整备派遣劳工就业条件等相关法律》的

第 2 条也对劳务派遣做了类似描述。① 日本的专门立法可以反映出其强调在劳务派遣事务中具有"一个雇佣关系"和"第三方参与"的构成特点。

我国台湾地区劳务派遣也被称为"劳动派遣",台湾学者黄越钦认为,劳务派遣应是指由"企业"与劳工去订立劳动事务契约,由劳工向"他企业"给付劳务,劳动契约系于"企业"和劳工之间,但"劳务给付"的事实关联,则系于劳工和"他企业"之间。② 这当中的理论重在强调"劳动契约"与"劳动给付"应统一在一个雇佣关系,而又因主体的差异形成了空间错位。

在美国,劳务派遣被称为"雇员租赁"。从事人力资源管理,处理雇员福利、薪水和工伤赔偿外包服务的组织机构被称为职业雇主组织(professional employer organizations, PEOs)或者雇员租赁公司(employee leasing company);招用职业雇主组织、租赁机构派出的雇员的单位被称为客户公司(client company)或接受雇主(recipient employer)③。美国的劳务派遣事务在 20 世纪 70 年代盛行,一开始流行于一些特殊行业,如化工和石油产业、工程和设计及建筑行业等。这类产业往往需要组成不同的技能的人才,雇主通过租用雇员(employee leasing)的形式,可以补充原有的雇员技能的短板,或让他们进行某些短期项目,或直接弥补雇员人数的不足。如今,劳务派遣事务渗透到了众多的领域,从律师到计算机专业人员、股票经理人、药剂师,甚至还包括公司 CEO,可以说劳务派遣事务在众多领域都发展迅速④。而且,以往的劳务派遣接收方主要还是一些小型企业,到现在,由于派遣方能够提供更优良的人力资源管理服

---

① 柯雅玲. 劳务派遣法律问题与法制化之研究[D]. 文化大学法律学研究所硕士论文, 2007 年.

② 黄越钦. 劳动法新论[M]. 北京:中国政法大学出版社, 2003.

③ 姜爱丽. 我国外派劳务关系法律调整理论与实务[M]. 北京:北京大学出版社, 2004.

④ 谢增毅. 美国劳务派遣的法律规制及对我国立法的启示——兼评我国《劳动合同法》的相关规定[J]. 比较法研究, 2007(6).

务,一些资源雄厚的雇主也开始招用派遣工人。①

(二)对劳务派遣的分类

按照不同的标准,劳务派遣可延伸不同的类型。地域空间上,劳务派遣有境内和境外之别;时间期限上,可分为长期派遣、短期派遣,全日、非全日派遣等;从劳务人员与劳务派遣机构的关系上观察,可分为常雇型、登录型以及置换型三种劳务派遣,这是劳务派遣最主要的一种分类方式。

1. 常雇型派遣。常雇型的劳务派遣,是指劳务派遣机构将与其签订了劳动合同的被派遣劳务人员派遣到有用工服务需求的用工方进行劳动。这种方式最大特点是不论被派遣的劳务人员是处于"已经被派遣"的状态还是处于一种"等待被派遣"的阶段,派遣机构都应支付劳务人员相应工资、提供福利待遇,履行劳动法所规定的义务,即此种形式的被派遣劳动人员与一般的劳动者一样,都受到解雇保护。无论被派遣的劳动人员是否到用工方进行劳动,都不会对被派遣的劳动人员与派遣方之间形成的劳动之关系产生影响。同时,被派遣的劳动人员对派遣机构的依赖程度会远大于对用工方的依赖。对于被派遣劳务人员而言,因其已和派遣机构签订了正式的劳动协议,所以在合同执行有效期间劳动者不能再与其他组织单位签订劳务合同。中国《劳动合同法》的第58条第2款规定:"劳务派遣单位应当与被派遣劳动者订立二年以上的固定期限劳动合同,按月支付劳动报酬;被派遣劳动者在无工作期间,劳务派遣单位应当按照所在地人民政府规定的最低工资标准,向其按月支付报酬。"实际上,这也是我国对常雇类劳务派遣的仅有的规定。

2. 登录型派遣。登录型的劳务派遣,是指被派遣的劳动者并非是派遣单位的正式员工,劳动人员在派遣机构进行登记,当其他单位有用工需求时,劳务派遣机构才根据用工方的需求和这些劳动人员的意愿进行劳动合同的签订,被派遣的劳动人员与派遣机构的劳动关系仅在被派遣的阶段内才成立。"临时性"特点是登录型派

---

① 董保华. 劳动力派遣[M]. 北京:中国劳动社会保障出版社,2007.

遣的一个主要特征。"有派遣则有关系,无派遣则无责任。"若劳动人员仅处于登录的状态,劳动人员与劳务派遣机构之间就无关联,劳动人员没有法律保障,此时的劳动人员应是"无业"、"待业"状态。被派遣的劳动人员与派遣机构之间的劳动关系存在时,派遣机构在此间对被派遣的劳动人员承担法律上的雇主责任,包括支付工资等方面。派遣期满后,劳动人员将处于登录的状态。此类派遣中,被派遣的劳动人员对用工方的依赖程度就大于对派遣机构的依赖。登录型派遣的"临时性"特征也体现在派遣机构和用工方之间。当被派遣的劳动人员处于登录的状态,派遣机构和用工方之间并无任何更多的约束,双方的权利义务约束是伴随劳动人员的登录状态的有无而发生或终止。相比常雇型派遣,登录型派遣在灵活度上具有一定的优势,弹性更大。劳务人员在灵活的用工环境中,既能获得更大的自由度,也能在合适的情况下及时得到较满意的工作。但是登录型派遣也因为派遣单位承担相对较少的雇主责任而呈现出更多不确定。被派遣的劳动人员工作的不稳定和收入不稳定,作为劳务派遣事务中三角架构的一方,被派遣的劳动人员始终处于较弱势的地位,这当然有悖于劳务派遣的扩大就业、鼓励多样就业方式的发展初衷。各国法律,虽未明确禁止登录型派遣,但是对登录型的劳务派遣单位施加了更加严格的审查管理机制。例如日本,它对常雇型的派遣公司实行的是备案登记制,而对登录型派遣公司则实行严格的许可证制度。[①] 我国《劳动合同法》的第58条第2款给予了劳务派遣以"常雇型"的状态并加以确定,可对"登录型"既没有承认也没有明确的禁止规定。在我国劳务派遣事务的实践中,常雇型派遣模式因其需要承担较多的义务而被刻意地规避,"登录型"的劳务派遣反而渐渐成为当下较主流的派遣模式。

3. 置换型派遣。置换型的劳务派遣是劳务派遣的非常态形式,而在我国有着一定的发展。作为"具有中国特色"的派遣模式,受到了部分国企的青睐。为了能够避免企业和职工之间在法律上牵连

---

① 李尚勇. 发达国家劳务派遣用工规制[J]. 人力资源开发与管理, 2012(3).

的负面影响,彻底解决法律风险,一些企业将部分职工在劳动关系上从用工单位剥离(双方不存在劳动关系,双方不用签订劳动合同、建立相应社会保险关系,不再存在法律上的同工同酬等),但这些职工实际仍在企业工作,参与日常的生产经营。相对而言,企业支付同当初一样甚或略高的人工成本,就能基本实现企业的劳动关系的社会化和市场化。大规模地置换职工的身份、买断职工的工龄、裁剪企业正式员工,大规模使用临时性、季节性以及非全日制、非正规的就业人员,以此来弹性化用工方式,最大限度地降低其用工成本,是得以进一步发展的手腕。规避法律风险,降低用工支出,人为地将劳动关系置换为非劳动关系,将劳动关系进行劳务化,正是中国特有的一种劳务派遣方式。

(三)劳务派遣事务与劳务外包业务的区别

劳务派遣是现代式的用工形式,因劳务派遣所衍生的劳动关系是非传统的劳动关系。[1] 劳务外包则是人力资源管理领域的一种管理模式,重点在于进行合理化的外包决策,主要体现在调查、选择合适的一些外包供应商、签订完善的系列合同,与其建立有效的激励约束机制。[2] 有日本的学者将劳务承包业做出定义,指为了一定指定工作的派遣,而录用并供给劳动人员的业务。[3] 业务外包因其专业化管理和成本较低的优点很多企业引入,可能会成为未来的工业生产的一大发展方向。

1. 劳务派遣与服务外包的概念比较

所谓劳务派遣,是指由劳务派遣机构和劳务人员订立了劳动合同,派遣机构根据与用人方所签订的协议,将劳务人员派至用工方进行工作的用工之形式。在三方之间的关系内,劳务派遣机构与劳

---

[1] 冯彦君. 理想与现实中的《劳动合同法》——总体评价与创新点解析[J]. 当代法学, 2008(6).

[2] 许可. 从劳务派遣走向业务外包的企业用工方式研究[D]. 西南交通政法大学硕士论文, 2012 年.

[3] [日]马渡淳一郎. 劳动市场法的改革, 田思路译[M]. 北京: 清华大学出版社, 2006.

第八章　劳务派遣合同

务人员是法律层面的劳动合同的关系；劳务派遣机构与用人方之间则是民事关系，双方通过订立劳务派遣协议而明确各方的权利、义务；用人方与劳务人员之间是劳务、用工关系，劳务人员向用人方提供一定劳动，用人方要对劳务派遣下的劳动人员进行工作上的管理和劳动保护。

劳务外包，是指发包人为了将有限资源专注于核心业务，将自己的部分业务发包给承包人，承包人按照发包人的要求完成工作而后取得相应报酬的行为，从而降低成本、提升效率、优化竞争力。劳务外包的关系中，承包人与劳务人员之间应是劳动合同的关系或其他的雇佣关系；承包人和发包人之间则是民事合同的关系；发包人和劳务人员之间没有直接法律关系，在具体外包业务的完成过程中，发包人只是依据劳务项目具体工作的要求，通过承包人来对劳务人员进行间接管理。

上述分析可以反映出，在劳务派遣事务的关系中，用人方注重的是对劳动人员在劳动工作过程中的管理，用人方直接对劳动人员进行指挥、监督和工作安排；劳务派遣机构在派遣了劳动人员后，并不参与直接的劳动过程。而劳务外包业务关系中，用人方注重的是对劳动结果进行管理，劳务人员则为承包人提供对应劳动；用人方并不参与劳动的具体过程，甚至无需关心甚或干预承包方用怎样的人、用多少人，只会结合外包项目的进行情况，根据和承包人所签订的外包协议来行使权利和履行义务。

2. 劳务派遣同服务外包的区别

第一是合同的名称差异。在劳动派遣事务关系中，劳务派遣机构与实际用工方之间应按照《劳动合同法》的有关规定来签订劳务派遣合同；而在劳务外包业务的关系中，在合同名称方面并没有法律上的具体要求，名称可以是服务外包的协议，也可以是承揽合同或委托加工合同，甚或技术开发合同等。

第二是和劳务提供方的关系的不同。在劳务派遣事务的关系中，实际用工方和劳务派遣的劳务人员之间存在有劳务用工的关系；在劳务外包业务的关系中，发包方与服务人员并无直接关系。

第三是劳务提供方的管理权限不同。在劳务派遣事务的关系中,实际用工方直接给劳务派遣的劳动人员分配相关工作任务,并指挥、监督工作任务的完成;在劳务外包业务的关系中,发包方对劳务人员没有直接的管理权限,劳务人员接受的是来自承包方的工作安排和监督指挥。

第四是业务领域不同。在实践中,劳务外包业务一般会应用到企业非核心的业务领域,比如后勤、物流、日常的客户服务、一般的生产制造等,这些业务领域不需发包方对工作的进程进行直接管理、监控,与专业的外包服务提供商合作,在降低自行运营成本的同时提高效率;劳务派遣事务的领域可以是企业的非核心或核心业务,这些业务由于多种原因需要用工方直接对工作人员进行相应的工作安排,在工作过程中进行指挥监督,第三方代为行使可能导致不适。

第五是对外损失赔偿承担的责任不同。在劳务派遣事务的关系中,如果被劳务派遣的劳务人员在工作进行中给第三方造成了损害,实际用工方需向第三方承担赔偿责任;在劳务外包业务关系中,如劳务人员在工作进行中给第三方造成了损害,承包方需向第三方承担有关赔偿责任,发包方不承担责任。

第六是劳动争议风险的不同。在劳务派遣事务的关系中,如实际用工方或者劳务派遣机构侵害了被派遣的劳动者的合法权益,实际用工方和劳务派遣机构均可能承担劳动争议法律风险;在劳务外包业务关系中,由于发包方同劳务人员没有劳动合同的关系,也没有实际的劳务用工的关系,所以发包方也不承担任何的劳动争议风险。

第七是衡量工作成果的标准不同。在劳务派遣事务的关系中,实际用工方根据劳务派遣机构派遣的劳动人员数量、工作的时间,向劳务派遣机构支付一定的管理费;在劳务外包业务的关系中,发包方会根据外包业务的情况向承包方支付相应的外包服务费,而承包方招用的劳务人员数量、时间一般和发包方所支付的外包服务费的数额并没有直接关联。

第八是经营资质的要求不同。在劳务派遣事务关系中,按照《劳动合同法》的要求,劳务派遣机构经营劳务派遣的业务必须经过劳动行政部门的许可，并取得《劳务派遣经营许可证》；在劳务外包业务的关系中，承包方除了国家要求的特殊资质外，承包方不需要国家机关的特别行政许可。

综上比较分析，可以看出劳务外包在成本、企业用工责任、适用范围、发展前景方面具有较大优势，劳务外包将逐渐取代劳务派遣，成为未来劳动用工发展的一个主要方向和趋势，是劳动力市场多样性发展适应经济社会发展的必然结果。

二、劳务派遣制度在我国的立法情况

20世纪70年代，为解决一些外资企业的用工问题，我国开始引进并启用劳务派遣制度，90年代的国有企业改革阶段，为了稳定并安排下岗人员的就业，劳务派遣事务在我国得到进一步发展，并在之后的期间因为它的灵活性和实用性，在国内社会得到广泛的应用。我国的劳务派遣事务发展源于特定用工的需求，承载了特别的价值和功能。[①] 2008年，自《劳动合同法》开始实施，劳动派遣制度得到立法规定，被正式纳入国内的法律调整范畴中。

《劳动合同法》对劳务派遣事务中的劳动人员的权利给予了进一步的明确。[②] 规范了我国的劳动用工市场，但不足之处也是显而易见的，比如法律并没有规定劳务派遣机构的成立条件，致使很多不具备资格的劳务派遣机构进入市场，扰乱了劳务派遣相关机制的健康发展，损害了用人方和派遣劳工的权益。2012年12月28日，《劳动合同法(修正案)》得到通过。修正案对劳务派遣的机制做出了更细致的规定，一定程度上填补了原有劳务派遣制度下的诸多空白，具有深刻的意义。[③] 《劳动合同法(修正案)》不仅在劳务派遣

---

① 1980年国务院颁布的《关于管理外国企业常驻代表机构的暂行规定》第11条.

② 韦雪梅. 劳动法律关系与解读[M]. 北京：北京法律出版社，2011.

③ 舒胜.《劳动合同法》对劳务派遣制度规制与影响[J]. 南京广播电视大学学报，2011(1).

机构的设立条件以及劳务派遣的适用岗位上做了更细化的规范,还在保护被派遣劳动人员的权益及处罚违法行为规定等方面进行完善,再次强调了劳务派遣只适用在临时、替代和互助性方面的工作领域,并对此三种类型的岗位做了解释。紧随其后,2013年6月20日,12月20日,人力资源社会保障部也审议并分别通过《劳务派遣行政许可实施办法》和《劳务派遣暂行规定》,通过行政立法的渠道加强对劳务派遣事务的监督。

纵观国内的劳务派遣制度的规范过程,可看出国家希望建立起"劳务派遣用工是主要用工形式的补充"的广泛社会意识,使劳务派遣建立相适的规范体制,促进其健康发展。

三、劳务派遣在我国的现状以及存在的问题

(一)我国劳务派遣的发展现状

虽然我国劳务派遣有关的成长起点有点晚,但是发展速度很快,所涉及的劳动力人口众多。在2006年左右,中华人民共和国总工会做过详细的统计,认为:"当时全国的劳务派遣工大概是2500万人。"①但到了2010年,"全国劳务派遣人员总数已达6000多万人,占国内职工总数的20%"。② 由于劳务派遣工人的基数在不停地增加,所以劳务派遣制度在促进就业、调节劳动力市场的供求关系、保障社会稳定和经济发展等方面有着十分重要的积极意义。

目前,劳务派遣在我国应用领域越来越广泛,派遣规模也越来越大,其发展不断呈上升趋势,主要表现在:

1. 劳务派遣在相关服务方面变得明细化和扩大化。我们国家

---

① 全国劳务派遣问题课题组.当前我国劳务派遣用工现状调查[J].中国劳动,2012(5).

② 贺玲.论职业安定性保护法律制度与劳动关系二元结构[J].湖南社会科学,2012(3).

对于人才服务的产业有了很多年的发展经验,所以拥有比较成熟和稳定的体系,虽然服务形式多种多样,但基本可以归纳划分为三种主要的人才服务类型,分别是现场招聘会类型、网络招聘广告类型以及定向高级人才猎头公司类型。在非正式用工市场中,劳务派遣与上面所提到的3种人才服务形式拥有着密不可分的关系,因为我国《劳动合同法》第66条在法律上面限定了劳务派遣单位和用工单位的用工方式,所以伴随着我们国家市场经济的高速发展和劳务派遣政策的日益完善,用人单位势必对这3种人才有着高层次的期望,尤其是对用工专业化和种类化有更高的要求。从"劳动力不是商品"的单方面认识到"禁止把劳动力仅仅作为商品"的全方位认识,私营职业介绍所观念在提升,同时还在不停地扩张。派遣单位的数目和规模在不断增加与扩大,同时服务水平不断提高,规范化程度也在持续提升。

2. 与法律、规章相关的一些方面不断完善。我们国家的劳务派遣制度与欧美发达国家相比,发展还不成熟,但其实,这些国家对劳务派遣的适用范围的态度也是一个不断发展的过程。① 这与我国的劳务派遣制度的发展完善过程是一致的。《劳动合同法》虽然对劳务派遣制度进行了立法确认,并对劳务派遣的适用范围等进行了细化规定,但还应加入一些禁止性条款,比如要对一些妨碍职业安定、牵涉公共安全等方面的工作禁止劳务派遣,② 这样可以更加全面地完善立法。目前,在我国各地区都陆续出台了一些地方性的法规和条例,以此来对劳务派遣制度进行规范化处理。这样一来,劳务派遣制度就在我国的法律上越来越完善。

3. 劳务派遣企业的规模不断扩大。我国对劳务派遣的法律规制基本上是一个从放任到管制的发展进程。由于改革开放更深层次的发展,劳务派遣将会担任极为重要的市场用工方式,在劳动力市场里面发挥积极的作用。同时在以后的国民经济发展中,大型商业

---

① 李雄. 我国劳务派遣制度改革的误区与矫正[J]. 法学家,2014(3).
② 候玲玲,曹燕. 劳动派遣关系的法律规制研究[J]. 法学评论,2006(6).

项目越来越多，项目组成更复杂并且专业要求更高，对于用工单位来说，为了获取技术和适应任务波动而在某些领域利用市场进行企业智力型高级人才外部化配置是具有高附加值和更具市场效率的选择。[①] 从而使得在劳务派遣市场中，劳务派遣单位也要相应的规模，要更大、更专业、管理更规范，这样才能不断适应用人单位对派遣单位的要求。这也进而促使大型劳务派遣单位因其资金、人员、规模等优势，在劳务派遣过程中更容易组织协调，从而更容易达到用人单位的需求，因此大型的派遣单位将逐渐占据劳动力市场中的主导地位。一些中小型的劳务派遣公司因为金钱、资源等方面的不完善，很难满足用人单位的需求，这些公司的数量就会减少，慢慢地就会被市场抛弃。

(二) 我国劳务派遣制度存在的问题

由于劳务派遣的三方主体性以及"管人不用人，用人不管人"的特点，使劳动者自身的归属感以及对企业的忠诚度不高，加上劳务派遣三方主体之间的关系不明，导致实践中出现同工不同酬、社会保障差、合法权益难以保障等不良结果。有学者曾指出："劳动者在一个病态的制度中被派遣来派遣去，很难实际享有职业培训与发展的权利，而不断地被消耗其职业黄金年龄。"[②]

1. 劳务派遣被滥用，对正规就业造成冲击。劳务派遣能够有效降低用工单位的用工成本，所以受到了一些企业的喜爱，可是一些用工单位和派遣单位实际上是自己负责企业盈利和亏损的，在各自为了追求高额的经济目标的同时，就连他们自身的合法权益也可能受到侵害。与此同时，劳务派遣所具有的降低用工成本的优势，使得用工单位越来越倾向于使用劳务派遣人员，这样一来就使得一些领域里面诞生了非正当化。这样不仅冲击了正规就业，对就业市

[①] 刘威，张颖娜，钟哲. 企业智力型人员外部化配置动因的实证分析[J]. 经营管理者，2013(29).

[②] 周长征. 劳动派遣的发展与法律规制[M]. 北京：中国劳动社会保障出版社，2007.

场造成危害,并将最终导致劳务派遣制度慢慢地偏离自身的轨道。劳务派遣被滥用,究其原因,大致上可以认为是我们国家劳务派遣的相关立法不规范。《劳动合同法》第 66 条规定:"劳务派遣只能在临时性、辅助性、替代性岗位上实施,并对三性岗位的具体含义作了界定。"这样一来的话,"主营业务"实在难以准确界定,导致在实践中,用工单位随意加以解释,并在所谓的辅助性岗位长期、大量使用劳务派遣。

2. 劳务派遣企业管理不规范。派遣单位作为派遣人员的雇主,应承担一般劳动关系中所有的法定义务,但劳务派遣又不同于一般的用工方式,主要的区别点就是劳动者与派遣单位之间明明是劳动合同关系,可是用工单位提供相关的劳动力,处于被用工单位所指挥的地位,并且劳务派遣的相关单位与用人单位之间是平等主体间的民事合同关系,因为具体的劳动关系和工作岗位是分离的,所以一些派遣单位对劳动者的相关职责没有明确下来。而与之相对的是,劳务派遣由于劳动者的劳动关系和工作岗位分属两家,使得部分企业违反法律法规随意克扣工资、拖欠工资、不按规定支付加班工资的情况频频发生。同时在实践中,劳务派遣单位一直没有受到法律的约束力,究其原因主要是一些相关的劳务派遣单位对具体的行业准入没有规定,或是根本无需投资。①

3. 劳动者的合法权益没有办法得到保证。大部分用人单位为了让自己的运营成本减少,所以去聘用那些被派遣的劳动者,因此他们的工资往往低于一般正式员工,但被派遣劳动者却是在同样的环境中与正式员工从事几乎同样的工作,并且包括福利、津贴和社保基金、社会培训等待遇也都普遍比正式员工的待遇差,甚至没有,更有些劳动者从事的是比正式员工更加脏、累、重的工作,但是薪资待遇却比正式工还低,这些都导致了同工不同酬和劳而不得。我们国家立法上对派遣单位的附随义务制度是没有相关具体的要求的,这个附随义务是指用工单位对劳动者劳动期间支付报酬,

---

① 龚楚. 劳动合同法及配套规定与解读[M]. 北京: 法律出版社, 2014.

保证劳动者劳动卫生、安全等方面的义务。有的用工单位利用劳务派遣的形式,逃避社会保险义务,而劳务派遣单位又不为劳动者办理参保手续,不缴纳社保费,或者是让劳务人员自己承担缴纳全部的社保费。同时劳务派遣单位出于盈利、压缩成本的目的,很少为派遣劳动者组织职业培训,这使得劳动者享受不到职业技能培训的机会。

总之,因为现在国外的那些发达国家所拥有的劳务派遣制度是经过长时间的演变的,在他们自己国家的法律里面对劳务派遣机构的相关具体要求也是很完善的,使得其运行与经营都有章可循。①这样一来我们国家就一定要强化针对用工单位和派遣单位的监管,并且向这些发达国家学习,从而去完善我们国家的劳务派遣制度。

四、完善我国劳务派遣的思考与建议

(一)各国劳务派遣制度的发展与启示

1. 美国的劳务派遣制度

早在20世纪20年代的时候,美国就诞生了劳务派遣制度,美国是这个制度的起源地。在那个时候,这个制度的主要目的是为了帮助一些企业去应对人手不足的困难。那个时候员工与企业达成了临时工作关系,那些专门的派遣机构给缺乏人手的企业输送各种各样的工人,工人的工作只是短暂性质,仅仅只提供短期的工作,等到在这家企业的工作结束了就去其他企业继续工作。同时,美国实际上是没有对劳务派遣制度去进行一些相关的立法,美国主要是从其他州的一些法律里面确定了共同雇主理论②。在美国的劳务派遣

---

① 刘杰. 劳务派遣制度的问题和发展分析[J]. 中国海洋大学学报, 2009(21).

② 共同雇主理论是指派遣单位与用工单位均为被派遣劳工的雇主,在法律上都必须对被派遣劳工承担雇主责任。另外,用工单位作为被派遣劳工的使用者,必须保障被派遣劳工享有与自雇员工平等待遇的权利。

行业中，三者之间的劳动关系并不因为发生派遣而发生变化，三方关系的内容根据其实质来确定，倘若被派遣劳动者提供的是从属劳动，那么哪一个雇主对员工行使着支配权，就由行使支配权的雇主来承担责任。① 要是主体单位是两个或者两个以上的话，那么就会采用这个理论去确定相应的责任。如果派遣单位、用工单位分别对劳动者行使了部分雇主职能，法院一般确认劳务派遣单位与用工单位均为劳动者的雇主，之后法院会依据二者之间的联系程度来认定二者是作为单一的雇主责任还是共同雇主责任。② 我们可以去充分学习的是，在分配雇主责任这个地方，美国的相应程序是相当规范的。比如在法律的形式之上的一些相关的具体问题和一些简单的雇佣关系是不是合法就是由法官亲自决定的。还有一些实质问题，比如派遣单位或用工单位任意一方对雇员单独行使雇主权利，就可以轻易地认定该问题不属于劳务派遣关系的范畴以内。反过来说，要是派遣单位和用工单位同时去行使雇主的权利，那么很明显这个问题就是在这个范畴之内的。等到了有了明显的判断后，法官就会依照派遣单位与用工单位之前所签订的协议是不是关于责任分配的具体认定，有约定的话就服从约定，无约定的话就是双方一起去承担连带责任。除此以外，法官还要去对派遣单位和用工单位二者的联系做一个认定，将这两个单独的法人视为一个雇主承担责任。

2. 欧洲国家的劳务派遣制度

欧洲关于劳务派遣的法律规定不但明确而且非常严格。我们先来看看法国，在《法国劳动法典》里面有着明确的说明，劳务派遣即具有临时工作性质的劳动合同，临时工作承包，用工单位相对于派遣单位，雇佣劳动者之后将给以报酬的劳动者交由客户企业提供劳务。③ 在法国的法律里面明确规定是允许不以盈利为目的的劳务派遣的，允许各个劳务派遣单位联合雇佣劳动者，然后再把被雇佣

---

① 林晓云. 美国劳动雇佣法[M]. 北京：法律出版社, 2007.
② 张荣芳. 被派遣劳动者的劳动权利保护研究[M]. 武汉：武汉大学出版社, 2008.
③ 郑爱青. 法国劳动合同法概要[M]. 北京：光明日报出版社, 2010.

的劳动者派遣到联合合作的其他派遣机构那里工作，其他的合作劳务派遣单位要承担接受被派遣劳动者的合作单位责任以外的其他全部责任，此外，在各个派遣机构之间划分责任，各个派遣单位都要对劳动者的报酬以及社保费用承担连带责任。

在德国，它的法律制度是相当严谨的。在1972年的时候，德国公开实行了《德国员工转让法》。这部法律里面明确指出劳务派遣一定是需要派遣方为了盈利从而将自己的员工输送给其他公司，应该是由员工向用工方单方面付出劳动。① 很明显这个法律的出发点是想维护雇员的自身权利，同时还加强对派遣机构的一些具体的监管力度。并且同年，德国还颁布了《劳务派遣法》。在这个法律里面很明显地强调了劳务派遣机构需要专门针对被派遣劳动力实施没有固定期限的雇佣，同时还强调了劳务派遣中出现的三个主体之间的关系一定要按照三方合约来进行处理，在这部法律里面还要求派遣机构应与被派遣劳工签订具体的合同，其中合同里面主要强调的内容是被派遣员工也许会到不同的单位进行工作，而且派遣机构还必须要支付给雇员社会保险等一系列福利。② 同时，在劳务派遣单位的成立要求上德国是十分严谨的，这种严谨性主要体现在行政许可、劳务派遣期限等方面。德国之所以有着这么严谨的要求是因为需要保证在劳务派遣关系里面一些基本的劳动合同关系是居于主要地位的，这样一来就可以防止那些用工单位一味节省成本。以上这些法律规定在很大程度上促进了德国劳务派遣制度的良性发展。

3. 日本的劳务派遣制度

在日本，劳务派遣的法律规定经历了一个由严格到宽松的过程。"二战"以后日本法律对劳务派遣持反对态度，所以规定了职业介绍必须经过国家来执行。在20世纪60年代，因为日本国家的产业结构进行了大范围的调整，所以整个国家对于劳动力的需求是不断增加的，劳务派遣作为正常的用工形式逐渐被日本社会所接

---

① 丁薛祥. 人才派遣理论规范与实务[M]. 北京：法律出版社，2006.
② 周长征. 劳动派遣的发展与法律规制[M]. 北京：中国劳动社会保障出版社，2007.

受。但与此同时，日本法律对劳务派遣的发展的态度是反对的，这样一来就会导致非法的劳务派遣不断扩大。所以在70年代末期的时候日本终于着手去针对劳务派遣的具体数据进行分析，终于在80年代正式对劳务派遣制度进行了立法承认。经过多年的发展，之前那些尖锐的矛盾终于得到了缓解。我们站在立法规范和实际运行的角度来看的话，劳务派遣单位其实是属于劳动力市场这个大范围里面的其中的一个部分，其实质就是给用工单位提供被派遣劳工的一个服务机构。所以，日本法律就会让这些服务公司一定要包含控制劳动力的相关作用，如果没有这样作用的机构去进行劳务派遣行为那就是属于非法的，显然这样的要求对日本的劳动力市场就业产生了长远的影响。① 从以上我们可以明显地看到日本的劳务派遣从最开始的全面禁止，到后来的部分允许，再到现在全面放开，这种逐步开放的过程体现了日本政府针对劳务派遣制度保持了谨慎的态度。日本政府把劳务派遣进行了具体的分类，主要是分为雇佣型和登录型这两大类别。雇佣型的意思是各个单位如果长时间去使用劳动者的话，那么这些派遣单位就一定要向相关行政机关进行备案。登录型的主要含义是指劳动者先在相关的劳务派遣单位进行登记，而且暂时不和这些单位签订劳动合同，在这些单位发现有符合自己要求的雇员时，那么用工单位就向劳务派遣单位提出要这个雇员的需求。这样派遣单位才可以和用工单位就这些劳动者去签订相关具体的劳动合同，完成了合同签订的协议以后就可以把劳动者租赁给用工单位。我们也可以学习和借鉴日本对于劳务派遣进行分类的方法，对不同类型的劳务派遣加以不同的规制并进行分项细化管理。

4. 国外的劳务派遣制度的启示

纵观欧美、日本等发达国家和地区的劳务派遣发展史，可以发现，对于劳务派遣这种新的用工方式，各国都经历了一个从严格限制或全面禁止，到慢慢放宽管制，再到现在比较宽松的过程。其中，美国首先是站在雇主的关系角度来考虑，然后依据协议的具体

---

① 高桥康二. 日本的劳务派遣工的现状和课题[J]. 新人力, 2011(3).

性质从而来确定劳务派遣单位、用工单位对被派遣劳动者需要承担的具体责任;① 法国和德国则是充分考虑对劳动者权益的具体保护，这样一来就实现了真正意义上的同工同酬制度；而日本则是针对劳务派遣做出了具体的分类，这种分类非常有利于针对劳务派遣的监管和调整。由此我们可以看出来，这么多国家的劳务派遣制度虽然都是不完全一样的，但是他们都是通过劳务派遣这种方式去获得劳动者，并且采取正规的用工形式去聘用劳动者，进行法律上的平等对待并进行保护，是非常值得我国去学习和借鉴的。

(二) 完善我国劳务派遣制度的思考和建议

1. 完善劳务派遣的相关立法

首先，正确认识劳务派遣的立法价值取向。关于劳务派遣各方之间关系的立法价值取向在我国的学术界存在诸多不同的观点，某些学者侧重于劳务派遣对我国劳动力市场造成的不良影响，认为其在推动就业的同时也给就业市场带来了隐患。另有学者则认同劳务派遣制度给各方主体带来的有益之处，推动了经济社会进步，因而劳务派遣理应得到鼓励发展。从我们的角度来看，我国劳务派遣法律关系的立法价值取向应确保在法律制定及规范运用的过程中以全面保障被派遣劳动者的合法权益为前提，在现实操作中保证被派遣劳动者真正享有法律规定的权利，尽可能地杜绝用工单位或派遣单位为逃避自己的责任进而损害被派遣劳动者合法权益的情况发生。因此我们要发挥主观能动性，大力规范劳务派遣行业制度的健康发展，使劳务派遣制度促进灵活就业的优势最大化，尽可能地降低劳务派遣对就业市场和劳动力发展的不良影响。

其次，加快劳务派遣的专门立法。由于发展的不平衡以及立法的不完善，因此我国劳务派遣在大力发展的同时也伴随了大量纠纷，一方面在派遣单位和用工单位之间存在纠纷，另一方面在劳动者与派遣单位和用工单位之间亦存在纠纷。为了妥善地解决当前层

---

① 谢增毅. 美国劳务派遣的法律规制及对我国立法的启示——兼评我国《劳动合同法》的相关规定[J]. 比较法研究, 2007(6).

出不穷的此类劳务派遣纠纷和诉讼，同时也能更加有效地切实保障被派遣劳动者合法权益，国家应着手制定专门的劳务派遣法律法规，在立法层面上建立对被派遣劳动者的法制保障。劳务派遣的专门立法是对现有法律不足之处的有力补充，实现了劳务派遣行业的专门化、制度化的规制，旨在推动我国劳动力市场的健康有序发展。制定专门的劳务派遣法既能实现就业公平，防止待遇不公的现象发生，还能避免有关责任分担等问题。比如在美国的《公平劳动标准法》中就有雇主的界定标准，其使用的是"经济现实性准则"。① 这就是用专门立法来解决专门问题的范例。目前，全世界业已制定出专门化的劳务派遣法规的地区和国家不在少数，我国应予以充分的借鉴和学习。

2. 明确区分劳务派遣的类型

为了便于劳务派遣的发展和监管，我国可以借鉴国外的先进经验将劳务派遣作类型分类，具体可以按照被派遣劳动者的类型和用工单位对派遣岗位的需求不同予以划分，将低端劳动者划分到雇佣型劳务派遣这一类予以保护，将高端劳动者划分到登录型劳务派遣予以保护。我国现行的劳务派遣制度主要采用的是雇佣型劳务派遣立法模式，立法中对登录型劳务派遣则尚未提及。但在派遣的实际工作中，登录型劳务派遣被滥用的情况较为普遍，雇佣型劳务派遣被使用的机率则较小，究其原因就是当前法律在对登录型派遣的规范上存在空白，使得这种派遣方式没有受到任何法律约束，再加上派遣机构的逐利本性，最终必然出现大部分派遣机构都倾向于采用登录型劳务派遣，这也更加印证了设立专门法规规制登录型劳务派遣的必要性。

有关雇主的法律责任分担在实际派遣工作中一直模糊不清，其根本原因就是存在类型不同的劳务派遣方式，不同的派遣类型在劳雇关系、责任分配上也有所区别。因此有必要依据雇佣型和登录型两种不同的劳务派遣方式制定不同的责任分配方式。在雇佣型劳务

---

① 刘众白.论劳务派遣中雇主责任的分配[J].财经理论与实践，2012（2）.

派遣中，被派遣劳动者流动性较强，雇主方缺乏必要保障，因此派遣单位理应承担更多的责任份额。相比而言，在登录型劳务派遣中，被派遣劳动者所从事的大多是技术等要求较高的工作，因此这类雇佣相对而言较为稳定，有双方长期合作的可能性，劳务派遣单位与被派遣劳动者关系终止与否取决于用工单位与劳动者之间的关系是否延续，此时作为可能长期保持劳动关系的用工单位承担较多责任也是合情合理的。同理在行政审批环节也应针对不同类型的劳务派遣作出不同的处理方式，对设立雇佣型派遣机构只需要向劳动保障部门备案即可。而对于设立登录型派遣机构则需要取得劳动保障部门的许可，同时还应对违反许可的处罚细则作出明确规定。

3. 建立有效的劳务派遣监管机制

相比于某些发达国家或地区，我国的劳务派遣由于出现时间较晚，加之整个劳务派遣制度的体系不完整，导致劳务派遣市场乱象丛生，劳务派遣单位与用工单位利用法律漏洞，规避自身责任，因此针对相关劳务派遣单位与实际用工单位之间的劳务派遣合同以及劳务派遣单位与被派遣劳动者之间签订的劳动合同，法律规定应递送有关主管部门采取备案存档的做法是很有必要的，这样可以方便监管①。出台专门法来规制监管体系，并且结合我国国情，根据我国东西部发展极不平衡的现状，先从劳务派遣使用相对少的地区进行试点②，利用地方立法程序相对简易、操作性强、准确反映现实需求等特点展开地方监管机制的立法，由简入繁，积累经验，树立标杆，全面推广，为国家立法积累经验。

4. 完善被派遣劳动者权利的司法救济途径

（1）通过调解方式维权。我国《中华人民共和国劳动争议调解仲裁法》第五条规定，当劳动关系当事人发生争议时，如果当事人不愿意通过协商解决争议，或是协商不成，又或者达成的和解协议

---

① 卢家林. 探索建立共管机制 推进规范派遣用工——浅谈劳务派遣工的日常管理[J]. 江苏科技信息, 2012(4).

② 崔春岩. 吉林省创新劳务派遣监管机制从源头规范企业用工行为[J]. 劳动保障世界, 2013(2).

无法得到履行时，争议当事人可以向调解组织申请调解。我国劳动争议的调解组织包括企业劳动争议调解委员会和基层人民调解组织及在乡镇、街道设立的具有劳动争议调解职能的组织。在劳务派遣纠纷中，各方选择调解方式解决争议时应首先选对调解组织。选择过程中应注意以下两个方面：

其一，选择企业劳动争议调解委员会调解。《中华人民共和国劳动争议调解仲裁法》第十条中规定调解委员会仅由企业代表和职工代表组成，工会成员通过职工代表对劳动争议行使调解的权利。现实中被派遣劳动者往往被分散在不同的用工单位，因此很难保证劳动者参加劳务派遣单位的职工组织。因此，鉴于被派遣劳动者雇佣关系与用工关系相互分离，在选择劳动争议调解委员会时劳动者应采取就近原则，在哪个单位发生纠纷，就以该单位的劳动争议调解委员会为调解组织。

其二，选择基层人民调解组织或在乡镇、街道设立的具有劳动争议调解职能的组织进行调节。如果劳务派遣单位与用工单位所在的地区、街道或乡镇不同，若要任择其一进行调解，则必须明确以用工单位所在地或劳务派遣单位所在地为基准来选择调解组织。因此，劳动权利争议调解机构的选择与选择劳动争议调解委员会也应遵循同样的原则，劳动纠纷发生在哪一方单位所在地，则该单位所在地的基层调解组织理应负责进行调解工作。

（2）通过仲裁程序维权。劳动争议仲裁作为维护劳动者合法权益的重要方式，在无需征得另一方当事人同意的情况下，仅由争议一方当事人申请便可以启动程序。因此，作为劳务派遣的三方主体，在发生劳动争议纠纷时，劳务派遣单位、被派遣劳动者和用工单位中的任意一方均可以提请劳动争议仲裁，请求仲裁机构给予裁决[1]。依照现实的法律规定，劳动争议仲裁应作为进入诉讼程序的前置程序，如果劳务派遣单位或用工单位中任何一方拒不执行已生效的仲裁裁决，被派遣劳动者就可以向人民法院申请强制

---

[1] 曹嘉俊. 论劳务派遣的司法规制[D]. 华东政法大学硕士论文，2012年.

执行以维护自身权益。从某种意义上说，较之调解，仲裁更有公信力以及执行力，劳动争议仲裁制度具有更加完善的组织机构，仲裁员的专业素质也普遍较高，同时也具有严格的程序要求。与此同时，仲裁又比诉讼减少了程序之累和对抗性，为劳动者节省了人力成本和时间成本。随着法治建设的推进和公民法治意识的增强，仲裁必然会成为劳动者维护自身合法权益的主要方式。

（3）依靠诉讼手段维权。当前我国尚未建立起专门审理劳动争议诉讼的机构，劳动争议诉讼一般适用民事审判程序，采取两审终审制。依照法律规定，法院可根据劳动争议中某一方当事人的申请，对已经生效的劳动仲裁裁决进行强制执行，确保仲裁的法律效力。劳动者在求诸于诉讼手段解决劳动纠纷时应注意这样几个问题：第一，大部分劳动争议须以劳动仲裁作为前置程序，不经劳动仲裁，则无提起诉讼之权利。因此行使诉权之前必须明确劳动争议的受案范围；第二，应确定具有管辖权的法院。劳动争议案件的管辖法院是用人单位所在地或者劳动合同履行地的基层法院，因此被派遣劳动者不仅能向劳务派遣单位所在地基层法院提起诉讼，还可以向用工单位所在地基层法院提起诉讼①；第三，被派遣劳动者应当明确知晓诉讼程序中的举证规则，即"谁主张谁举证"的原则适用于劳动争议仲裁和诉讼中，并以责任倒置为例外形式。发生举证责任倒置，必定是被派遣劳动者的某些诉讼主张或者劳务派遣单位以及用工单位无法提供确实充分的证据来证明本方的主张是合理合法的，结果就是由劳务派遣单位或用工单位承担举证不利的责任，被派遣劳动者胜诉且则不负有任何举证责任。

---

① 王婧. 劳务派遣劳动争议司法问题研究[D]. 复旦大学硕士论文，2009年.

第九章 劳动合同解除之经济性裁员

一、经济性裁员制度概述

(一)经济性裁员的概念

我国的经济性裁员制度起步较晚,是在借鉴域外裁员制度并结合我国实际需要的基础之上产生的,各家学者因对国外裁员制度的不同理解及对我国现实状况的认识不同,对经济性裁员进行了不同的界定,尚未形成一个权威性的定义。

有学者认为:"经济性裁员是指由于经济性原因造成企业为摆脱困境或调整企业结构,按一定程序、进行一定规模的解除员工与企业劳动关系的行为。"①也有学者认为:"经济性裁员,即用人单位基于经济方面的原因一次辞退部分劳动者,以此作为改善生产经营状况的一种手段。"②还有学者认为:"经济性裁员是指企业生产经营状况发生变化等经济方面原因而大批裁减员工并以此作为改善生产经营状况的一种手段。"③经济性裁员的标准化概念还未形成,各国裁员的规定各有不同,不同的学者因切入点的不同对经济性裁员给出了不同的概念,通过对经济性裁员特征的分析可以更加深刻

---

① 林嘉. 劳动合同法热点问题讲座[M]. 北京:中国法制出版社,2007.
② 王全兴. 劳动法[M]. 北京:法律出版社,2004.
③ 张怡超. 劳动合同单方解除法律制度研究[D]. 湖南大学硕士论文,2003年.

地理解经济性裁员的概念。

我国《劳动合同法》所称的经济性裁员，是指劳动合同订立时所依据的客观经济情况发生重大变化，致使劳动合同无法履行，或者在经营中遇到严重困难，用人单位需要裁减20人以上，或者裁减不足20人但占企业职工总数10%以上的人员。

(二) 经济性裁员的特征

1. 经济性裁员属于企业有权单方解除劳动合同的一种情形

一方面，经济性裁员只能发生在企业当中，其他类型的用人单位如国家机关、事业单位、社会团体等，不存在也不得进行经济性裁员；另一方面，经济性裁员是用人单位出于经营方面原因，单方解除劳动合同的一种方式。①

2. 裁员事由的经济性

经济性裁员的事由有其特殊性，通常由经济原因引起：一是因为企业经营面临着重大困难，必须通过裁减人员来降低企业生产成本；二是企业生产技术更新换代，经营策略重大调整导致劳动力过剩，因为用人单位的原因而单方解除劳动合同，劳动者并无过错。

3. 裁员数量的规模性

经济性裁员所涉人员规模较大，其所形成的负面影响远远大于单个劳动者的解雇的影响，故在一般辞退之外做出特殊规定，具体标准，各国规定不尽相同。

4. 裁员程序的复杂性

经济性裁员有着严格的程序规定，需要经过提前通告、劳资协商、劳动行政部门备案等程序，以保障劳资双方平等协商的实现。

(三) 经济性裁员法律规制的必要性

劳动合同解除制度既是赋予劳动合同当事人在既有权利义务关系上取舍的一种权利，同时，更深刻的立法本意在于限制用人单位

---

① 李国光. 劳动合同法理解与适用[M]. 北京：人民法院出版社，2007.

随意解除劳动合同①。这一做法符合市场经济发展规律，企业平等竞争的需要，对于实现企业的用人自主权，通过减少富余人员以降低成本提高企业的竞争力有积极的作用。

1. 规范和维护企业自主经营权的客观需要

企业是市场最主要的参与者，拥有完善的人员出入机制有利于提高企业的市场竞争力，在企业生产经营发生严重困难的情况下，为防止企业陷入破产关闭的绝境，应允许用人单位通过一系列的方式进行自救，裁撤掉一些不必要岗位或是整合劳务配置，裁减部分企业人员。用工自主权是法人自治权的体现，而经济性裁员是企业表达自主经营权的一种有效手段，但绝对的企业用工自主权不符合现代法制的要求，法律应对其自主经营权进行法律规制②。

2. 保障劳动者合法权益的必然要求

从裁员的规模和相关程序考虑，经济性裁员不仅要考虑大量劳动者失去工作岗位的问题，还要考虑劳动者的社会保障问题。如果不对经济性裁员进行法律规制，放任企业非因劳动者过错而大量裁减人员，作为强势一方的企业，基于追逐利益的本性，非常可能滥用用工自主权，或是以裁员为威胁而逼迫劳动者接受不合理的劳动条件，使劳动者往往成为企业经营策略下的牺牲品，会对劳动者合法权益造成极大侵害，甚至可能引发严重的社会冲突。我国法律有必要对经济性裁员进行监督规制③。

3. 公平正义的价值要求

法律对经济性裁员进行规范，其目的在于实现企业和职工之间权利义务关系的平衡，从社会整体利益出发，通过实体性权利的配置和各种程序要件的设立，既要保全企业的用人自主权，又要有效保护劳动者的合法权益，以实现劳资关系的和谐、社会经济秩序的

---

① 郑尚元. 劳动合同法的制度与理念[M]. 北京：中国政法大学出版社，2008.

② 王琼. 经济性裁员之法律规制研究[D]. 苏州大学硕士论文，2012年.

③ 郑尚元. 劳动合同法的制度与理念[M]. 北京：中国政法大学出版社，2008.

稳定及社会的公平正义。

二、域外国家和地区经济性裁员制度的规定

西方国家和地区对经济性裁员研究较早,且经过多年的判例实践,逐渐改进立法中的不足,理论研究较为深入,体系较为完备,其可操作性较强。我国在研究经济性裁员制度时可借鉴国外的成功经验,并结合我国的实践情况,不断完善我国的经济性裁员制度。

(一)法国经济性裁员制度的规定

法国崇尚契约自由原则,早期对因经济原因的解雇没有做出特别的规定,直到1945年行政法判例[①]中才初次提出了因经济原因解雇的概念,后来经过不断完善,从实质要件和程序要件方面对因经济原因的解雇制度做出了比较具体的规定。

法国因经济原因的解雇制度在实质要件方面有三点要求:一是解雇必须与雇员自身工作能力、工作态度、身体状况、家庭状况等原因无关;二是裁员的真正原因是工作岗位的取消、转换,或劳动合同的基本要素发生改变;三是工作岗位的取消、转换或者劳动合同的基本要素的变更原因是企业经济困难或者结构调整。

与我国《劳动合同法》经济性裁员制度对于规模性的要求不同,法国因经济原因进行的解雇对于解雇的人数并没有限制,并将因经济理由的解雇分为经济理由的个人解雇和经济理由的集体解雇。

在法国《劳动法典》中,对经济理由解雇的程序要件规定得非常详细,具体分为以下三个方面:一是预先性面谈程序。要求雇主在发出解雇通知书的前七天与相关员工进行面谈,向员工说明解雇的理由、解雇的人数等相关问题,并向员工建议个人化的安置协

---

① 法国最高法院在实施1945年5月24日关于就业控制的一个条例过程中,对解雇进行行政监督的问题进行了说明,其认为行政监督只能适用于因经济性原因而进行的解雇,不能适用于因个人原因进行的解雇,因个人原因进行的解雇只能由司法法官来进行监督。

议,否则,雇主要向雇员补偿不超过一个月工资的补偿金。二是告知员工代表或者企业委员会①,并咨询意见。法国《劳动法典》规定,告知员工代表或企业委员会的程序需要根据解雇不足十人和解雇超过十人两种情况分两种不同的程序。三是劳动行政部门监督程序。法国《劳动法典》规定了劳动行政部门的监督程序,其目的是为了防止企业滥用解雇权利,根据解雇人数的不同规定了不同的监督程序。在雇主连续三十日内解雇十人以下的情况下,劳动行政部门进行事后监督;在雇主连续三十日内解雇超过十人以上的情况下,劳动行政部门进行事前监督。

法国《劳动法典》设立了维持岗位计划来解决由于经济原因解雇导致大部分员工失业可能对社会和谐稳定造成的冲击。

(二)德国"集体解雇"制度的相关规定

在世界各国中,德国的劳动与社会保障法律体系较为完善,其劳动法律规范中并没有直接对经济性裁员进行规定,相关内容规定在《解约保护法》中"集体解雇"的相关规定中,用人单位为削减非必要职位而解雇雇员,但是这种解雇必须具有社会正当性理由,如果没有正当性理由,则解雇为无效的解雇,这种解雇行为与我国劳动法中经济性裁员类似。

德国"集体解雇"制度规定用人单位裁减人员必须符合以下条件:一是用人单位解雇雇员必须是基于单位需要的正当性理由,即单位为了现实发展而导致劳动力资源过剩,德国对这项条件审查非常严谨。② 首先将导致劳动力需求下降的原因区分为外部原因和内部原因,然后根据外部原因和内部原因所导致的雇员需求过剩问题形成有效的经营决策,最后该经营决策必须与雇员需求的减少具有因果关系。二是用人单位解雇雇员需遵循一定的比例原则。规模性

---

① 法国《劳动法典》规定,拥有超过 11 名雇员的企业必须设立员工代表,拥有超过 50 名雇员的企业必须设立企业委员会。

② 陈芳. 德国劳动合同终止制度与我国劳动合同制度之比较[J]. 法学, 1998(4).

裁员是用人单位基于自身需求单方面解除劳动合同，必须遵循一定的比例，这样可以使用人单位在裁减雇员之后仍然能够满足其基本生产需求。三是用人单位解雇雇员必须考虑社会性影响。德国的"集体解雇"需要充分考虑裁员的社会性，否则尽管裁员满足单位的需求，但因不符合社会性，将导致不产生法律效力。①

德国"集体解雇"制度必须符合其程序要件，首先强调了企业委员会在裁员过程中所发挥的作用。设立有企业委员会的用人单位在与员工解除劳动合同前，必须听取企业委员会的有关建议并书面告知其解雇的原因、裁员数量，以及实施裁员的时间区间等事项，并就是否可以避免裁员、减少裁员数量与企业委员会进行协商，否则企业的解雇行为无效；对于没有设立企业委员会的单位，只要存在雇员代表的组织，单位就要听取其建议。其次，用人单位解除雇员达到一定数量或者一定比例时，要将解雇计划提前三十日告知劳动行政部门，并附上企业委员会的研究建议；若未提交企业委员会的研究建议，单位必须证明其已经告知企业委员会并且详细介绍协商情况。再次，解雇必须在劳动行政部门接到解雇告知的一个月后进行。最后，集体解雇制度规定对于被解雇雇员适用解雇补偿金规定。

（三）英国解雇制度的相关规定

英国在劳动法律领域的基本理念为"法律不干预"，若雇佣关系出现问题由雇主与雇员双方自行解决，政府一般不会主动干预。但是自 20 世纪 70 年代以来，受欧盟的影响，英国也形成了较为规范的调整劳资关系的成文法体系。

英国的解雇制度不仅对解雇事项做了实体性的规定，还设置了与之相对的解雇程序②。《劳动权利法案》中对解雇事由做了规定：一是企业需要关闭的，解雇不可避免；二是企业确实需要裁减人

---

① ［德］杜茨.劳动法，张国文译［M］.北京：法律出版社，2005.
② 谢德成，穆随心.英国劳动法限制解雇制度［J］.中国劳动，2005（6）.

员；三是为改变企业的经营区域。解雇程序上必须满足：第一，企业必须向员工说明解雇原因，明确对于需要解雇的雇员和工会在特定的期间内告知；第二，企业必须就裁减人员的情况征询全部雇员或者工会的态度，并且向其详细说明被解雇员工的选择标准和日后的安置补偿计划，削弱裁员对企业造成的影响；第三，企业必须给予全部雇员以及工会书面通知，且向本地劳动局汇报和提交通知书的副本。通知书应当包含全体员工的数量、裁员的原因、计划裁员的数量以及计划裁减人员的期限。

英国《解雇权利法》规定了被不公平解雇的劳动者可以获得三方面的补偿金[1]：一是基本经济补偿金，金额取决于劳动者的年龄及其与单位建立劳动关系的时间；二是赔偿性补偿金，其金额依据被裁员劳动者受到的损失不同而确定；三为补充性补偿金，若企业拒绝执行法院要求其再次雇佣被裁人员的指示，劳动者可以向企业索要该补偿金。

（四）日本的"整理解雇"制度

长期以来，日本实行终身雇佣制，该制度能够稳定劳资双方关系，增强员工对企业的归属感和忠诚度，企业不必经常更换员工，在企业内部形成了稳定的用工团体，有利于提升企业经济效益。另外，在日本，终身雇佣制也被用来作为一种对企业员工的激励机制。终身雇佣制对于日本"二战"后经济迅速复苏起了很大作用，由于终身雇佣制[2]在日本用人制度上的统治地位，日本企业以往很少出现裁员现象。日本经济在经历了一段时期的快速增长之后，在20世纪90年代步入停滞不前的状态，大量的企业倒闭、破产，导致企业大规模裁员在所难免。日本在进行经济性裁员时，通过贴出

---

[1] 蔡红. 英国劳动法的不公平解雇及其法律救济[J]. 欧洲，2002(2).

[2] 沈士昌. 日本终身雇佣制与中国固定工制度的异同及其改革[J]. 南开学报：哲学社会科学版，1998(5).

布告，让员工主动提出退休，公司在退休金上给予照顾①，2011年大规模裁员的东芝、松下等公司都用了这个办法。日本没有针对经济性裁员的单行法律规定，但是在实践中逐步形成了"整理解雇"②制度，与我国劳动法中的经济性裁员制度类似。日本企业进行"整理解雇"必须满足以下条件：第一，裁员具有必要性。根据历史传统，日本的企业在出现劳动力过剩时，企业一般不会立马进行裁员，而是首先考虑通过其他岗位进行安置，只有当其他措施也无法解决劳动力过多的问题时才会选择裁员。第二，注意"整理解雇"的手段和场合。第三，对于被解雇人员的选定，需要结合劳动基准的规定来确定根据哪些因素来作为削减人员的标准。第四，削减人员的程序要合法，企业在削减人员时需要同劳动者团体进行协商。

（五）我国台湾地区对于经济性裁员的规定

经济性裁员，我国台湾地区称为"大量解雇劳工"③，规定在《大量解雇劳工保护法》里，该法第二条规定，大量解雇劳工具体包括六种情形：①歇业或转让时；②亏损或业务紧缩时；③不可抗力暂停工作在一个月以上时；④业务性质变更，有减少劳工之必要；又无适当工作可供安置时；⑤劳工对于所担任之工作不能胜任时；⑥因并购、改组而解雇劳工。

"大量解雇劳工"具有规模性要求，解雇操作期间和范围为60日内同一事业单位之同一厂场。按照雇佣劳工数量的不同规定对不同厂场施加不同的裁员规模标准。经济性裁员时，事业单位应按一定顺序将解雇计划书提前60日通知主管机关及相关单位或人员，并公告揭示；但因天灾或突发事件，不受60日之限制。《大量解雇劳工

---

① 王溢英. 外国劳动法和社会保障法（第二版）[M]. 北京：中国人民大学出版社，2004.

② 战东升. 日本法上的解雇制度研究[D]. 山东大学硕士论文，2009年.

③ 韩虓宇，郭豫. 我国经济性裁员与台湾大量解雇劳工保护法制之比较[J]. 劳动保障世界：理论版，2011(4).

保护法》设置了裁员预警制度①，规定雇员劳工 30 人以上的事业单位，当发生大量欠薪欠保、停业、决议并购等情形时，相关单位或人员应向主管机关通报，保证劳动行政部门对相关情况的了解。

（六）域外经济性裁员法律制度的评析

通过对域外各国以及我国台湾地区有关经济性裁员制度的介绍，可以看出不同地区由于历史原因、法制观念等的差异，对于裁员的法律规定、设立动机不同，但是立法阶层均对经济性裁员有着特殊规定。综合各个区域对于企业经济性裁员的法律规定，总结以下几点可供我国借鉴：

（1）严密的裁员事由。域外法定裁员事由通常采用概括式与列举式并用模式，这样使得经济性裁员兼具明确性与灵活性，且法律对于裁员事由的审查有所规定。

（2）完备的裁员程序。域外对裁员程序有着严密的法律规定，实践性较强，规定企业负有听取相关方面对于裁员计划的咨询建议以及与劳动者代表进行协调商讨的法律义务。我国台湾地区的"大量解雇"制度规定了"三方强制协商机制"②。

（3）审慎的裁员标准。基于裁员的社会性考量，有可能需要裁员时，企业必须首先尽力制定替代措施。另外，考量被裁人员的选择标准时，通常包括：年龄、在单位的工作年限、家庭压力、个人技能等方面。

三、我国经济性裁员制度的现状与不足

（一）我国经济性裁员制度的立法现状

在计划经济时代，国家作为企业的后盾，企业很少出现生产经

---

① 韩虓宇. 返乡潮折射出大量解雇劳工保护法的缺失[J]. 工会理论研究：上海工会管理职业学院学报，2010(4).

② 江山，李楠. 企业经济性裁员的管理与策略[J]. 管理方案，2008(89).

营问题，即使出现了国家也会帮助解决，在这一特殊时期，我国并不存在经济性裁员制度生长的现实土壤，我国立法对此并未规定。但是，改革开放后，我国逐渐从计划经济向市场经济转型，在市场经济体制下，由于去行政化的需求，企业要按照市场经济规律进行人力资源的合理配置，需要根据企业自身需要雇佣和解雇劳动者。企业需要通过裁减人员来降低经营成本以克服生产经营的困难，由此导致企业经济性裁员的现象不断增加。为满足时代进步的需要，1994年我国颁布了第一部《中华人民共和国劳动法》，其中第27条规定："用人单位有经济事由时，在通知说明之后可以裁减人员。"确立了经济性裁员在我国的法律地位，但是该条规定过于简单，可操作性较弱，[1] 为完善这一内容，《劳动法》颁布后出台了《企业经济性裁减人员规定》，更加深入细致地对经济性裁员制度做出了完善。在严峻的市场竞争形势下，任何经济波动都可能导致大量劳动者失业，我国经济性裁员制度的立法明显落后于西方国家的相关立法，为了更好地完善劳动合同制度，2008年我国在《劳动合同法》第41条又对经济性裁员进行适当修正和完善，使得经济性裁员制度在法律上得到充实。实行劳动合同制的国家，大多允许用人单位在一定条件下解除劳动合同，因为企业享有经营自主权。我国《劳动合同法》允许用人单位在一定条件下进行经济性裁员，其原因也是企业享有经营自主权。我国宪法第16条、第17条规定国有企业、集体经济组织在法律规定的范围内有权自主经营。

《劳动合同法》第41条规定："有下列情形之一，需要裁减人员二十人以上或者裁减不足二十人但占企业职工总数百分之十以上的，用人单位提前三十日向工会或者全体职工说明情况，听取工会或者职工的意见后，裁减人员方案经向劳动行政部门报告，可以裁减人员：

（一）依照企业破产法规定进行重整的；

（二）生产经营发生严重困难的；

（三）企业转产、重大技术革新或者经营方式调整，经变更劳

---

[1] 关怀，林嘉. 劳动法[M]. 北京：中国人民大学出版社，2006.

动合同后,仍需裁减人员的;

(四)其他因劳动合同订立时所依据的客观经济情况发生重大变化,致使劳动合同无法履行的。

裁减人员时,应当优先留用下列劳动者:

(一)与本单位订立较长期限的固定期限劳动合同的;

(二)与本单位订立无固定期限劳动合同的;

(三)家庭无其他就业人员,有需要扶养的老人或者未成年人的。

用人单位依照本条第一款规定裁减人员,在六个月内重新招用人员的,应当通知被裁减的人员,并在同等条件下优先招用被裁减的人员。"

根据《劳动合同法》第41条可看出,我国现行立法主要通过实质要件、程序要件及"两个优先原则"三个方面对经济性裁员制度进行规范。

1. 经济性裁员制度的实质性要件

《劳动合同法》规定,在下列四种情形下用人单位可以进行经济性裁员:

第一,依照企业破产法规定进行重整。《企业破产法》第2条规定:"企业法人不能清偿到期债务,并且资产不足以清偿全部债务或者明显缺乏清偿能力的,依照本法规定清理债务。企业法人有前款规定情形,或者有明显丧失清偿能力可能的,可以依照本法规定进行重整。"依照《企业破产法》的规定,在三种情形下,债务人或者债权人可以向人民法院申请对债务人进行重整:一是企业法人不能清偿到期债务,并且资产不足以清偿全部债务;二是企业法人不能清偿到期债务,并且明显缺乏清偿能力的;三是企业法人不能清偿到期债务,并且有明显丧失清偿能力可能的。另外,根据《企业破产法》第70条第2款的规定,债权人申请对债务人进行破产清算的,在人民法院受理破产申请后、宣告债务人破产前,债务人或者出资额占债务人注册资本十分之一以上的出资人,可以向人民法院申请重整。《企业破产法》设置重整制度,主要目的就是使用人单位根据企业重整的经营方案、债权的调整和清偿方案以及其他有利于企业重整的方案在内的重整计划,继续经营并清偿债务,避免用人单位进入破产清算程序,使经营失败的企业有可能通过重整而得到复苏、振兴的机会。在重整过程中,用人单位可根据实际经营情况,进行经济性裁员。

第二,生产经营发生严重困难。市场经济中的企业时刻面临着激烈竞争,一旦对市场需求判断失误,企业的生产经营可能就会发生困难。在用人单位的生产经营发生严重困难时,应允许用人单位通过各种方式进行自救,而不是进一步陷入破产的绝境,可通过裁减人员、缩减员工规模来缓解这一局面,从整体来看,对用人单位的劳动者群体是有利的,但涉及特定劳动者的权益,应慎重处理。因此,《劳动合同法》虽然允许用人单位在日常经营发生困难时可采取经济性裁员的措施,但在"困难"两字前加了"严重"这一限制词语,强调用人单位要慎用该手段。

第三,企业转产、重大技术革新或者经营方式调整,经变更劳动合同后,仍需裁减人员。在企业生产经营过程中,为了求得生存和发展,必然要进行结构调整和整体功能优化,包括企业转产、重大技术革新和经营方式调整。企业转产、重大技术革新或者经营方式调整并不必然导致用人单位进行经济性裁员。为了更好地保护劳动者合法权益,同时引导用人单位尽量不使用经济性裁员,《劳动合同法》要求企业转产、重大技术革新或者经营方式调整,只有在变更劳动合同后,仍需要裁减人员,才可进行经济性裁员。

第四,其他因劳动合同订立时所依据的客观经济情况发生重大变化,致使劳动合同无法履行的。除了本条中列举的三类情形外,还有一些客观经济情况发生变化需要经济性裁员的情形,如有些企业为了防治污染进行搬迁需要经济性裁员的,也应允许用人单位进行经济性裁员。作为兜底条款,对本规定应作严格解释。

2. 经济性裁员的程序性要件

《劳动合同法》在认可《劳动法》关于经济性裁员的程序性规定的基础上,将该程序性规定更加具体化,要求用人单位进行经济性裁员必须履行一定的法定程序。

第一,必须裁减人员二十人以上或者裁减不足二十人但占企业职工总数百分之十以上的。在国务院提交全国人大常委会审议的《劳动合同法》草案中关于经济性裁员的人数标准只规定了五十人,在全文公开征求社会意见过程中,不少意见认为规定一个固定数额不全面,有些企业规模较小,一次性裁减十五人对企业和职工来讲就是一件很大的事情,建议在规定一个固定数额的同时再规定一个比例。因此最终裁减人数有两个相对的标准:二十人以上或者不足二十人但占企业职工总数百分之十以上。

第二,必须提前三十日向工会或者全体职工说明情况,并听取工会或者职工的意见。经济性裁员涉及较大规模劳动者的权益,为便于工会和劳动者了解裁员方案及裁员理由,获得工会和劳动者的理解和认同,用人单位必须提前三十日向工会或者全体职工说明情况,并听取工会或者职工的意见。有的企业已建立了工会,有的还没有建立工会,已建立工会的用人单位进行经济性裁员,可以选择向工会或者全体职工说明情况,并听取工会或者职工的意见。没有建立工会的用人单位进行经济性裁员,只有向全体职工说明情况,听取职工的意见。

第三,裁减人员方案向劳动行政部门报告。用人单位经向工会或者全体职工说明情况,听取工会或者职工的意见,对原裁减人员方案进行必要修改后,形成正式的裁减人员方案。裁减人员方案的内容包括:被裁减人员名单,裁减时间及实施步骤,符合法律、法规规定和集体合同约定的被裁减人员经济补偿办法。该裁减人员方案需要向劳动行政部门报告,以使劳动行政部门了解裁减情况,必要时采取相应措施,防止出现意外情况,监督经济性裁员合法进行。

3. 经济性裁员的"两个优先"

首先,优先遵循社会福利原则。经济性裁员中裁减的人数不定,在进行裁员时需要根据社会福利原则优先留用一部分员工。很多国家都规定经济性裁员必须遵循社会福利原则,综合考虑各种社会因素,优先保护对用人单位贡献较大、再就业能力较差的劳动者,除了出于削减人员工资费用的目的外,有时还要通过员工结构调整进行裁员,以增强企业的经营能力。《劳动合同法》规定经济性裁员中优先留用人员时，主要从劳动合同期限和保护社会弱势群体角度出发，规定了三类优先留用人员：一是与本单位订立较长期限的固定期限劳动合同的人员；二是与本单位订立无固定期限劳动合同的人员，主要是考虑劳动者对劳动合同有较长期限的预期，法律应对这种预期予以相应保护；三是优先留用家庭无其他就业人员，有需要抚养的老人或者未成年人的劳动者，主要是考虑这类劳动者对工作的依赖性非常强，一份稳定的工作关系到一个家庭的基本生活，不能将其随意推向社会，对这类社会弱势群体法律应给予相应保护。三类优先留用的劳动者之间并没有谁优先的顺序，用人单位可以根据实际需要予以留用。

其次，优先招用被裁减人员。《劳动法》第27条第2款规定："用人单位依据本条规定裁减人员，在六个月内录用人员的，应当优先录用被裁减的人员。"《劳动合同法》关于经济性裁员后，重新招用人员，被裁减人员具有优先就业权的规定继承了《劳动法》第27条第2款的规定。规定被裁减人员享有优先就业权主要基于三方面原因：一是被裁减人员并不是因为个人有违法违纪违规的行为而被解除劳动合同的，而是由于用人单位经营出现严重困难等情况，劳动者因服从大局而被解除劳动合同的，因此在用人单位生产经营正常后，重新招用人员时，应优先照顾被裁减的劳动者；二是被裁减人员对用人单位比较熟悉，技术熟练，对用人单位而言并不完全是负担；三是可以有效防止用人单位以经济性裁员为借口，随意裁减雇员。另外，为保护被裁减人员的合法权益，《劳动合同法》规定用人单位重新招录人员时有通知被裁减人员的义务，以使被裁减人员慎重考虑，及时行使优先就业权。

4. 企业的法律责任

经济补偿金为企业在与劳动者解约时，依据法律规定对被裁减人员给予一定经济上的补偿。我国《劳动合同法》规定企业进行经济性裁员是支付经济补偿金的一种法定情形，企业给予劳动者经济补偿金的依据是劳动者的服务年限，具体计算方法为：劳动者工作每满一年，企业需要给予劳动者一个月工资的补偿金；满六个月但未满一年的按照一年的标准计算；未满六个月的给予其半个月工资的补偿金。经济性补偿金制度是一种保障劳动者权益的法律制度,因为经济性裁员是一种在劳动者并无过错的情况下进行的裁员,严重损害了劳动者的工作权利,给予劳动者经济性补偿金可以从经济方面弥补劳动者的部分损失,使劳动者在再就业之前避免陷入经济困难。

(二)我国经济性裁员制度存在的问题

我国在《劳动法》中首次提出了经济性裁员制度,通过《企业经济性裁减人员规定》进行补充,在《劳动合同法》中对经济性裁员制度进行了完善,但是对经济性裁员制度的规定仍然存在许多问题,许多事项处于不确定状态,可操作性较差。

1. 经济性裁员制度实质要件存在的缺陷[①]

我国《劳动合同法》通过列举和概括的方式规定了企业在四种情形下可以进行经济性裁员,但是这四种情形的具体规定不明确,可操作性不强,存在一系列问题与缺陷,表现在以下几方面:

第一,生产经营发生严重困难的"严重困难"程度规定不明确。《劳动合同法》对于企业生产经营严重困难没有设定明确的标准,一般参照《企业经济性裁减人员的规定》,企业发生生产经营严重困难的标准由各地政府依据本地区的条件自行确定,这就要求政府部门花费大量的人财物去调查不同行业、不同企业的财务、生产、销售、利润等方面内容,对于政府的经济分析能力要求比较高,各地方政府能否制定出符合客观经济规律的标准令人怀疑。即使是在同一地区,各行业由于经营情况不同,其适用仍然存在问题。

第二,裁员规模的要求存在问题。首先,裁员规模的设定未考虑企业规模的实际情况。我国《劳动法》和《企业经济性裁减人员规定》没有对裁员规模进行规定,而《劳动合同法》规定需要裁减人员二十人以上或者裁减不足二十人但占企业职工总数百分之十以上的,实际上是放宽了政府对企业自主经营权的限制。但是此种一刀

---

① 赖之初. 我国经济性裁员的法律要件探析——以酷6网裁员案为中心[J]. 法制与社会, 2012(2).

切的模式虽有利于实施,但是未考虑到中小型企业的实际情况,未区别对待不同规模的企业,对于部分小企业来说,企业总职工数量少,可能因经济性原因裁减四五人就满足了经济性裁员的前提条件,甚至可能裁减一人都可能构成经济性裁员,就必须按照法律规定履行经济性裁员的程序要件,但是在履行程序时必然要花费大量人力物力,这对于本就处于经济困难中的小企业来说是一项很重的负担。经济性裁员的立法原因在于经济性裁员的规模性,对社会具有较大影响,而小企业的少数裁员就要适用经济性裁员违反立法本意。其次,对裁员规模无计算期间的设置。企业裁员人数是以一次性还是一段时间内累积计算《劳动合同法》规定不明,因此企业可能通过化整为零的方法来规避经济性裁员的人员规模要求,比如有些企业一定时期内每天都裁员,但每天裁员总数都不超过《劳动合同法》的强制规定,以此来规避经济性裁员的限制性条件。最后,对裁员规模无区域限制[1]。经济性裁员无论是"一次裁员"还是"一段时间内裁员"都是裁员的时间条件,但是我国地域广阔行政区划较多,多数大规模企业都有较多分支机构进行跨地区、跨区域经营,有些企业可能因为经济原因在全国范围内裁减人员超过二十人标准,但细分到某区域内的机构裁减人员只有一两人,此时就出现判断标准的分歧。

第三,兜底条款的规定存在问题。《劳动合同法》在规定了三种经济性裁员的情形后,还规定了一项兜底条款,"其他因劳动合同订立时所依据的客观经济情况发生重大变化,致使劳动合同无法履行的",该条款的主要问题在于对认定企业客观经济情况发生重大变化没有相关配套规定,缺少具体的参考标准。何种经济情况属于劳动合同订立时所依据的情况?是GDP的持续增长还是行业的快速发展?何谓"客观经济情况发生重大变化"?由于此种经济情况的判断主观性非常大,难有统一标准。

---

[1] 曹大友,熊新发. 企业裁员的法律限制分析[J]. 商业时代, 2007(30).

第四，裁员的最终手段性质被忽略①。《劳动法》规定出现经济性裁员的情形，"确需裁减人员"的才可以裁员。而《劳动合同法》则规定出现经济性裁员的几种情形之一就可以进行裁员，将裁员的条件放宽，给予企业更多的裁员自由，但是却忽略了裁员的最终手段性质。

2. 经济性裁员制度程序要件存在的缺陷②

《劳动法》对裁员程序进行了规定，要求用人单位提前30日向工会或者全体职工说明情况并听取其意见，并报告劳动行政部门后，可以裁减人员，《劳动合同法》在程序上并未作出大的修改，只是明确了报告的内容为裁员方案。《企业经济性裁减人员的规定》是指导裁员具体适用的，仍然具有法律上的效力。由此，经济性裁员的程序性规定主要集中在《劳动合同法》第41条和《企业经济性裁减人员的规定》第4条，但这些规定仍然无法满足实践的需要，经济性裁员的整个程序还存在许多问题。

第一，企业通知程序存在问题。一方面法律将企业进行经济性裁员的通知期限规定为裁员之前的30日，未根据企业规模进行区分。对于规模较大的企业，经营境遇较为复杂，可能需要长于31日的预告期间，才能将裁员方案向被裁减人员说明清楚；对于规模较小的企业，裁员人数也较少，并不需要30日的预告期间，而且，可能长时间的预告会导致企业不能及时抓住市场机遇；有时企业可能遇到自然灾害或者火灾等突发性事件，如果仍然要求其提前30日通知后方可裁员，也是不现实的。另一方面，企业在启动经济性裁员之前需要向全部员工或者工会详细说明，通过"或者"一词可看出说明对象有两个：全部员工或工会。已经设立工会的企业，其只需向工会说明即可，如此会导致被裁减的职工并不清楚企业经济性裁员的相关情况，这些企业的员工知情权会受到侵害，企业向工会说明情况并不能替代向全体员工说明情况的义务。

---

① 丛钰玲. 经济性裁员制度研究[D]. 中国青年政治学院硕士论文，2012年.

② 闫海. 我国经济性裁员的法律规制及改革[J]. 学术论坛，2010(2).

第二，企业听取全部员工或工会意见程序存在问题。我国法律规定企业进行经济性裁员需要征询全部员工与工会的态度，但是该程序仅仅是赋予工会提出重新处理建议的权利，并未规定其建议具备刚性效力，因此即使全体员工或工会提出了与企业不同的意见，对企业的决定也不具有影响力，因此裁员的决定权仍然掌握在企业手中。另外，法律并未规定若企业并未向工会或全体员工说明情况或未征询工会建议应当如何进行处罚。

第三，企业向劳动行政部门报告程序存在问题。报告程序规定过于简略，未规定企业报告应包含哪些具体内容以及报告的时间，将给企业规避经济性裁员留有机会，立法欠缺严谨性。我国《关于〈劳动法〉若干条文的说明》中对报告的定义为解释情况，并无批准的意义，因此企业所做的报告仅为一项备案程序，法律并未规定若劳动行政部门对企业的裁员报告不作为，或者其对企业裁员提出不同意见而企业不采纳该如何进行规制。

3. "两个优先"欠缺合理性

为了保障对企业做出过巨大贡献，与企业联系紧密及家庭负担较重的员工利益，经济性裁员制度对"优先留用"规定了三种法定情形。但是现实中若同时遇到这三类人，且留用人员名额有限时该如何抉择其优先顺序，法律对此并无规定，因此选择权在企业手中，很可能会导致劳动者的不满。另外，两个优先的内容采用列举的方式进行规定，若出现与三种法定情形相似但不含在内的情形该如何留用将存在困难，因此，法律应当规定一个较为严谨的兜底条款。

为了使被裁减劳动者更快得到再就业的机会，经济性裁员制度中规定了"优先录用"机制，但是该机制的设置也存在一定的不合理性，可操作性不高。首先，若企业未通知被裁减劳动者招聘信息，则劳动者根本不可能再次被聘用；其次，劳动者在被裁减之后必定即刻去寻找新的工作，即使新工作并不那么满意，也会迫于生活的压力而接受，因此期望劳动者在六个月的时间内只等待着企业的二次聘用，丧失了现实意义；最后，法律并未规定如果企业不遵守优先录用制度的处罚机制。

4. 经济补偿金制度的设计存在不合理性

《劳动合同法》规定经济性裁员的经济补偿金标准为：劳动者工作满一年给予一个月工资的经济补偿金，此规定与其他解除劳动合同情形所获得的经济补偿标准是一致的。但是由于经济性裁员是在劳动者并无过错的情况下进行的，且给劳动者带来较大损害，如果与其他解除劳动合同关系的劳动者进行同等补偿，对被裁劳动者来讲是违背公平正义的。另外，发放经济补偿金不按年龄、职位、技术、贡献进行区别对待，只根据其月工资标准，似乎也有不合理性。

5. 企业法律责任的缺陷

我国现行法律规定的经济补偿金不足以弥补劳动者因裁员所遭受到的损失，现行法律规定的企业违反经济性裁员所需承担的法律责任，在补偿金额的计算、支付补偿金的期限、支付程序及支付补偿金的方式等方面都存在一定的缺陷，缺陷主要体现在：一是若企业利用种种借口拒绝与劳动者继续履行劳动合同，法律并未规定企业应承担何种法律责任；二是若企业违法实施经济性裁员无正当理由拒绝继续履行劳动合同，法律规定其责任仅仅是支付一定数额的经济赔偿金，但是经济赔偿金的数额不高，企业的法律责任过轻，导致企业往往愿意以支付经济赔偿金的方式来实施违法裁员。

四、我国经济性裁员制度的完善建议

(一)对经济性裁员实质要件的完善

1. 明确认定企业"严重困难"的最低标准

由于各地经济发展水平存在较大差异，由国家制定一个统一的认定企业是否达到"严重困难"的标准有些脱离实际，但是可以根据全国的经济发展水平由国家制定一个统一的"严重困难"的最低标准，任何企业在进行经济性裁员时其处于"严重困难"的标准都不能低于法律所规定的最低标准，各地方性法律可根据本地区不同的经济发展水平制定相应的标准，但不得低于"最低标准"。企业进行经济性裁员不仅需要达到国家制定的最低标准,还要满足当地制定的更高标准。

另外,在适用该规定时企业需注意,用人单位发生严重困难的举证责任在企业,企业必须提供相关财务状况来证明其生产经营确实发生严重困难,不能打着金融危机的招牌随意裁减人员。

2. 优化对于裁员规模的规定

首先,完善裁员的人数标准。不同规模的企业进行经济性裁员对社会的影响有强弱之分,广大中小企业抵御风险能力较差,人员总量较少且流动较为频繁,对其裁员规模以相对比例进行限制干预过重。例如,企业总职工数为十人,裁员一人即构成经济性裁员从而需要履行相关程序要件,总职工数二十人以下的都会出现少量裁员的情形,可能导致小企业纷纷倒闭,显然有违经济性裁员的立法本意,因此,可以在人数上设立一个最低基础,建议将经济性裁员的规模下限规定为:需要裁减人员二十人以上或者裁减人员十人以上二十人以下且占企业职工总数百分之十以上的,构成经济性裁员。

其次,对经济性裁员设置一定期限。由于用人单位可能在单日内大量裁减人员,也可能一个月内大量裁减人员,也有可能为规避经济性裁员的人数规定而在几个月内大量裁减人员,为防止用人单位规避法律,有必要对经济性裁员设置一个合理的期间。国际上普遍采用的标准为60日,即60日内单独或者合计裁员达到一定比例的可以认定为经济性裁员。我国可以借鉴国际通用的做法,以60日为准,但应当坚持公平正义、诚实守信的法律原则,对于某些规避法律的行为,法院具有自由裁量权。①

最后,对经济性裁员设置地域范围。鉴于我国行政区划较多,大规模企业有较多分支机构,而设有多个分支机构的企业经济性裁员信息不好统计,标准不易确定,是根据分支机构的裁员人数还是根据企业总部在全国范围内的裁员人数来确定是否构成经济性裁员

---

① 袁海均. 论经济性裁员的法律规制[D]. 西南政法大学硕士论文, 2012年.

法律并无规定。由于我国企业规模差异较大，因此可以根据企业规模不同来分别对待：企业分支机构职工人数大于五十人的，裁员以分支机构为基本单位计算；分支机构职工人数小于五十人的，裁员以企业总部在全国范围裁减人数为标准计算，且裁员的程序细则分别以分支机构和企业总部所在地之政府规定为准。

3. 明确"客观经济情况变化"的具体内容

《劳动合同法》规定"其他因劳动合同订立时所依据的客观经济情况发生重大变化，致使劳动合同无法履行的"可以进行经济性裁员，但是"客观经济情况变化"的内容在适用范围上应当予以明确，避免被用人单位扩大化解释以规避经济性裁员的限制条件。通常来说，"客观经济情况变化"是指作为劳动合同成立基础或环境的客观事实发生变化，但是企业生产条件、销售条件的变化、企业合并分立等情况并不属于客观经济情况变化的范围。

另外，需要明确必须是由于客观经济情况发生变化导致劳动合同无法履行，企业需要证明因果关系的存在，金融危机虽然属于客观经济情况发生变化，但是并不必然导致劳动合同无法履行，企业不能以发生金融危机为由进行经济性裁员。

4. 明确裁员的最终手段性

经济性裁员虽为法律所允许，但是由于是在劳动者并无过错的情况下进行的大规模裁员，使得劳动者丧失了工作机会，为保护劳动者的权益，经济性裁员应作为改善企业经营状况的最后手段。域外法律多规定了裁员的最后手段性，我国《劳动法》规定满足前提条件，确有必要的方可裁员，而《劳动合同法》却规定满足条件即可裁员，忽略了裁员的最后手段性。建议法律明文规定：企业在启动经济性裁员前，必须采取帮助劳动者在其他岗位上就业或者减薪等措施后仍然不能使经济状况好转后方能实施经济性裁员措施。

（二）对经济性裁员程序要件的完善

程序公正是实体公正的重要保障，经济性裁员涉及多数劳动者的利益，法律对经济性裁员的程序规定应当更加具体明确，不能任由企业简化，如果企业未依法履行法定程序，应当承担一定的法律

四、我国经济性裁员制度的完善建议

责任,为便于责任的承担,需要将裁员的程序规定加以细化和完善。

1. 明确说明对象和说明内容

《劳动合同法》第 41 条将说明对象限定在工会和全体职工,但是由于经济性裁员过程中利益受损最严重的一方是被裁减员工,因此被裁减员工必须知道裁减的相关情况,但是在我国企业裁员中,工会作为全体员工的代表并未起到其应当发挥的作用,不能以通知工会来替代通知被裁减人员的义务。① 另外,由于经济性裁员对社会影响巨大,相关劳动行政部门也应成为提前通知的对象,因此建议:企业在经济性裁员之前应当通知的对象为计划被裁减人员、工会以及劳动行政部门。

经济性裁员需要说明的内容应当进一步具体化,借鉴国外相关经验的同时,结合我国实际情况,建议企业的说明义务应当包括:选择裁员的标准、计划裁员的时间、详细的实施方案、被裁劳动者的补偿方案、企业已采取其他避免裁员需要的措施的证明以及证明企业生产经营发生的财务资料。

2. 加强工会在企业听取意见程序中的作用②

市场经济劳动关系中,劳动者处于弱势地位,以其自身的力量无法与用人单位抗衡,劳动者必须结合在一起,集中力量保护自己的利益,形成强大的团体力量,工会就是这样的团体。③ 虽然《劳动合同法》规定了工会享有某些权利,但在我国工会制度处在一个十分尴尬的境地。有些企业设有工会组织,而有些企业则没有工会组织,工会处于可有可无的境地;另外,工会的独立性较差,在人事、经费等方面受制于企业行政,无法有效监督企业。

建议加强工会对经济性裁员的干预力度。第一,企业的经济性

---

① 刘芳. 我国经济性裁员法律适用问题研究[D]. 山东科技大学硕士论文, 2010 年.

② 朱立文. 浅析我国用人单位经济性裁员制度[J]. 科技信息, 2011 (13).

③ 沃尔夫刚·多依布勒. 德国劳动法的基本结构及其在全球化下的发展前景[EB/OL]经济法网, 2009-03-20.

裁员不仅需要告知工会,而且需要得到工会的同意;第二,企业的经济性裁员方案需要工会进行书面审查并出具审核意见,然后书面通知企业;第三,企业不能在未经工会允许的情况下擅自实施裁员方案;第四,对于企业不合法、不合理的裁员方案,工会有权进行指导和纠正,通过与企业的沟通,指导企业及时调整裁员方案,工会需要被赋予更大的参与权,以确保工会对企业的行为产生推动力和影响力①,为保障工会享有的权利得以顺利实施,可以通过立法赋予工会诉讼权利。

3. 完善劳动行政部门参与机制,加强对企业的监督②

由于经济性裁员涉及人数众多,对劳动者的合法权益甚至整个社会的和谐稳定都会产生不利影响,且劳动者在劳动关系中处于弱势地位,因此需要劳动行政部门提早介入行使其管理社会公共事务之职能,提早参与到经济性裁员的监督中去,自企业发出裁员预警开始,积极做好相关预案,综合考虑双方利益积极做出反应。

对于企业向劳动行政部门所做的报告内容应当进一步细化,结合我国《企业经济性裁减人员规定》以及国外先进的有关法律制度,应当包含:企业裁员理由以及相关证明、裁员人数、裁员顺序、裁员日期、详细的实施细则以及经济补偿金等材料。完善的企业报告内容,有助于行政部门全方位监督和管理裁员行为。

(三)落实"两个优先"的公平合理性③

1. 明确"优先留用"人员的选择标准

判断企业在进行经济性裁员时是否有违公平正义理念,其依据是企业在裁减人员时如何选择优先留用对象,若选择对象不合理,则其公正性就会大打折扣,因此应当完善优先留用对象的选择标

---

① 江山,李楠. 企业经济性裁员的管理与策略[J]. 管理方案,2008(89).

② 陈敬春,张怡超,卢克建. 论我国经济性裁员制度的完善[J]. 南华大学学报:社会科学版,2003(2).

③ 齐银凤. 经济性裁员法律制度研究[D]. 辽宁大学硕士论文,2013年.

准。企业在选择裁员对象时要遵循公平正义理念，保障劳动者工作权，保障企业自身的生存发展。建议选择优先留用人员时，根据本企业员工的工作年限、年龄、家庭状况以及身体状况四项指标进行综合考量，最后确定优先留用的劳动者。当三类优先录用人员同时出现时，在三者之间确定一个更优先的顺序。

2. 明确"优先录用"的条件

《劳动合同法》规定的"优先录用"是有条件的，必须是在同等条件下，但是对于何为"同等条件"法律并无规定。对此应当界定为：薪资待遇、工作环境、卫生安全条件等同等的情况下，① 被解雇劳动者有比其他人员优先被聘用的权利。劳动者可接受聘用或者拒绝，但不能以其享有优先录用的权利而取得比其他人更加优越的聘用条件。

建议政府给予优先录用被裁减人员的企业一定的奖励，可以促进企业优先录用先前被裁减人员，降低失业率，降低国家的社会保障支出。企业为了优先录用被裁减人员，必定会积极履行其通知劳动者招聘信息的法律义务，尽可能使更多的被裁减人员再次回来应聘。

（四）完善经济补偿金制度

1. 区分不同裁员原因的经济补偿金

我国《劳动合同法》中，企业对于因经济性裁员而导致的劳动合同解除，给予被解雇员工的经济性补偿金的补偿标准与基于其他情况下解除劳动合同所给予经济性补偿金的补偿标准是一样的，并未加以区分，缺乏合理性。虽然同为劳动合同的解除，但是因为经济性裁员而解除合同时，劳动者并无过错，但是劳动者的利益损失却很严重，若对解除劳动合同的原因不加以区分，而给予同样的赔偿标准，将有违公平正义的理念。通过对域外国家经济补偿金制度的分析，多数国家基于社会公平正义的考量，对于被裁减人员相较

---

① 刘芳. 我国经济性裁员法律适用问题研究[D]. 山东科技大学硕士论文，2010年.

于其他原因的解除劳动合同给予较多的经济补偿金。建议我国立法，给予因经济性裁员而解除劳动合同的劳动者与因其他原因解除劳动合同的劳动者不同的赔偿标准。

2. 明确经济补偿计发的"月工资"标准

《劳动合同法》实施条例规定："月工资按照劳动者应得工资计算，包括计时工资或计件工资，以及奖金、津贴和补贴等货币性收入。"在计算经济补偿金时并没有将个人应缴纳的税费排除在外。但是《劳动合同法》实施之前的地方性法规在计算"月工资"时，却将个人应缴纳的税费排除在外。可见，在支付经济补偿金时将个人应缴纳税费排除在外的做法与支付工资时将税费计入工资的做法相比较，降低了补偿金的赔偿标准。由于国家法律规定并未明确"月工资"的计算基数是否包含企业代扣代缴的各类税费，因此建议法律对这一问题加以明确。

3. 明确经济性补偿金支付时间、程序等事项

我国《劳动合同法》第 50 条第 2 款规定："劳动者应当按照双方约定，办理工作交接并支付经济补偿金。"法条规定按照双方的约定办理工作交接，为避免发生纠纷时，劳动者以双方未约定为由进行抗辩，不予办理工作交接，建议除了劳资双方应在签订劳动合同时事先对劳动者离职后办理工作交接事项作出约定外，法律应当明确劳资双方办理工作交接的时间、程序要求等事项。

（五）企业法律责任的完善

企业合法实施经济性裁员的法律责任主要是对被裁减人员进行经济性补偿，虽然《劳动合同法》对经济补偿制度做出了一定的规定，但是仍需完善。首先，对于补偿金额的计算应当依据劳动者对企业的贡献大小进行经济补偿，一般可以通过劳动者的工龄、职位等进行综合考量。其次，经济性补偿的期限和程序也需要完善。为维护劳动者的合法权益保障经济补偿制度能够得到切实实施，防止企业虚置经济补偿制度，我国应当根据现实情况，通过立法对经济补偿制度的期限和程序做出更详细的规定。再次，经济补偿的方式不仅包括货币支付的方式，还可以包括实物支付、股权支付等方式履行。①

  对于企业违反经济性裁员的法律责任，我国法律主要规定了企业应当继续履行劳动合同以及向被裁劳动者做出经济补偿。但是该规定不够完善，首先，对企业拒绝继续履行劳动合同的理由劳动行政部门进行审查，如果理由被认定不成立，企业应当继续履行合同，若企业不服，可以申请行政复议或行政诉讼。其次，对企业违法裁员无正当理由拒绝继续履行合同的行为仅规定经济赔偿是不够的，还需要赋予劳动行政部门一定的行政处罚权，从而确保企业认真履行其义务。

---

① 王俊. 经济性裁员制度研究[D]. 中南大学硕士论文，2011年.

第十章 违反劳动合同的法律责任

一、劳动合同中的缔约过失责任

缔约过失责任是民法债权中一项非常重要的制度,我国《合同法》第42条和第43条对此做出了明文规定。缔约过失责任制度的最大特点在于从合同订立阶段就开始保护缔约双方的权益,完善了合同中民事责任制度。我国法律没有关于缔约过失责任制度的专门规定,但是不同学者从不同的角度出发给出了不同的定义,其中王利明教授持"诚实信用义务说",把缔约过失责任定义为:缔约过失责任是指在合同订立过程中,一方因违背其依据诚实信用原则所应负的义务,而导致另一方的信赖利益受损所应承担的民事责任。

(一)建立劳动缔约过失责任的可行性

1. 劳动缔约过失责任的理论依据

缔约过失责任制度是大陆法系国家债法中的一项重要制度,由德国学者椰林在1861年提出,指在合同订立过程中,一方因违背其依据诚实信用原则所产生的义务,而导致另一方的信赖利益损失,并应承担损害赔偿责任。① 劳动缔约过失责任将这种制度应用于劳动合同的订立过程中,这种制度之间的借鉴存在一定的理论依据。

我国理论界一般认为,《劳动法》是以公法为主,兼具私法性质的社会法,公权力较多地介入劳动关系的调整,但是劳动合同的

---

① 王利民. 违约责任论[M]. 北京:中国政法大学出版社,2000.

私法特征是不容忽视的，在公权力无法涉足的相关领域，适用私法的责任形式是合同双方当事人无法避免的选择。劳动合同作为雇佣双方确定劳动权利义务的协议，虽然经常受到国家公权力的干预，但其仍然以双方当事人平等协商、自主自愿原则为前提，因此，劳动合同其本质仍然是合同，属于合同的一种特殊形式，一般的关于民商事合同的制度在劳动合同中同样存在生存土壤，可以借鉴。缔约过失责任发生在双方缔结合同过程中，是由于一方当事人或者双方当事人违背诚实信用原则而应承担的责任，应完全适用于劳动合同的缔结。

2. 劳动缔约过失责任的实践依据

大部分国家尽管在劳动法律法规中并未明确提出劳动合同中的缔约过失责任，但有些国家的劳动合同制度已经比较详细地规定了因缔结劳动合同而发生的责任。

德国劳动法规定因欺诈和胁迫而签订的劳动合同无效或者可撤销，当事人对自己在合同缔约过程中的行为应承担相应的责任。韩国劳动法明确采用了缔约过失责任，虽然劳务合同交涉时尚不存在任何的劳动关系，但劳动者和用人单位都有向对方如实说明和告知的义务。我国在《合同法》第42条、第43条中第一次规定了缔约过失责任制度，而《劳动法》第18条和第97条针对由于用人单位的原因签订无效劳动合同的法律责任进行了明确规定。2008年实施的《劳动合同法》对劳动合同的无效和部分无效以及相关法律责任进行了进一步的规定，规定了订立无效劳动合同的法律责任，并且以用人单位和劳动者双方为其适用主体，相比《劳动法》，其规定更加科学和全面。我们认真分析《劳动合同法》的相关条文可以发现，上述规定的赔偿责任即可归属于缔约过失责任，所赔偿的损失部分即属于信赖利益的损失。

（二）建立劳动缔约过失责任制度的必要性

椰林提出缔约过失责任制度使人们意识到，缔约阶段并不是法律调整的空地，当事人在这一阶段开始接触，法律应当在这一阶段就开始保护当事人之间的信赖利益。我国《合同法》对合同无效、合同不成立和被撤销的缔约过失责任做了较全面的规定,然而《合同法》所调整的是民商事合同关系,并不当然适用于劳动合同领域。然而在劳动合同领域却存在大量因一方当事人恶意磋商、隐瞒真实情况等与另一方当事人签订劳动合同,致使劳动合同无效或根本不能履行和不成立的情况,造成一方当事人损失,但是现行《劳动法》不能够解决这一问题。我国《劳动合同法》关于劳动合同效力及责任承担的条款仅仅体现在《劳动法》第 18 条、第 97 条和原劳动部发布的规章中,在这些规定中并未明确使用缔约过失责任这一名称,而且这种规定不全面,只能解决由于用人单位的原因签订无效劳动合同产生的纠纷;但对于在订立劳动合同过程中,由于用人单位或劳动者一方或双方的过错而使劳动合同不能成立并造成他方损失的,有过错的一方是否应承担赔偿责任则未涉及;对于因劳动者的原因订立无效劳动合同,因而导致用人单位损失的,是否应承担责任也未规定,导致实践中关于这一问题的真空地带,对双方尤其是劳动者的劳动权利保护存在空缺,因此,借鉴《合同法》中的缔约过失责任制度来建立《劳动合同法》中的缔约过失责任制度是非常有必要的。

劳动法上的缔约过失责任与合同法上的缔约过失责任,虽然法律范畴不同,但是完全可以类比借鉴。劳动法上的缔约过失责任是指在订立劳动合同的过程中,当事人一方因违背劳动合同的先合同义务,给对方造成的信赖利益损失,所应承担的法律责任。

(三) 劳动合同缔约过失责任与劳动合同违约责任的区别

劳动合同的违约责任是指劳动合同的当事人因过错而违反劳动合同的约定,不履行或不完全履行劳动合同的义务应承担的法律责任。劳动合同的缔约过失责任和违约责任是两种不同的责任,有着本质区别:

1. 责任产生的时间不同。劳动合同缔约过失责任是从当事人开始缔结劳动合同到合同生效这段时间内,因一方当事人的过错导致合同不能成立,或合同虽成立但无效,或合同虽成立但被撤销,当事人为订立合同已经花费了一定的费用或丧失了其他机会。而违约责任是在合同生效之后才发生的，若合同未生效，是不可能产生违约责任的。因此，合同是否有效成立是区分劳动合同缔约过失责任与劳动合同违约责任的根本标准。

2. 责任产生的依据不同。劳动合同缔约过失责任的产生依据是《劳动法》规定的先劳动合同义务。所谓"先劳动合同义务"是指在劳动合同订立过程中，用人单位和劳动者依据诚实信用原则和交易习惯而负有的互相协作、照顾、保护、告知、诚实和保密等义务。先劳动合同义务是一种法定义务，不能由当事人约定；而劳动合同违约责任的产生依据主要是劳动合同双方当事人的约定义务。

3. 责任承担方式不同。劳动合同缔约过失责任只有损害赔偿一种形式，而劳动合同违约责任的承担方式有继续履行、损害赔偿、申明禁令、支付违约金等方式。

(四) 劳动合同缔约过失责任的构成要件与归责原则

劳动合同缔约过失责任要得到切实实施，必须明确其责任承担的前提要件和证明标准，因此，需要厘清其构成要件和规则原则。

1. 劳动合同缔约过失责任的构成要件

劳动合同缔约过失责任构成要件学界有不同说法，笔者认为"四要件说"更合理。

(1) 违反劳动合同的先合同义务。当事人承担劳动合同缔约过失责任的前提是当事人违反了劳动合同先合同义务，实施了不符合先合同义务的行为。通常来讲，劳动合同的先合同义务包括如实说明、保守秘密、相互协助以及不得牟取非法利益和实行就业歧视等内容，但根据劳动者和用人单位双方的特点，双方先合同义务的具体内容又有所不同。

劳动者的先合同义务有：①如实回答义务。《劳动合同法》第8条规定，"劳动者有义务回答用人单位提出的与工作相关的问题"，这是诚实信用原则的基本要求。②保守商业秘密的义务。《合同法》第43条规定："当事人在订立合同过程中知悉的商业秘密，无论合同是否成立，不得泄露或者不正当地使用。泄露或者不正当地使用该商业秘密给对方造成损失的，应当承担损害赔偿责任。"在劳动合同的订立阶段,对于劳动者也应有此要求。③协助义务。双方在缔约过程中,应本着诚信原则提供必要的协助、照顾义务。

用人单位的先合同义务:①书面告知义务。如《劳动合同法》第8条规定了劳动者的书面告知义务,只要涉及劳动者切身利益或与履行劳动合同直接相关的事项,用人单位就有义务主动说明。②不得牟取非法利益的义务。《劳动合同法》第9条规定:"用人单位招用劳动者,不得扣押劳动者的居民身份证件和其他证件,不得要求劳动者提供担保或者以其他名义向劳动者收取财物。"③不得歧视义务。我国《就业促进法》第三章"公平就业"中特别规定了"各级人民政府创造公平就业的环境,消除就业歧视……用人单位招用人员、职业中介机构从事职业中介活动,应当向劳动者提供平等的就业机会和公平的就业条件,不得实施就业歧视"。④及时签订劳动合同义务。劳动者在通过了笔试、面试,按用人单位要求进行了体检并接到录取通知书后,即可认定用人单位决定聘用劳动者,用人单位应及时与劳动者签订书面劳动合同。

(2)当事人主观具有过错。过错责任原则是我国侵权法上的首要原则,劳动合同缔约过失责任也应遵循民事缔约过失责任。《劳动合同法》规定:"劳动合同依照本法第26条规定被确认无效,给对方造成损害的,有过错的一方应当承担赔偿责任。"劳动合同当事人承担责任以过错为要件。

(3)信赖利益遭受损失。劳动合同双方因缔结劳动合同所遭受的信赖利益损失,既可以是财产性损失也可以是非财产性损失。①财产性损失是指信赖人因为对合同相对方的信赖而遭受的经济上的损失,包括直接损失和间接损失。直接损失包括缔约费用、准备履行合同所支出的合理费用、受损方支出上述费用所损失的利息。间接损失是指因丧失与第三人另订合同的机会所产生的损失。②非财产性损失是指信赖人因为信赖合同相对方的行为而使自己的人身利益遭受的损害。

(4)因果关系。因果关系作为劳动合同缔约过失责任构成要件之一,指违反先合同义务的过错行为与另一方所遭受的信赖利益损失之间必须存在引起与被引起的因果关系,否则,即使出现了信赖利益损失，对方当事人也不承担劳动合同缔约过失责任。

2. 劳动合同缔约过失责任的归责原则

劳动合同缔约过失责任的归责原则是指在劳动合同缔约过失行为发生后，确定劳动合同缔约过失责任是否成立应当遵循的准则或根据。我国《民事诉讼法》规定，"谁主张，谁举证"，在劳动合同中，主流观点认为：劳动合同缔约过失责任应采用特殊的举证责任，因为劳动合同缔约双方当事人经济和社会地位明显处于不平等状态，劳动者的弱势衬托着用人单位的强势，用人单位抵御风险、承担风险的能力都比劳动者更强，为更好地保护劳动者的权益，应对用人单位和劳动者适用不同的归责原则。对用人单位适用过错推定原则，免除劳动者证明用人单位存在过错的责任，由用人单位承担证明自己没有过错的责任。而对于劳动者适用过错责任原则，用人单位要求劳动者承担缔约过失责任，必须提供证据证明劳动者主观上有过错，否则不予支持。

3. 劳动合同缔约过失责任的适用情形

（1）劳动合同不成立。劳动合同缔约双方的缔约目的就是签订劳动合同，但是经常也会有劳动合同不成立的情况，并不是所有劳动合同不成立都需要当事人承担缔约过失责任，只有在劳动合同缔约阶段，由于一方当事人违背诚实信用原则，未尽到善良注意义务，导致劳动合同不成立，因此给对方当事人造成损失的，才需要过错方承担缔约过失责任，这是最典型的劳动合同缔约过失责任的适用类型。

（2）劳动合同无效。无效劳动合同不具有法律效力，不能发生当事人所预期的法律后果。导致劳动合同无效的情形主要有四种情形，一是劳动者不具备法定主体资格。如劳动者未满16周岁，或者劳动者采用假的资质证明，取得了与其能力不相符的工作，因劳动者在劳动合同订立阶段存在欺诈行为导致劳动合同无效。二是用人单位不具备主体资格。如用人单位无证无照经营，或被依法吊销营业执照，未取得合法的民事主体资格的。三是劳动合同当事人意思表示不真实。如用人单位以欺诈、胁迫或者乘人之危的手段使劳动者在违背其真实意思的情况下订立或变更的劳动合同。四是用人单位排除劳动者主要权利，免除自己责任，以及违反法律、行政法规强制性规定的劳动合同。

由于劳动合同的无效是自始无效，包括劳动合同的部分无效，不可能适用违约责任，因此只能适用缔约过失责任。

(3) 劳动合同有效。劳动者和用人单位间劳动合同有效成立后，双方就应当按照劳动合同内容全面履行各自的义务，若在履约过程中产生争议，一般通过违约责任进行救济。合同有效成立后，仍可能存在一方当事人在缔约过程中遭受信赖利益损失，此种情况下则不能适用违约责任，应适用缔约过失责任。比如用人单位在招聘广告中提出了优惠条件，劳动者基于优惠条件的存在而与用人单位签订了劳动合同，但是用人单位在履行合同过程中并未兑现该广告中承诺的优惠条件。由于该广告承诺的优惠条件并未以合同形式订入劳动合同，因此不能以违约责任来追究用人单位的责任。若以用人单位欺诈为由认定劳动合同无效，明显增加了劳动者失业的风险，因此应当在认定合同有效的基础上，适用劳动合同缔约过失责任来追究用人单位的责任。为保护缔约双方的利益，不论缔约过失的效果是产生在订立合同过程中还是合同生效后，只要该过失行为产生于缔约过程中，均按缔约过失责任处理。

（五）我国劳动合同缔约过失责任制度的完善建议

我国《劳动合同法》确立了劳动缔约过失责任制度，对于完善劳动合同主体的权利保护机制有着重要的积极意义，但是仍然存在一些缺陷与不足，如《劳动合同法》在"法律责任"章节中没有对违反告知义务所应承担的法律责任做出规定，因此有待规范，本文从以下几个方面提出完善建议，以丰富劳动合同的缔约过失责任制度。

1. 明确责任主体

一般情况下，劳动合同缔约过失责任的主体是劳动者和用人单位，但在劳动合同的缔约阶段，常常会有第三方出现的情形，例如毕业生就业意向协议中的毕业生、校方和招聘单位；劳务派遣中的劳动者、实际用工单位和劳务派遣单位，在缔约阶段都是三方当事人同时参与磋商,虽然最后签订劳动合同的双方是确定的,但如果劳动合同最终未能订立,就涉及三方当事人的责任问题。第三方是否可以成为劳动合同缔约过失责任的主体,以就业协议为例,就业协议是明确毕业生、用人单位、学校三方在毕业生就业工作中的权利和义务的书面表达方式,协议中明确了学生工作意向、用人单位愿意接收、学校负责派遣的责任。三方中若有一方要变动协议,需提前一个月征求另外两方同意,并承担违约责任。就业协议是劳动合同的基础,其性质是民事协议,但其内容接近于劳动合同的"先合同义务"。比如说,由于学校提供虚假的毕业生学业证明,导致用人单位发现后主张合同无效,那么学校是否承担用人单位的损失呢?据此,笔者建议,可以将学校作为劳动合同的第三方追究和承担缔约过失责任。

2. 明确赔偿范围

原则上,劳动合同当事人因缔约过失给对方造成损失的,应当承担缔约过失的赔偿责任,损害赔偿额应当以合同当事人因缔约过失所造成的实际损失为赔偿依据,这种损失包括直接损失和间接损失。但是,考虑到用人单位与劳动者经济地位的不平等及经济实力的差异,可以根据主体不同做出不同的规定:第一,劳动者仅对用人单位的直接损失进行赔偿,一般为用人单位因劳动者的缔约过失所遭受的实际经济损失,有利于保护劳动者的权益,减轻劳动者的负担。第二,用人单位需对劳动者的直接损失和间接损失进行赔偿,包括劳动者因用人单位缔约过失所受实际经济损失和费用支出以及假如正常履行劳动合同可能获得的收益。

3. 明确归责原则

目前,《劳动合同法》对用人单位和劳动者的归责原则都是过错责任,与《合同法》的规定一致。但是,鉴于劳动合同双方实际地位的悬殊性,建议依然对劳动者进行一定的倾斜保护,在立法上可以采取"二元化"的设置方式,即用人单位适用过错推定原则,劳动者适用过错责任原则。

4. 明确法律责任的事由

现行法律规定,用人单位有如实告知的义务,劳动者有知悉权。但是在招聘过程中用人单位往往处于强势一方,劳动者迫于竞争压力常常不敢提出过多的要求,在缔约过程中双方信息十分不对称,建议法律以明文规定,用人单位将必要信息以口头或者书面形式公示给劳动者的义务,用人单位不得拒绝回答劳动者就有关事宜进行的咨询,如果用人单位拒绝回答劳动者的问题,或者合同签订后劳动者发现因为缔约过程中用人单位提供的信息不全面或者信息有误使自己的信赖利益受损,则劳动者有权要求用人单位支付赔偿金。而对于劳动者的责任,法律规定用人单位有权了解劳动者的基本情况,但是法律并没有规定对于"基本情况"了解的程度。一方面应当对劳动者恶意隐瞒基本信息的行为追究责任,另一方面也应当对劳动者非恶意的、保留部分隐私信息的行为予以保护。劳动合同缔约过失责任制度与普通合同缔约过失责任制度相比,最大特色在于不能要求求职者完全遵循诚实信用原则,劳动者在缔约劳动合同过程中,隐瞒其婚育事实或者怀孕等信息,应当视为正当理由,免于追究法律责任,因为劳动者隐瞒此类信息,并非出于恶意欺诈,而是出于对用人单位就业歧视特别是性别歧视的防卫,应当允许劳动者保留隐私信息。

总之,劳动缔约过失责任制度对于完善劳动责任体系,保护劳资双方的合法权益等方面都有积极意义,是不可或缺的劳动法律制度。

二、劳动合同中的违约责任

(一)劳动合同违约责任的基本理论

1. 劳动合同违约责任的法律特征

违反民事合同义务时,需要承担民事违约责任,是指合同当事人不履行合同约定的义务时,依法产生的民事责任。在现代合同法上,违约责任仅指违约方向守约方承担的财产责任,与行政责任和刑事责任完全分离。

劳动合同作为合同的一种,其违约责任除了相对性和补偿性,还具有特殊的法律特征，具体表现为责任约定的限制性。民事合同违约责任中，当事人可以随意约定违约责任，在违约金的数额、幅度和承担方式上没有限制。损害赔偿的计算方法也相对宽松。但在劳动合同违约中，却对劳动合同违约责任做了很大的限制，不仅在违约责任的适用上，明确规定除了服务期、保守用人单位商业秘密、竞业限制三种情形外，不准用人单位与劳动者约定由劳动者承担违约金，并且在违约金的数额上严格控制，不得对劳动者适用惩罚性赔偿，对用人单位的惩罚性赔偿规定了月工资制和倍数制。

2. 劳动合同违约责任的归责原则

对于劳动合同的归责原则，理论上有一元制的归责原则和二元制的归责原则之分。在一元制的归责原则中，有三种观点，一种认为应采用过错责任原则：强调双方当事人本身必须存在过错；一种认为应采用无过错原则：劳动合同的违约责任应采用《合同法》中有关合同违约的规定，只要有违约行为存在即可；一种认为原则上应采用过错责任原则，只要有违约行为和过错就应承担责任，但为防止违约方掩盖自己的过错，可以采用过错推定原则。二元制的归责原则认为：若劳动者违约可采用过错责任原则，若用人单位违约可采用无过错责任原则。我们认为：劳动合同违约责任作为保障债权顺利实现、债务顺利履行的一项重要举措，在确定劳动合同违约责任的归责原则时，应当倾向于保护劳动者，充分保障劳动者劳动权、生存权、就业选择权以及发展权，实现社会公平，体现《劳动法》应有的价值取向。因此，我们认为劳动合同违约责任归责原则应采取二元制的归责原则：对劳动者违约采取过错责任原则的归责原则，对用人单位违约应采取无过错责任原则的归责原则，除非法律另有规定。

在劳动合同中，体现的是国家对合同的干预，以实现实体正义、扭转劳资双方的失衡状态为目的。在劳动合同的违约责任中，不能照搬民法的意思自治原则来处理。笔者认为，基于劳动合同的特殊性，对于处于优势地位的用人单位，应当赋予其更多的合同义务；对用人单位承担责任采用过错推定原则，即推定用人单位存在过错，若用人单位否认存在过错，则由用人单位承担证明自己无过

第十章 违反劳动合同的法律责任

错的举证责任,而且采用过错推定的归责原则也便于裁判,提高劳动合同违约责任的追究效率,提升用人单位履行合同的责任感,防止"霸王合同"的出现。对于劳动者,为了体现国家对其倾向性的保护,宜采用过错责任原则,只有当其主观存在故意或者过失的情况下才承担违约责任。

3. 劳动合同违约责任的成立要件

违约责任的成立要件是指法律规定的违约责任成立需要具备的条件,当事人在什么条件下才承担违约责任。不同的违约责任的归责原则决定了不同的构成要件,违约责任的成立要件分为一般要件和特殊要件。一般要件是违约当事人承担任何违约责任都必须具备的要件,特殊要件是具体的违约责任所要求的责任成立要件,不同的违约形式所要求的违约成立要件是不同的。普通民事合同中关于违约责任成立要件的规定已经非常完善,劳动合同违约类型与普通合同违约类型具有相似性,因此,劳动合同违约责任的成立要件可以借鉴普通民事合同违约责任的成立要件,并体现劳动合同的特殊性。

对于劳动合同违约责任的成立要件,我国劳动学界有不同的理解,主要有以下几种学说:"一要件说"、"二要件说"、"四要件说"。但是所谓的"一要件说"从根本上忽视了劳动合同的特殊性,劳动合同当事人之间地位的不对等和力量的悬殊,如果要求劳动者仅仅因为存在违约行为,即使不存在过错也要承担责任,对劳动者来讲则是不公平的;"二要件说"要求主观过错作为成立要件,但是同样没有考虑到劳动合同的特殊性;"四要件说"照搬合同法理论,同样不能充分发挥违约责任的作用。而劳动合同违约责任成立要件的二元归责制,适应了劳动合同违约责任二元归责原则:用人单位承担违约责任以无过错责任原则作为基本归责原则,因此用人单位违约责任的一般成立要件是违约行为;劳动者承担违约责任的归责原则是过错原则,因此劳动者违约责任的一般成立要件是过错和违约行为。

劳动合同违约责任构成要件中的违约行为,依据《合同法》上的字面含义是指违反合同的行为,有学者认为违约行为是指合同当事人没有按照法律规定或合同约定履行合同义务的行为。还有学者认为违约是指违反合同义务，合同义务并不仅限于给付义务，还包括诚信原则，合同的性质，合同目的和交易习惯发生的通知、协助、保密等附随义务，违反这些附随义务同样属于违约，可产生违约责任。鉴于劳动合同的特殊性，我们认为，劳动合同法上的违约行为可以定为违反劳动合同义务的行为。就劳动合同违约行为的范围来讲，由于劳动合同的特殊性，用人单位一方负担的义务比劳动者一方负担的义务更重，用人单位对于劳动合同的签订、履行、变更和解除不仅要遵守双方之间的约定，而且要遵守劳动基准法的规定以及其他劳动法律、法规规定的强制性义务，据此用人单位需要遵守的劳动合同的义务包括：一是合同约定的义务；二是劳动法律、法规的强制性义务；三是劳动合同的附随义务。劳动合同约定的义务是当事人意思自治的体现，用人单位和劳动者双方可以自行约定，对于劳动合同约定的必备条款，《劳动法》和《劳动合同法》均有明确规定，因此对于合同约定不明确的可以根据法律规定予以补充。关于劳动法律、法规的强制性义务，一般应为劳动基准法规定的内容，如劳动合同履行地当地政府公布的最低工资标准、劳动保护、劳动条件、职业危害防护，按照劳动合同履行地的有关规定执行；但用人单位注册地的有关标准高于劳动合同履行地的有关标准，且用人单位与劳动者约定按照用人单位注册地的有关规定执行的，从其约定。关于劳动合同的附随义务，我们认为，劳动合同是继续性合同，而且劳动者与用人单位之间形成了人身依附关系和隶属关系，用人单位对劳动者负有保护义务，劳动者对用人单位负有忠诚义务，用人单位与劳动者双方在工作时间和工作场所以外都可能彼此负有维持对方利益的义务，附随义务负有保障合同顺利履行的功能和作用，而且附随义务与主给付义务相互关联，不易区分，故而对附随义务的违反也构成对劳动合同义务的违反。

  过错责任原则作为劳动合同违约责任劳动者一方的归责原则，在判定劳动者违约责任时，不仅要确定劳动者存在违约行为，而且要求劳动者主观上存在过错，如果劳动者不存在过错，虽然存在违约行为，也不需要承担违约责任。就劳动合同的履行而言，劳动者的故意是指劳动者明知其行为会违反劳动合同的义务,却希望或放任违约结果的发生。民法上认定行为人的故意或过失一般情况下单指某一事件中当事人的主观心理状态,但劳动合同为继续性合同,劳动者履行劳动合同的过程非单个行为,是数个行为的组合,并且履行呈持续状态。因此,要判断劳动者是否构成违约,不仅要考察劳动者单个行为的主观状态,而且要考察其数个行为的主观状态。在司法实践中,最难认定的就是劳动者"大错没有,小错不断"的情况,用人单位可否解除劳动合同。一般小过错一般不会给用人单位造成很大的影响,但若劳动者在一定时期内屡次犯小错误,这些小错误的累积可能会给用人单位造成不良影响,达到解除劳动合同的条件。

4. 劳动合同违约形态

违约形态是指根据违约行为违反义务的性质和特点而对违约行为所做的分类。《合同法》关于违约形态的划分已有较为成熟的研究,形成了独立的体系。韩世远在《合同法总论》一书中将违约形态分为先期违约(预期违约)、现实违约两大类。现实违约又分为不履行、债权人迟延、不完全履行三种。不履行又分为履行不能、迟延履行、拒绝履行三种。实际上就是将违约形态细分为:预期违约、履行不能、迟延履行、拒绝履行、债权人迟延、不适当履行六种类型。

(1) 预期违约是相对实际违约来讲的,实际违约是指在合同规定的履行期限到来时,负有履行义务的一方根本没有履行义务或者没有按照合同约定履行义务。预期违约则是在合同规定的履行期限到来之前,负有履行义务的一方不能或不愿履行合同规定的义务,其后果很可能是实际的不履行或实际违约。预期违约虽然不是实际违约,但它引发的实际违约的危险是客观存在的,并且预期违约转化为实际违约的可能性极大,有必要给对方应有的救济。我国《合同法》第108条,规定了预期违约制度,当事人一方明确表示或者以自己的行为表明不履行合同义务的,对方可以在履行期限届满之前要求其承担违约责任。但是基于劳动合同的特殊性,劳动合同的预期违约处理方式也应区别于普通合同的规定,根据劳动者和用人单位采取分别处理的方式。劳动者在合同订立后,履行期限到来之前(实际用工前)不履行劳动合同的,根据不得强迫劳动的原则,可以通知用人单位解除合同;用人单位在合同订立之后实际用工前,违法解除劳动合同的,劳动者要求继续履行劳动合同的,用人单位应当继续履行;劳动者不要求继续履行劳动合同或者劳动合同无法履行的,用人单位应当赔偿劳动者损失。

(2)拒绝履行是指履行期限到来之后,债务人无正当理由拒绝履行债务的行为,是债务人能够履行而违法地对债权人表示不履行合同。履行期限是否到来是区分拒绝履行和预期违约的分界线,如果不履行合同的意思表示发生在合同成立之后,履行期限到来之前,则为预期违约;若债务人在履行期限到来之后表示不履行合同义务,拒绝履行的意思一旦做出并到达债权人,债务人即构成实际违约;预期违约表现为未来不履行义务,发生在履行期前,对债权人造成的损害与实际违约造成的损害不同。实际违约可能造成期待利益的损失,预期违约造成的是信赖利益的损害。两者的补救方式不同,预期违约可以不顾毁约的意思表示,而等待合同履行期到来以后,要求对方继续履行,如果对方仍然不履行,则预期违约转化为实际违约,可采用实际违约的补救方式。《劳动合同法》上拒绝履行是指劳动合同债务人能够履行但没有正当理由向债权人明确表示不履行或者以自己的行为表示不履行的状态。可参照《合同法》上的拒绝履行要件,但要注意劳动合同具有人身性和隶属性的特点,劳动者必须根据用人单位的指示进行劳动,但法律规定劳动者拒绝用人单位管理人员违章指挥、强令冒险作业的,不视为违反劳动合同,此种情况不构成拒绝履行。

(3)履行不能是指作为债权之客体的给付不能。合同履行不能是指任何不可归责于当事人的客观情况发生重大变化使合同义务无法履行,可借鉴合同法上的履行不能的概念。由于劳动合同具有人身性的属性,劳动合同的履行不能与普通民事合同的履行不能有所区别,用人单位履行不能可以导致劳动者解除劳动合同并要求支付经济补偿金,劳动者履行不能分自身原因与非自身原因,还要根据实际情况考虑劳动者有无过错,用人单位往往在劳动者非自身原因或没有过错但系自身原因的情况下，仍要承担支付工资的义务。

用人单位履行不能的情况，在劳动合同履行过程中，用人单位可能暂时或永久丧失生产经营能力，导致无法继续履行劳动合同，构成履行不能。一是用人单位因生产经营发生严重困难或者因其他债务原因，实际经营者停止生产、弃厂逃逸、下落不明，并因欠薪使企业陷入停顿和混乱状态，用人单位已不具备继续履行劳动合同的能力，因为其既无力支付工资，也无力再进行生产经营和为劳动者提供劳动条件。二是用人单位停工，对劳动者作放假处理。

劳动者履行不能的情况，一是劳动者丧失劳动行为能力，在以提供劳务为标的的合同中，债务人丧失工作能力就构成履行不能，丧失劳动能力的原因包括工伤、职业病、非因工负伤或患病，丧失劳动能力分永久丧失劳动能力与暂时丧失劳动能力两种，造成劳动合同永久履行不能与暂时履行不能；二是人身自由受到限制的情况；三是假期，因劳动者依法享受休假、探亲假、婚假、丧假、产假、看护假、节育假等假期，也属于非劳动者原因的停工，不构成拒绝履行。

(4)迟延履行仅为债务人迟延，债务人能够履行，但在履行期限届满时却未履行债务的情况。

用人单位迟延履行主要指迟延支付工资，用人单位应当将工资及时足额地支付给劳动者，如果用人单位未能在约定或法定期限内按照法定的方式支付工资，则构成迟延履行，劳动者有权要求用人单位继续履行，也可以依法行使劳动合同解除权，要求用人单位支付解除劳动合同经济补偿金。

劳动者迟延履行是指劳动者没有正当理由未在规定时间完成工作任务的迟延履行违约行为。劳动者要根据用人单位的指示完成一定的工作任务，劳动者提供劳动可以分为定时提供和不定时提供，定时提供往往具有严格的时间要求，不定时提供没有严格的时限规定，往往要求在一定的期间内完成即可。对于定时劳动，劳动者需要在指定的期间内履行完毕，如果无正当理由仍不履行，应当承担违约责任；对于不定时劳动，用人单位应当给予一定的催告时间，劳动者在催告的履行期间仍不履行的，才构成迟延履行。

(5)不适当履行是指合同债务人虽然有履行合同的行为,但是该履行行为不符合或不完全符合合同的约定或法律规定。劳动合同中的不适当履行是指虽然劳动合同的义务人履行了合同约定的行为,但是其履行行为不符合劳动合同的本旨。

用人单位不适当履行的情况包括:一是变更履行地点,在劳动合同中,一般是劳动者保证服从用人单位的人事调动,对具体的工作地点甚少约定,若用人单位在行政区域外搬迁,劳动者不愿随用人单位搬迁,应当视为劳动合同订立时所依据的客观情况发生重大变化,双方可以协商变更或解除劳动合同,若双方未能就变更劳动合同达成协议,劳动者可以要求解除劳动合同。二是支付劳动报酬不符合约定或法定标准。用人单位支付劳动者工资应当根据劳动合同的约定且不得低于法定最低标准,但在司法实践中,有些用人单位在与劳动者签订劳动合同时为规避责任,往往在劳动合同中约定了较低数额工资(一般是当地最低工资标准)作为劳动者的基本工资,在实际支付时则以较高的数额支付劳动者的工资,是以实际履行的方式变更了合同约定,若双方实际执行了较高的工资标准后,用人单位再次按照合同约定的低工资标准发工资,则构成不适当履行。三是加班时间过长。

劳动者不适当履行是劳动者交付的劳动成果不符合用人单位的要求,劳动者违反附随义务,如违反竞业限制约定、泄密,也属于不适当履行,用人单位有权要求劳动者及时更正不适当履行行为。

(6)债权人迟延,又称受领迟延,是指债权人在债务人作出履行时,未能及时接受债务人的履行。无论合同法上的受领是权利还是义务,但劳动法上的受领需要对方的协助,劳动者需要用人单位提供劳动场所、劳动条件、劳动指示,才能履行劳动合同的义务,若用人单位未及时受领,也构成违约。

虽然违约责任规定了归责原则和构成要件,但并非违约方在任何情况下都需要对其违约行为负责,在法律规定有免责事由或免责条件的情况下,当事人不承担违约责任。《合同法》规定了不可抗力作为法定的免责事由,若发生不可抗力债务人可以免除责任,免责条款也可以作为免责事由。我国劳动立法对免责事由没有做出规定，《合同法》上的免责事由在劳动合同履行过程中因劳动合同的特点，对违约责任的免除有着不同于合同法的效力。

5. 劳动合同违约责任的承担方式

基于劳动合同的特殊性，劳动合同的违约责任也不同于一般民事合同，主要有以下几种承担方式：

（1）继续履行。继续履行又称实际履行或特定履行，是指在违约方没有按照约定履行合同时，相对方请求违约方继续履行义务的责任方式。只有在用人单位违约的情形下才适用继续履行，劳动者违约，用人单位一般不能依据劳动者违约援引实际履行制度，因为劳动合同具有人身依附性，如果强制劳动者履行劳务，明显会侵犯劳动者的人身自由，与尊重人格、保护人身自由的现代社会基本价值相违背。

（2）支付经济补偿金、赔偿金。经济补偿金制度是劳动法上的一个独特的制度内容，体现了劳动法追求劳动关系实质公平的立法理论和倾斜保护劳动者的立法技术。劳动法的经济补偿金制度主要用于劳动合同解除领域，其他领域也有适用情形，如在用人单位克扣、无故拖欠、拒绝支付加班加点工资和低于法定最低工资标准支付工资的情形，它们已经明显具有责任的属性了。经济补偿的基本目的在于补偿雇员由于遭雇主解雇而丧失的工作上的财产利益，但经济补偿在不同的场合，其性质和功能并不完全相同，不必对经济补偿的性质和功能寻求统一的答案。

劳动合同赔偿金是指因用人单位在违法或者违约行为导致劳动者经济损失的情况下所给予劳动者的赔偿金或者是因劳动者给用人单位造成损害的情况下所应承担的实际损失。在我国，由用人单位承担惩罚性赔偿金，劳动者承担补偿性赔偿金；而且对用人单位规定了较为严格的补偿性赔偿条件：一是劳动者存在违法或违约行为，即劳动者非法解除劳动合同、劳动者违反保密义务或竞业限制义务；二是劳动者的违法或违约行为给用人单位造成了实际损失。

至于劳动者是否可以主张精神损害赔偿，学界存在不同观点，争论较大。一种观点认为在劳动争议纠纷中请求精神损害赔偿于法无据，不予支持。另一种观点认为，让劳动者提起民事诉讼会导致一事二审，且在民事诉讼中直接向法院提出，法院一般会以未经劳动争议仲裁处理为由驳回该诉讼的请求。2012年7月13日,广东省高级人民法院、广东省劳动人事争议仲裁委员会联合发布的《关于审理劳动人事争议案件若干问题的座谈会纪要》,规定劳动者因生产安全事故发生工伤或被诊断患有职业病,劳动者或者其近亲属已享受工伤保险待遇后,又依据《最高人民法院关于确定民事侵权精神损害赔偿责任若干问题的解释》的规定向人民法院请求用人单位承担精神损害赔偿责任的,应予支持。至此,广东省突破原来在劳动争议案件中对劳动者所受精神损害赔偿均不予处理的习惯做法,为劳动关系的精神损害赔偿提供了范例。

(3) 支付违约金。关于劳动合同违约金的性质,当事人之间约定违约金,无论是补偿性违约金还是惩罚性违约金,都应当依照合同的约定严格遵守。在合同法领域,违约金可以由法院或仲裁机构根据当事人的请求进行调整,但在劳动合同法领域,对此并未作出明确规定,我们认为,劳动合同作为契约的一种,仍然包含意思自治的因素,具备契约的基本属性。因此,可以借鉴《合同法》相关违约金的理论研究劳动合同违约金的调整问题,但是需要考虑劳动合同的特殊性。

鉴于《劳动合同法》颁布之前,用人单位利用自己的优势地位,滥用违约金条款,在劳动合同中任意约定违约金,给劳动者的利益造成较大的损失。所以,《劳动合同法》中对约定违约金做了非常严格的限制。根据该法第22条、23条、25条的规定,用人单位只有在服务期、保守用人单位商业秘密、竞业限制三种情况下,才可以与劳动者约定由劳动者承担违约金。

(二) 我国劳动合同违约责任立法的不足

1. 未规定劳动合同违约责任的免责事由

关于违约责任的免责事由,根据我国《合同法》的规定,合同当事人只有以不可抗力为由方可免除其违约责任,而且违约方应当及时通知对方并在合理期限内提供证明。我国《劳动合同法》未对劳动合同违约责任做出规定,实践中很多用人单位利用自己的优势,在劳动合同中与劳动者约定免责事由,最大限度地减小自己承担违约责任的可能，而处于弱势的劳动者明知其不合理又不得不签订合同，最终可能导致劳动者合法权益严重受损。

2. 未明确服务期限

服务期不同于劳动合同期限，用人单位往往在服务期内向劳动者提供特殊待遇，并且如果劳动者违反约定的义务，用人单位可以向其主张一定的违约金。"与服务期对应的特殊待遇，实际上是用人单位对特定劳动者做出的人力资本投资，因为，用人单位对这种人力资本投资应当享有受益权，其中主要是较长期限的劳动力使用权。"我国《劳动合同法》未对服务期的期限做出限制，在实践中，有些用人单位强迫劳动者签订长于劳动合同期限的服务期合同，劳动者迫于违约金的压力而签字，最终的结果是出现"人身绑定"，这与劳动者择业自由权相违背。

3. 未规定违约金数额调整请求权

根据《合同法》的规定："约定的违约金过分低于或者高于实际损失的，当事人可以请求人民法院或者仲裁机构予以变更。"这一规定明确赋予了民事合同双方当事人对违约金数额的调整请求权，充分体现了法律的公平和正义，《劳动合同法》中没有这样的规定，不得不说是一大缺陷，很容易使劳动者陷入巨额违约金的困境中，而用人单位遭受的损失却是很小。

4. 竞业限制相关规定不够完善

订立竞业限制协议的主体有两个：一是用人单位，二是负有保守用人单位商业秘密或者负有保守与知识产权相关事项义务的劳动者。竞业限制是保护商业秘密的有效措施，"因为商业秘密具有复杂性、隐蔽性和模糊性，发现、举证侵犯商业秘密行为非常困难，而违反竞业限制，不仅容易发现，而且方便举证"。因此在实践中，许多用人单位在与劳动者签订劳动合同时设定格式条款，不仅仅限于"用人单位的高级管理人员、高级技术人员和其他负有保密义务的人员"，而是扩大到所有员工。法律规定竞业限制的范围、地域、期限由用人单位与劳动者约定，规定过于原则，用人单位在约定时就有很大的弹性空间，如签订限制劳动者运用一般技能、知识和经验等的发挥，这样的竞业限制协议和对已公开的信息以及通过反向工程破译的原单位的信息仍作为商业秘密,要求劳动者在竞业限制期限内不得利用的,都属于限制劳动者择业权的行为。

5. 未限制劳动者单方解除劳动合同的范围

《劳动合同法》第37条规定:"劳动者提前三十日以书面形式通知用人单位,可以解除劳动合同。劳动者在试用期内提前三日通知用人单位,可以解除劳动合同。"该条被视为劳动者"辞职权"的表述,是立法者为保护劳动者自由择业权而规定的,但是仔细分析该条文就可以发现,劳动者提前解除劳动合同的行为本身就是违约行为,如果不对劳动者单方解除劳动合同的范围予以限制,可能会使得劳动者在合同期限内滥用辞职权或者不完全履行义务而给用人单位造成损失,用人单位却无法获得救济。

(三)我国劳动合同违约责任立法的完善建议

1. 明确规定劳动合同违约责任的免责事由

劳动合同违约责任中的免责事由首先应该包括不可抗力,如自然灾害、战争等。其次,现行《劳动合同法》中规定了情势变更作为免责事由的一种,该法第40条规定:"有下列情形之一的,用人单位提前三十日以书面形式通知劳动者本人或者额外支付劳动者一个月工资后,可以解除劳动合同:……(三)劳动合同订立时所依据的客观情况发生重大变化,致使劳动合同无法履行,经用人单位与劳动者协商,未能就变更劳动合同内容达成协议的。"需要注意的是,为了避免用人单位滥用主体优势、侵犯劳动者合法权益,《劳动合同法》中应当明确禁止合同双方约定免责条款,从而最大限度地维护劳动者的法律地位和社会公平正义。

2. 明确服务期上限

该服务期上限不能想当然地确定,而应该组织相关专家进行讨论论证,对于在服务期内投资比较大的行业或者职务可以适当提高上限,并且应要求用人单位必须与劳动者明确服务期限,未约定或者约定不明的视为无服务期,服务期满之后,劳动者解除劳动合同的不需要承担服务期内的违约责任。

3. 参照《合同法》明确违约金数额调整请求权

从前面的论述中我们不难看出，《合同法》规定的合同双方当事人的违约金调整请求权在实践中发挥了重要的作用。比照《合同法》的规定，《劳动合同法》可以赋予劳动合同双方当事人违约金调整请求权，即当事人认为违约金过分高于因违约造成的损失的，可以请求劳动争议仲裁委员会或人民法院予以减少；反之亦然。这样就避免了劳动者背负巨额违约金的情况发生。

4. 完善竞业限制规定

竞业限制是解决公民劳动权、从业自由权和公平竞争市场规则之间冲突的需要，对劳动者是一种拘束，缩小了劳动者就业的范围。用人单位的经营自由权与劳动者的工作自由权是一对相互矛盾又相辅相成的权利，皆应为宪法保护的范畴。因此在法律确定竞业限制条款时，应对竞业限制条款的约定进行限制。首先要明确用人单位是否有值得保护的正当利益，其次看竞业限制条款是否违反诚信原则，能否对劳动者未来职业发展造成不公正的阻碍。"如《德国商法典》第七十四条对竞业限制条款作出了原则性规定，包括约定的形式、补偿金的给付义务、竞业限制保护的利益、竞业限制的期间"确定竞业限制约定的合理性。

5. 对劳动者单方解除合同权予以限制

笔者认为，《劳动合同法》固然应该倾向于保护处于弱势地位的劳动者，但是应对劳动者单方解除合同加以限制，在现有规定之上应要求劳动者还需在离职之前完成一段时间内的本职工作，而且该工作是除该劳动者之外的其他员工无法完成的工作，以此来对劳动者辞职权予以适当约束，避免用人单位遭受巨大损失。

三、惩罚性赔偿在劳动合同法中的构建

(一) 惩罚性赔偿制度概述

1. 惩罚性赔偿制度的发展

惩罚性赔偿也称为示范性赔偿或者报复性赔偿，是由法院做出

的赔偿数额超出实际损害数额的赔偿,具有补偿受害人遭受损失、惩罚和遏制不法行为等多重功能。

学者认为,英美法中的惩罚性赔偿最初起源于1763年英国法官Lord Camden在Huckle v. Money一案的判决,美国则是在1784年的Genay v. Norris一案中最早确认了这一制度。经过200多年的完善,英美法系国家普遍认可了惩罚性赔偿制度,并得到普遍适用,大陆法系国家也逐渐开始接受。

大陆法系国家传统的损害赔偿原则是"补偿原则"和"得利禁止原则",损害赔偿以补偿受害人所受到的实际损害为目的,补偿方式为恢复原状和金钱赔偿两种方式。"得利禁止"原则要求受害人所获得的补偿以其实际受到的损失为限,不能超过实际损失。但是若某种不法行为的恶性程度虽然被认为尚不构成刑事犯罪但是其恶性和危害后果又是社会所不能容忍的,社会观念认为其仅仅承担民事补偿性责任是远远不够的,对这种行为进行法律判断就出现真空地带,惩罚性赔偿制度就在这种社会需求下产生了。

我国1994年颁布实施的《消费者权益保护法》规定:"如果经营者提供商品或服务有欺诈行为,应向消费者承担双倍赔偿的责任。"这是我国首次以法律形式借鉴外国的惩罚性赔偿;2003年最高人民法院发布的《关于审理商品房买卖合同纠纷案件适用若干法律问题的解释》以及2009年颁布实施的《食品安全法》对惩罚性赔偿制度的规定更加全面具体,我国已经全面接受和采纳了惩罚性赔偿制度,并将其运用到社会生活的各个方面。

2. 惩罚性赔偿的法律特征

为了更好地保护劳动者的合法权益,《劳动合同法》规定若用人单位存在故意不签订书面劳动合同或者拖延签订劳动合同,以及故意不与劳动者订立无固定期限劳动合同等违法行为的,应当向劳动者每月支付二倍工资的惩罚性赔偿。该规定是惩罚性赔偿在劳动法领域的第一次尝试,说明惩罚性赔偿制度已经开始引入到《劳动合同法》中。

相较于补偿性赔偿,惩罚性赔偿具有以下特征:

①惩罚性和威慑性。惩罚性赔偿的主要目的不是赔偿受害人的

损失,而在于对违法行为进行惩戒和威慑。所以,惩罚性赔偿是在补偿受害人所受实际损害后,额外支付的一笔金钱赔偿,不以受害人的实际经济损失为限。惩罚性赔偿的威慑性,在于通过高昂的赔偿数额,大幅提高违法成本,震慑不法行为人和社会公众,使其不敢从事相同或者类似的不法行为,甚至没有能力继续实施不法行为,社会公众从不法行为人这一反面教材中也会消除或减少从事不法行为的欲望。

②潜在的补偿性和激励性。"惩罚性赔偿对受害人具有补偿功能,是理论和实务上都认可的。"惩罚性赔偿是在受害人所受实际损失得到赔偿之外,另行给付的赔偿,从某种意义上,可以看做是对受害人因种种原因不能得到完全补偿的弥补,如因因果关系的认定规则而不能获得补偿的间接损失,及不能获得补偿的因诉讼所消耗的大量时间精力。惩罚性赔偿的激励性,在于具有奖励原告的作用,原告提起惩罚性赔偿诉讼,不仅能够维护自己的利益,同时也会起到维护社会公共利益的作用,使其他人免受此种不法行为的侵害,惩罚性赔偿可以看做是对原告承担社会义务的激励,不会构成不当得利。

③受害人为直接受益人。刑法中的罚金和行政法中的罚款都要收归国库,而惩罚性赔偿所支付的赔偿数额则全部给予受害人,不仅鼓励受害人积极运用惩罚性赔偿来捍卫自己的权益,而且节省了公共执法资源。

3. 惩罚性赔偿与违约金的关系

违约金是《合同法》规定的一种责任形式,是合同双方当事人基于意思自治在法律允许的范围内对损害进行补偿,同时惩罚当事人的违约过错。从这个角度看,惩罚性赔偿和违约金都具有惩罚和遏制不法行为的功能。① 两者也存在区别,违约金的数额一般以合同约定为准,对于迟延履行、不作为,或者造成对方利益损害,并非一定要造成对方实际损失才适用。惩罚性赔偿适用于用人单位违

---

① 转引自冯彦君,刘松珍. 我国劳动合同法违约金立法研究,载林嘉主编. 社会法评论(第二卷)[M]. 北京:中国人民大学出版社,2007.

反法律规定,侵害劳动者合法权益,造成劳动者实际损害,在对这一损害进行了补偿之后,为避免用人单位再次实施不法行为,要求用人单位另行支付一笔赔偿金以惩罚用人单位。我国《劳动合同法》中,违约金的适用范围是有限的,一种是劳动者接受了用人单位的专项培训费用并且约定了服务期;另一种就是签订了保守商业秘密的竞业限制协议的情况,其他在劳动合同中约定违约金的均不受法律保护,违约金的数额具有一定的自由协商余地。而惩罚性赔偿的适用范围和赔偿金额则受到法律的严格规定,当事人不能自行协商,只能由法院进行判决。

(二)我国劳动法中惩罚性赔偿制度现状

1. 立法现状

《劳动法》第91条规定:"用人单位有下列侵害劳动者合法权益情形之一的,由劳动行政部门责令支付劳动者的工资报酬、经济补偿金,并可以责令支付赔偿金。"《劳动法》的这条规定,标志着我国在进行了补偿性赔偿后,又增加了惩罚性赔偿,为颁布实施《补偿办法》和《赔偿办法》提供了法律依据。

《补偿办法》第10条规定:"用人单位解除劳动合同后,未按规定给予劳动者经济补偿金的,除全额发给经济补偿金外,还须按该经济补偿金数额的50%支付额外经济补偿金。"该规定中,在经济补偿金之外给付的经济补偿就属于惩罚性赔偿。

《赔偿办法》第2条和第3条规定,由于用人单位原因订立无效劳动合同的;用人单位故意迟延不订立劳动合同;用人单位违反规定或合同约定侵害女职工或未成年工利益的;用人单位违反规定或劳动合同约定解除劳动合同的,应该按照造成劳动者收入损失、工伤和医疗待遇损失的25%标准另行向劳动者支付赔偿金,造成女职工和未成年工身体健康损害的,除按国家规定提供治疗期间的医疗待遇外,还应支付相当于其医疗费用25%的赔偿费用。

上述规定,均带有惩罚性赔偿色彩,但《劳动合同法》才是真正明确提出劳动惩罚性赔偿制度的法律,该法第82条第1款规定:"用人单位自用工之日起超过一个月不满一年未与劳动者订立书面劳动合同的，应当向劳动者每月支付二倍的工资。"第 2 款规定：
"用人单位违反本法规定不与劳动者订立无固定期限劳动合同的，
自应当订立无固定期限劳动合同之日起向劳动者每月支付二倍的工
资。"第 85 条规定：用人单位存在未按照劳动合同的约定或者国家
规定及时足额支付劳动者劳动报酬、低于当地最低工资标准支付劳
动者工资、安排加班不支付加班费、违法解除或者终止劳动合同而
未依照本法规定向劳动者支付经济补偿四种情形之一的，由劳动行
政部门责令限期支付劳动报酬、加班费或者经济补偿；劳动报酬低
于当地最低工资标准的，应当支付其差额部分；逾期不支付的，责
令用人单位按应付金额百分之五十以上百分之一百以下的标准向劳
动者加付赔偿金。第 87 条规定："用人单位违反本法规定解除或
者终止劳动合同的，应当依照本法第四十七条规定的经济补偿标准
的二倍向劳动者支付赔偿金。"

2. 劳动法领域引入惩罚性赔偿的必要性

《劳动法》是一部为平衡劳资关系、倾斜保护劳动者权益的法
律。我国现阶段劳动法律法规不完整，劳动权利义务的大部分内容
需要劳动合同来约定，但是劳动合同的约定往往不够全面。我国现
行法律规定中，对于用人单位的违法行为多以行政责任、刑事责任
进行规制，通过国家强制力来遏制用人单位的违法行为，但是效果
并不理想。因为落实行政责任往往需要依靠劳动行政部门的执法，
但需要劳动者进行举报，而劳动者缺少向劳动执法部门进行举报的
积极性。一方面，在劳动关系存续期间，劳动者希望维持一个稳定
的劳动关系，若劳动者举报用人单位则可能，则很有可能会受到用
人单位的报复，尤其是失业的风险；另一方面，劳动者的举证责任
负担重，劳动者既要证明用人单位知法犯法，又要证明自己的实际
损失，困难较大。适用惩罚性赔偿往往能够消除受害者的顾虑，激
励受害人对违法行为进行调查和起诉；另外，还能有效惩罚和威慑
用人单位。用人单位趋利而动是其天性，若政府部门执法不严，用
人单位就会变本加厉地侵害劳动者权益。如果劳动法领域规定了惩
罚性赔偿，就会加大用人单位的违法成本，用人单位可能因为一次
诉讼就需要支付全部违法行为的非法获利，用人单位会因为高额的

赔偿金意识到侵权行为带来的沉重代价，其再次侵犯劳动者权益的可能性将大大降低。

3. 劳动法领域引入惩罚性赔偿的合理性

首先，惩罚性赔偿是社会利益的需要。若用人单位严重违法，则要求其承担惩罚性赔偿具有合理性，惩罚性赔偿适用于这样一类案件：被告人的违法行为损害了社会上大多数人的利益，社会上的大多数人的权益在遭遇这一情况时会面临同样的威胁，但这种行为往往还构不成犯罪，不能够用刑事责任来处罚，而补偿性的民事责任不具备惩罚性目的，因此，惩罚性赔偿能够有效弥补民事责任和刑事责任严格划分所存在的空隙。在劳动法领域权益受到伤害的通常不仅仅是起诉的劳动者，还有其他一些并未提起诉讼的劳动者以及社会整体利益，劳动者利益的背后，必然牵动着劳动关系的和谐稳定，牵动着社会的良性运行，因此，对严重违法的用人单位适用惩罚性赔偿具有正当性。

其次，惩罚性赔偿是现代法治的要求。惩罚性赔偿被认为是将民事法律属性与刑事法律属性的有机结合，将公法的社会公共利益属性融于私法的权利保护制度中，将实体法的权利义务与程序法的救济制度相结合的一项综合性法律制度。

4. 惩罚性赔偿的适用条件

我国劳动惩罚性赔偿制度的适用条件为：①用人单位存在违反劳动法强制性规定的行为。劳动法着重保护社会公共利益以及弱者群体的利益，惩罚性赔偿的适用对象是在劳动关系中处于强势地位的用人单位，对于劳动者存在故意或者重大过失违反《劳动法》规定给用人单位造成损失的，不适用惩罚性赔偿。②存在损害事实。没有损害就没有赔偿，鉴于惩罚性赔偿是用人单位对劳动者进行了补偿性赔偿之后另行给付的赔偿金，因此必须有损害事实的存在。通常表现为劳动者收入减少、健康安全的损害。③用人单位的不法行为与劳动者遭受的实际损害之间具有因果关系。如果用人单位的行为被认定为违法但是没有产生损害结果或者对于损害结果无法认定是由不法行为所致，都不能要求行为人承担惩罚性赔偿的责任。

(三)我国劳动惩罚性赔偿制度存在的缺陷

1. 未签订书面劳动合同需支付二倍工资存在的问题

《劳动合同法》实施以后,劳动合同的签订率有了很大的提升。用人单位为避免因未签订书面劳动合同陷入与劳动者的劳动争议中,并承担因此导致的支付劳动者二倍工资的责任,往往对签订书面劳动合同表现得很积极,但一些劳动者利用公司的管理漏洞,故意拖延与用人单位签订劳动合同的时间,随后主张二倍工资的赔偿要求。劳动者"恶意诉讼"导致劳资双方诚信缺失。加剧劳资矛盾,不利于劳资关系的稳定。

2. 加付赔偿金问题

根据《劳动合同法》第85条的规定,对用人单位未及时足额支付劳动报酬、不支付加班费、补偿金或者劳动报酬低于最低工资标准的情况,劳动者可以按应付金额50%~100%的标准请求加付赔偿金。但问题是,加付赔偿金的诉讼请求是否需要前置程序?劳动者向人民法院提起诉讼是否需要先向劳动行政部门投诉?从字面来理解,劳动者必须先向劳动行政部门投诉,劳动行政部门在责令用人单位限期支付后,用人单位仍未支付,此种情形下,才存在加付赔偿金,否则,劳动者直接主张加付赔偿金,人民法院是不予支持的。"那么,如果劳动者投诉后,劳动行政部门没有采取行动怎么办?能否向法院提起诉讼?此外,劳动行政部门责令用人单位限期支付的期限是多久?用人单位逾期不支付,"逾期"多长时间才能启动加付赔偿金的惩罚?这些细节如果都无法明确的话,劳动者获得加付赔偿金的概率是非常低的。而且,将行政处理程序作为劳动者争议仲裁的前置程序,不仅时间成本高,还存在着诸如证据的获取、证据的形式、作为责令限期支付的证据是以书证的形式出现还是以人证的形式出现等很多问题。因为劳动行政部门做出责令用人单位限期支付的决定,该决定对象是用人单位,劳动者对决定是否存在及内容一般是无法知晓和获得的。

综上,若单纯依靠行政处理程序则高效便民,但是劳动者获得加付赔偿金的可能性较低;若启动劳动争议处理程序则体现了公平正义，但是获取加付赔偿金的成本加大。

3. 违法解除或终止劳动合同的双倍赔偿金问题

《劳动合同法》第48条规定，用人单位如有违法解除或终止劳动合同的行为，劳动者可以要求用人单位承担赔偿金。实践中，如果继续履行会导致劳动者与用人单位之间的尴尬，多数劳动者会选择赔偿金。《劳动合同法》第87条规定，赔偿金是经济补偿金的双倍。但是该项制度存在如下缺陷：

首先，惩罚力度小，不能有效约束用人单位。《劳动合同法实施条例》第25条规定："用人单位违反劳动合同法的规定解除或者终止劳动合同，依照劳动合同法第八十七条的规定支付了赔偿金的，不再支付经济补偿。"用人单位违法解除或者终止劳动合同，仅需支付法定的赔偿金，但是该赔偿金数额对用人单位来讲约束力不大，不能有效遏制用人单位违法解除或终止劳动合同的行为，一定程度上会促使用人单位实施不当解雇。

其次，赔偿金额的规定过于僵化，不能满足劳动者的损失。根据《劳动合同法》的规定，用人单位在实施违法行为后应向劳动者支付惩罚性赔偿的金额是固定的，赔偿额为一定数额的倍数。但是若用人单位长时间持续性侵害劳动者利益，其不法侵害行为长时间持续，其主观恶性较严重，但需要承担的责任却没有相应的增加，显然存在不合理性。

（四）我国劳动法中惩罚性赔偿制度的完善建议

1. 确立用人单位过错责任原则

针对二倍工资赔偿制度所引发的"恶意诉讼"的弊端，应当通过对《劳动合同法》进行修改或者出台相应的司法解释来解决。建议增加用人单位的主观过错作为二倍工资赔偿制度的适用要件，规定如果由于用人单位的过错导致未订立书面劳动合同，用人单位应当向劳动者每月支付二倍的工资；如果是由于劳动者的原因，或是由于其他不可抗力导致未能订立书面的劳动合同，并且用人单位已尽到合理注意义务，则无需支付二倍工资。这样的规定能够较好地平衡劳资双方的利益冲突，防止劳动者的"恶意诉讼"行为，也使得用人单位在心理上易于接受。

2. 完善救济程序

在劳动关系中劳动者往往处于弱势地位，在对劳动者权利进行救济的过程中，应当简化程序，提高劳动者求偿的效率，降低诉讼成本。依据前文分析，若将行政处理程序作为劳动争议处理程序的前置程序将增加劳动者的诉讼成本，建议取消行政处理程序前置程序，直接赋予劳动者诉权，让劳动者在劳动仲裁和诉讼中可以直接追索由于用人单位拖欠工资、不足额支付工资的行为产生的惩罚性赔偿。赋予法院一定的自由裁量权，对已经经过劳动行政部门处理依然拒不履行义务的用人单位知错不改的行为，另行裁定一定金额的惩罚性赔偿，算是对劳动者穷尽司法手段维权的补偿。这样既可以减轻劳动者的诉累，也可以避免行政资源、诉讼资源的浪费。

若是不取消该前置程序，则可通过制定相应的司法解释，规定行政机关在收到举报后的一定期限内如果没有做出行政处理，劳动者可以直接诉讼或仲裁以实现自己的权利。这种救济程序不仅维持了目前对拖欠工资和不足额支付工资侵权行为的"行政机关处理+劳动仲裁（提起诉讼）"模式，也赋予了劳动者一定的直接诉权，有利于对劳动者权益的保护，遏制不法行为。

3. 制定合理的赔偿标准

惩罚性赔偿金数额的合理确定决定了能够达到合理补偿受害劳动者权益的目的，也决定了能否合理惩戒用人单位。惩罚性赔偿的数额既要让受损权益得到补偿，也要遏制侵权者的侵权行为，还要求不能让用人单位的负担过于沉重。如果赔偿标准过低，不仅不能达到惩罚不法行为的目的，也不能够有效预防不法行为的再次发生；如果赔偿标准过高，用人单位无法承受，其结果就是即使判决劳动者取得惩罚性赔偿金，劳动者也无法实际取得这些赔偿，最终惩罚性赔偿也不过就是海市蜃楼而已。

建议惩罚性赔偿金数额的确定应从以下几方面考虑：①用人单位行为的过错程度以及持续时间长短；②用人单位是否故意隐瞒其不法行为；③用人单位是否曾经发生过该不法行为，发生频率高低；④用人单位因实施该不法行为获利的可能性及获利状况；⑤用人单位的该不法行为是否已经受到行政处罚、刑事处罚或者承担了其他的民事赔偿责任。允许法官根据实际情况在一定范围内行使自由裁量权。

惩罚性赔偿金根据赔偿对象不同可分为以下三类：

(1) 对提起诉讼的劳动者赔偿数额的确定

对于因权利受到侵害而提起诉讼的劳动者所受损失，可以依据民法和民事诉讼法的相关规定来确定赔偿数额。例如，若因用人单位要求劳动者超过最高工时加班导致劳动者身心受到伤害，用人单位往往需要承担医疗费、护理费、营养费等赔偿责任，这些费用以劳动者实际发生的费用为准，住宿费、伙食费可参考当地平均生活水平进行赔偿，误工费以劳动者实际收入水平为准。在计算劳动者赔偿金数额时，需要注意劳动者的损害存在两种情形：①可以参考市场因素确定损失额的，直接参考市场价格确定；②没有市场可参考因素的，赔偿金数额比较难确定的一种情况是，劳动者的生命、健康权受伤害的情况。有学者建议确定一个法定的固定数额，当赔偿金数额超过预防成本，用人单位就会倾向于投入预防成本以避免损害发生，但问题是如何确定一个合理的数额，这在司法实际中几乎是一个不可能完成的任务。

另外，我们需要特别关注用人单位恶意侵权造成劳动者工伤的情况。如果用人单位已经缴纳工伤保险，则大部分赔偿责任由社保部门承担，工伤劳动者可以直接向社保部门申领工伤待遇，这样用人单位就不用再承担侵权责任或者合同责任了，工伤保险实际上将用人单位从民事责任中解脱出来了，显然这样实际上不利于使用法律手段遏制用人单位实施侵权行为。

(2) 对其他受害劳动者赔偿数额的确定

如果用人单位的违法行为对其他劳动者也造成了伤害，那么即使他们并未提起诉讼，用人单位也应该对此损失承担赔偿责任。惩罚性赔偿金的赔偿对象不仅包括提起诉讼的劳动者，其还应该包含其他未提起诉讼的受到损失的劳动者，这不仅在理论上站得住脚，在实践中也是具有可操作性的。因此，只要提起诉讼的劳动者能够证明受到用人单位侵害的是多人，那么在判决赔偿金时就可以根据受害者的人数来确定赔偿金，从而使受到伤害的劳动者都能得到赔偿。

(3) 对受损社会整体利益赔偿数额的确定

受到损害的社会整体利益也需要获得补偿，但是由于这种利益不同于全部受害劳动者共同利益，而是一种独立存在的利益，其权利主体并不明确，而且利益受损程度难以估量，难以通过其他方法确定实际损失，建议由法律直接规定用人单位承担一定数额的赔偿金，这个数额可以是提起诉讼劳动者基于诉讼可能获得的赔偿金的二倍或者三倍。

4. 惩罚性赔偿金的归属

惩罚性赔偿金具有激励人们与违法行为做斗争，进而维护社会整体利益的作用，但是对于惩罚性赔偿金的归属，是否应由提起诉讼的劳动者取得全部则存在争议。因为如果由提起诉讼的原告一个人获得超过其实际损失的赔偿金看起来是不公平的，对于原告来讲多出来的赔偿部分属于不当得利；也曾有人主张多出来的罚金应当交与国家，但是同样国家对这部分罚金是无权享有的，同样构成不当得利，因此，我们认为惩罚性赔偿金应该是提起诉讼的劳动者、其他受害劳动者和社会整体利益等主体才有权享有，其他主体比如国家无权占有。

对于惩罚性赔偿金的具体分配，我们认为可以采用分离赔偿金以确定其归属的方法。具体方法如下：①对于提起诉讼的劳动者所遭受的全部损害要进行全面赔偿，赔偿金应归属于受害劳动者；②对于未提起诉讼的劳动者所受损害要进行全面赔偿，对于所获赔偿金并不立刻交给提起诉讼的劳动者，而是等待其他受害劳动者前来提起诉讼，如果其他劳动者没有在一定期限内提起诉讼，那么由提起诉讼的劳动者取得全部赔偿金；③对于社会整体利益的象征性赔偿以及对用人单位违法行为追加的惩戒性赔偿，由提起诉讼的劳动者或者政府作为代偿主体都不合适，最好的办法是选一个能够代表社会整体利益的主体代为取得这部分赔偿金，最好由国家定出一个特定的公益性组织作为代偿主体。

总之，惩罚性赔偿是一种区别于补偿性赔偿的制度，适用于被告方的行为损害社会大多数人利益的案件,其目的不是为了补偿原告所受损失,而是为了惩罚不法行为人并威慑其他可能实施类似不法行为的人,因此在我国市场经济下劳动关系重塑的过程中,是十分必要的。

主要参考文献

[1] 冯彦君. 劳动法学[M]. 长春：吉林大学出版社，1999.
[2] 董保华. 社会法原论[M]. 北京：中国政法大学出版社，2001.
[3] 崔健远. 合同法[M]. 北京：法律出版社，2007.
[4] 董保华主编. 劳动合同研究[M]. 北京：中国劳动社会保障出版社，2005.
[5] 台湾地区劳动法学会编. "劳动基准法"释义——施行二十年之回顾与展望[M]. 台北：新学林出版股份有限公司，2005.
[6] 姜颖. 劳动合同法论[M]. 北京：法律出版社，2006.
[7] 关怀. 劳动法（第三版）[M]. 北京：中国人民大学出版社，2006.
[8] 谢国伟，杨晓蓉. 劳动争议案件审判要旨[M]. 北京：人民法院出版社，2006.
[9] 石先广. 劳动合同法——您逐鹿职场的利剑[M]. 北京：法律出版社，2007.
[10] 陆敬波. 劳动合同法应用指南[M]. 北京：中国社会科学出版社，2007.
[11] 黄乐平等. 劳动合同法疑难案例解析[M]. 北京：法律出版社，2008.
[12] 李国光. 劳动合同法条文释义[M]. 北京：人民法院出版社，2008.
[13] 俞飞主编. 劳动争议解决[M]. 厦门：厦门大学出版社，2008.
[14] 孙瑞玺. 劳动合同法原理精要与实务指南[M]. 北京：人民法院出版社，2008.
[15] 郑尚元. 劳动合同法的制度与理念[M]. 北京：中国政法大学

出版社，2008.

[16] 林嘉. 劳动合同法热点问题讲座[M]. 北京：中国法制出版社，2007.

[17] 李援. 中华人民共和国劳动合同法解读与适用[M]. 北京：人民出版社，2007.

[18] 李英，王棣，瞿彬彬. 中外工会法比较研究[M]. 北京：知识产权出版社，2011.

[19] 刘元文. 工会工作理论与实践[M]. 北京：中国劳动社会保障出版社，2008.

[20] 冯同庆. 工会学——当代中国[M]. 北京：中国劳动社会保障出版社，2010.

[21] 张芬霞，李炎主编. 人力资源管理[M]. 上海：上海财经大学出版社，2008.

[22] 喻术红. 劳动合同法专论[M]. 武汉：武汉大学出版社，2009.

[23] 毛清芳. 劳动法与社会保障法[M]. 北京：经济科学出版社，2009.

[24] 后东升主编. 企业劳动用工管理法律实务[M]. 北京：人民法院出版社，2009.

[25] 北京市劳动和社会保障法学会编. 用人单位劳动争议前沿问题与实践[M]. 北京：法律出版社，2010.

[26] 蒋月. 劳动法与社会保障法[M]. 杭州：浙江大学出版社，2010.

[27] 北京市劳动和社会保障法学会编. 新型疑难劳动争议处理实务与诉讼指引[M]. 北京：法律出版社，2010.

[28] 伍伟杰，刘海燕. 劳动合同法案例精解与评析[M]. 北京：经济管理出版社，2010.

[29] 樊成玮. 角力：《劳动合同法》与劳资关系评析[M]. 北京：中国法制出版社，2010.

[30] 史尚宽. 劳动法原论[M]. 台北：正大印书馆，1978.

[31] [日] 下井隆史. 雇佣关系法[M]. 东京：有斐阁，1991.

[32] 台湾地区劳动法学会编. 劳动法裁判选辑（一）[M]. 台北：元

照出版公司，1999.
[33] 台湾地区劳动法学会编. 劳动法裁判选辑(二)[M]. 台北：元照出版公司，1999.
[34] 梁慧星. 中国民法经济法诸问题[M]. 北京：中国法制出版社，1999.
[35] 刘志鹏. 劳动法理论与判决研究[M]. 台北：元照出版公司，2000.
[36] 梁慧星. 民法总论(第三版)[M]. 北京：法律出版社，2001.
[37] 黄越钦. 劳动法新论[M]. 北京：中国政法大学出版社，2003.
[38] [美]Ian R. 麦克尼尔. 新社会契约论，雷喜宁、潘勤译[M]. 北京：中国政法大学出版社，2004.
[39] 韩世远. 合同法总论[M]. 北京：法律出版社，2004.
[40] 常凯. 劳权论——当代中国劳动关系的法律调整研究[M]. 北京：中国劳动社会保障出版社，2004.
[41] 董保华，刘海燕. 解雇保护制度研究[M]. 北京：中国劳动社会保障出版社，2005.
[42] 李国光. 劳动合同法理解与适用[M]. 北京：人民法院出版社，2007.
[43] 冯彦君. 劳动法学[M]. 长春：吉林大学出版社，1999.
[44] 罗结珍译. 法国劳动法典[M]. 北京：国际文化出版社，1999.
[45] [日]荒木尚志. 日本劳动法，李昆刚、牛志奎译[M]. 北京：北京大学出版社，2009.
[46] 凯瑟琳·巴纳德. 欧盟劳动法，付欣译[M]. 北京：中国法制出版社，2005.
[47] 金福海. 惩罚性赔偿制度研究[M]. 北京：法律出版社，2008.
[48] 关淑芳. 惩罚性赔偿制度研究[M]. 北京：中国人民公安大学出版社，2008.
[49] 王全兴. 劳动法[M]. 北京：法律出版社，2008.
[50] 郑尚元. 劳动合同法的制度与理念[M]. 北京：中国政法大学出版社，2008.
[51] 金英杰.《劳动合同法》的立法背景与立法趋势[J]. 北京市工

会干部学院学报，2007(4).

[52] 王迎娣. 浅议《劳动合同法》的立法背景[J]. 广西教育学院学报，2008(6).

[53] 潘斌. 浅议《劳动合同法》立法背景、目的及对维护社会和谐的作用[J]. 科海故事博览·科教创新，2008(5).

[54] 彭光华. 劳动合同法立法的深层目的[J]. 今日中国论坛，2008(1).

[55] 谢增毅.《劳动合同法》的背景、内容及实施[J]. 今日中国论坛，2008(1).

[56] 郑桥，姜颖.《劳动合同法》的实施对我国劳动关系的影响[J]. 新视野，2008(1).

[57] 姜颖. 劳动合同法对现行劳动法的修改及对我国劳动关系的影响[J]. 中国劳动关系学院学报，2008(1).

[58] 黄振东.《劳动合同法》实施后的新问题[J]. 法律适用，2008(4).

[59] 樊成玮. 也谈《劳动合同法》——基于立法原则之检视[J]. 法学评论，2009(5).

[60] 樊华. 论《劳动合同法》的立法缺陷与解决路径[J]. 法治研究，2009(2).

[61] 何园丽. 执行《劳动合同法》对中小企业的影响及对策研究[D]. 华东政法大学硕士论文，2011年.

[62] 乔雨. 博弈，在暗流中涌动？——《劳动合同法修正案(草案)》之焦点难点[J]. 中国教工，2012(11).

[63] 李亚娟.《劳动合同法》之立法回顾与思考[J]. 西北大学学报(哲学社会科学版)，2014(3).

[64] 杨果. 浅议《劳动合同法》立法之辩[J]. 法制与社会，2015(11).

[65] 佘云霞. 经济全球化与"体面的劳动"[J]. 工会论坛：山东省工会管理干部学院学报，2001(6).

[66] 余敏，佘云霞. 体面劳动在中国[J]. 中国劳动关系学院学报，2007(6).

[67] 程展. 王兆国：努力实现职工体面劳动[J]. 企业改革与管理, 2009(3).

[68] 燕晓飞, 信卫平. 国际金融危机对中国劳动就业的影响与体面劳动的实现[J]. 中国劳动关系学院学报, 2009(5).

[69] 代利凤. 国内体面劳动研究进展和述评[J]. 辽宁行政学院学报, 2010(6).

[70] 陈杰平. 保障就业是实现体面劳动的前提[J]. 现代班组, 2010(5).

[71] 陈静媛. 我国体面劳动的现状及完善措施[J]. 青海社会科学, 2010(5).

[72] 沈志义. 国际劳工组织"体面劳动"之思考[J]. 中国流通经济, 2011(11).

[73] 林燕玲. 体面劳动在中国的阐释和实践[J]. 北京工会干部学院学报, 2011(1).

[74] 熊越. 我国妇女体面劳动法律保障问题研究[D]. 华东交通大学硕士论文, 2011年.

[75] 王春来. 和谐社会建设下的农民工体面劳动问题[D]. 东北师范大学硕士论文, 2012年.

[76] 周格. 我国体面劳动研究的最新发展[J]. 人口与经济, 2013(3).

[77] 陆婷. 中国体面劳动的问题与出路[D]. 复旦大学硕士论文, 2014年.

[78] 刘海志. 我国体面劳动的现状及法律保障机制的建构[J]. 人才资源开发, 2015(12).

[79] 徐强. 体面劳动：从理念到践行[J]. 光明日报, 2015-03-24.

[80] 王容天. 试论我国劳动关系界定问题[J]. 当代经济, 2009(15).

[81] 谢增毅. 劳动关系的内涵及雇员和雇主身份之认定[J]. 比较法研究, 2009(6).

[82] 胡新建. 劳务关系、雇佣关系、劳动关系之辨析与建构[J]. 温州大学学报：社会科学版, 2010(3).

[83] 陈亚峰. 浅析我国劳动关系界定标准[J]. 大观周刊, 2011(20).

[84] 冯淑英. 劳动关系认定中的若干实务问题[J]. 山东审判：山东法官培训学院学报, 2011(3).

[85] 岳林. 我国劳动关系认定问题研究[D]. 西南政法大学硕士论文, 2012年.

[86] 李培智. 大学生实习劳动关系认定探微[J]. 法学杂志, 2012(6).

[87] 侯钧. 劳动关系认定标准之法律探析[D]. 华东政法大学硕士论文, 2012年.

[88] 刘金伟. 劳务关系与雇佣关系辨析[J]. 劳动保障世界, 2014(5).

[89] 蔡建生. 雇佣关系还是劳动关系？一则工伤认定案例的分析[J]. 职工法律天地：下, 2015(1).

[90] 李雄, 田力. 我国劳动关系认定的四个基本问题[J]. 河南财经政法大学学报, 2015(3).

[91] 康桂珍. 发挥工会在实施集体合同制度中的作用[J]. 中国劳动, 1997(10).

[92] 刘诚. 发达国家工会代表权立法及其借鉴[J]. 学术界, 2006(5).

[93] 吴哑平, 郑桥. 从国际比较的视野看中国工会的特点和发展趋势[J]. 中国劳动关系学院学报, 2007(5).

[94] 朱斌. 北欧社会模式与工会的地位和作用[J]. 当代世界与社会主义, 2008(2).

[95] 许慧玲. 改革创新与时俱进走中国特色社会主义工会发展道路[J]. 中国劳动关系学院学报, 2010(3).

[96] 郑桥. 中国集体合同制度法律建设的思考——从地方立法看发展走向[J]. 中国劳动关系学院学报, 2011(2).

[97] 黄绍国. 关于非公企业组建工会的几个问题[J]. 中国劳动关系学院学报, 2011(3).

[98] 张其亮. 论集体合同制度[D]. 华中科技大学硕士论文,

2011年.

[99] 吕群山. 论我国工会制度的缺陷及其改革完善[D]. 华中师范大学硕士论文, 2011年.

[100] 周树君. 浅析我国工会制度的改革方向[J]. 管理学家, 2012(19).

[101] 魏琳涵. 我国工会法律制度研究[D]. 郑州大学硕士论文, 2012年.

[102] 黄任民. 完善集体合同法律制度的思考[J]. 工会理论研究: 上海工会管理职业学院学报, 2015(5).

[103] 郭文婷. 企业规章制度法律问题探讨[J]. 法学视野, 2012(5).

[104] 郑超. 企业规章制度规制研究[D]. 山东经济学院硕士论文, 2011年.

[105] 方配礼. 论企业规章制度在劳动争议案件中的适用[J]. 重庆科技学院学报(社会科学版), 2009(10).

[106] 胡立峰. 用人单位劳动规章制度研究[D]. 厦门大学硕士论文, 2009年.

[107] 李沫德. 定型化劳动契约之研究[D]. (台湾)中国文化大学中山学术研究所博士论文, 2002年.

[108] 杨继春. 企业规章制度的性质与劳动者的违纪惩处[J]. 法学杂志, 2003(5).

[109] 董保华. 论实际履行原则——调整个别劳动关系的基本原则[J]. 中国劳动, 2005(9).

[110] 高圣平. 用人单位劳动规章制度的性质辨析[J]. 法学, 2006(10).

[111] 丁建安. 企业劳动规章的法律效力研究[D]. 吉林大学博士论文, 2009年.

[112] 胡立峰. 劳动规章制度与劳动合同制效力冲突[J]. 法学, 2008(11).

[113] 陈亚. 用人单位规章制度的法律性质及立法模式探讨[D]. 华东政法大学硕士论文, 2007年.

[114] 丁建安. 论"根据二分说"的优越性——再议企业劳动规章的法律性质及其制定、变更程序[J]. 法制与社会发展, 2013(3).

[115] 徐金锋. 论劳动规章制度之法律定性[J]. 东北师大学报(哲学社会科学版), 2012(1).

[116] 鄢文宏. 外国用人单位规章制度的规定及对我国的借鉴[J]. 法制与社会, 2009(22).

[117] 张慧慧. 浅析用人单位内部规章制度的立法完善[J]. 法制博览, 2015(9).

[118] 夏蕾. 论"用人单位规章制度"的法律性质及其制定程序民主化[J]. 劳动保障世界, 2008(11).

[119] 陈传法, 秦天雄. 论用人单位规章制度的公示与告知义务[J]. 北京化工大学学报: 社会科学版, 2014(4).

[120] 董保华. 论我国无固定期限劳动合同[J]. 法商研究, 2007(6).

[121] 雷晓. 无固定期限劳动合同问题研究[D]. 湖南大学硕士论文, 2007年.

[122] 王军. 无固定期限劳动合同法律问题初探[J]. 西安财经大学学报, 2008(2).

[123] 杨晶. 无固定期限劳动合同若干问题的法律探讨[D]. 西南政法大学硕士论文, 2008年.

[124] 黄邦道, 蒋南星. 无固定期限劳动合同法律问题探究[J]. 沈阳农业大学学报: 社会科学版, 2009(4).

[125] 何农, 叶生华. 关于对强制订立无固定期限劳动合同的质疑[J]. 中国经贸, 2009(6).

[126] 陈红梅. 无固定期限劳动合同问题研究[J]. 中国劳动关系学院学报, 2009(7).

[127] 郭继强. 强制性无固定期限劳动合同的弊端及其改进[J]. 学术月刊, 2009(1).

[128] 裘孝晶. 论我国无固定期限劳动合同制度的缺陷与完善[J]. 法制与经济, 2009(21).

主要参考文献

[129] 刘晓燕. 无固定期限劳动合同问题探究[J]. 经济管理者, 2010(13).

[130] 罗亮雪. 浅议新《劳动合同法》背景下企业对无固定期限劳动合同的正确理解和应对[J]. 致富时代月刊, 2010(8).

[131] 季秀平, 胡枚玲. 论无固定期限劳动合同制度的细化与完善[J]. 法学杂志, 2010(1).

[132] 周利锋, 陶剑华. 论我国无固定期限劳动合同的实施现状及其改善建议[J]. 特区经济, 2011(11).

[133] 邱宇亮. 我国无固定期限劳动合同制度研究[D]. 中国青年政治学院硕士论文, 2013年.

[134] 葛玉婷. 我国无固定期限劳动合同法律问题研究[J]. 安徽警官职业学院学报, 2014(5).

[135] 丁宇翔. 企业如何规范劳动合同的单方变更[J]. 中国劳动, 2007(3).

[136] 马维佳. 论我国劳动合同变更中的用工自主权[J]. 青年科学, 2009(12).

[137] 钱叶芳. 劳动合同变更制度的法律问题研究——兼析苏、浙、沪高院的指导意见[J]. 法治研究, 2010(9).

[138] 孙静. 企业合法调岗调薪的策略研究[J]. 中国人力资源开发, 2010(8).

[139] 宋艳秋. 劳动合同变更中用工自主权与择业自由权的冲突与协调[D]. 上海财经大学硕士论文, 2010年.

[140] 李晨. 企业单方面对员工调岗调薪有何法律规范[J]. 上海企业, 2011(7).

[141] 姚钰. 用人单位单方变更劳动合同的法律问题研究[D]. 浙江大学硕士论文, 2013年.

[142] 袁海均. 论经济性裁员的法律规制[D]. 西南政法大学硕士论文, 2012年.

[143] 杨学友. 遭遇调岗、调职、调薪纠纷, 法律不会坐视不管[J]. 中国职工教育, 2012(5).

[144] 刘娜. 论平等就业权与用工自主权的合理边界[D]. 西南政

法大学硕士论文，2012年.

[145] 王童. 浅析劳动合同法背景下的企业用工自主权——以企业单方变更岗位和薪酬为例[J]. 商品与质量·学术观察，2013(8).

[146] 潘寅颖. 劳动合同变更中劳动权与企业经营自主权的平衡[J]. 中国外资月刊，2013(13).

[147] 孙国平. 论雇主劳动合同条款变更权之控制[J]. 比较法研究，2014(1).

[148] 程芳丽. 从几则劳资纠纷案例谈用工自主权和劳动者权利的行使[J]. 劳动和社会保障法规政策专刊，2015(4).

[149] 李志昊. 劳动合同中约定"用人单位可以单方面变更员工工作岗位"的条款是否有效[J]. 中国劳动，2015(7).

[150] 王余婷，李华平. 用人单位可否单方变更工作地点[J]. 工友，2015(7).

[151] 徐丹，翟玉婷. 用人单位单方调岗正当性的认定标准[J]. 法制与社会，2015(12).

[152] 冯彦君. 理想与现实中的《劳动合同法》——总体评价与创新点解析[J]. 当代法学，2008(6).

[153] 李尚勇. 发达国家劳务派遣用工规制[J]. 人力资源开发与管理，2012(3).

[154] 舒胜略. （劳动合同法）对劳务派遣制度规制与影响[J]. 南京广播电视大学学报，2011(1).

[155] 贺玲. 论职业安定性保护法律制度与劳动关系二元结构[J]. 湖南社会科学，2012(93).

[156] 刘杰. 劳务派遣制度的问题和发展分析[J]. 中国海洋大学学报，2009(21).

[157] 冯彦君. 改革开放30年中国社会法学的理论贡献[J]. 当代法学，2009(1).

[158] 侯玲玲，曹燕. 劳动派遣关系的法律规制研究[J]. 法学评论，2006(6).

[159] 李雄. 我国劳务派遣制度改革的误区与矫正[J]. 法学家，

2014(3).

[160] 刘威,张颖娜,钟哲.企业智力型人员外部化配置动因的实证分析[J].经营管理者,2013(29).

[161] 蔡昉.二元劳动力市场条件下的就业体制转换[J].中国社会科学,1998(2).

[162] 曹海东.劳务派遣的正常繁荣[N].南方周末,2008(9).

[163] 高桥康二.日本的劳务派遣工的现状和课题[J].新人力,2011(3).

[164] 刘众白.论劳务派遣中雇主责任的分配[J].财经理论与实践,2012(2).

[165] 谢增毅.美国劳务派遣的法律规制及对我国立法的启示——兼评我国《劳动合同法》的相关规定[J].比较法研究,2007(6).

[166] 邱婕.经济性裁员中的劳动合同解除[J].中国劳动,2005(6).

[167] 郑爱青.完善我国劳动合同解除制度的思考和建议[J].法学杂志,2007(3).

[168] 姜艳.企业经济性裁员之法律风险控制[J].中国商界,2009(10).

[169] 太月.我国经济性裁员中的劳动者保护探析[J].法制与经济,2009(11).

[170] 太月.经济性裁员制度研究[D].吉林大学硕士论文,2009年.

[171] 苏兴华.我国经济性裁员法律适用问题研究[J].山东科技大学硕士论文,2010年.

[172] 邓峰.经济性裁员制度的反思[J].法治与社会,2010(27).

[173] 袁海均.论经济性裁员的法律规制[D].西南政法大学硕士论文,2012年.

[174] 朱立文.浅析我国用人单位经济性裁员制度[J].科技信息,2011(13).

[175] 齐银凤.经济性裁员法律制度研究[D].辽宁大学硕士论文,

2013年.

[176] 马新彦. 信赖与信赖利益思考[J]. 法律科学, 2000(3).

[177] 王利明. 惩罚性赔偿研究[J]. 中国社会科学研究, 2000(4).

[178] 秦国荣. 劳动违约责任：归责原则、构成要件及立法完善[J]. 当代法学, 2006(3).

[179] 王克军. 论劳动合同中的缔约过失责任[D]. 吉林大学硕士论文, 2007年.

[180] 董保华. 论劳动合同法的立法宗旨[J]. 现代法学, 2007(6).

[181] 白璐. 论劳动合同中的缔约过失责任[J]. 河西学院学报, 2008(6).

[182] 太月. 劳动缔约过失责任的立法比较[J]. 行政与法, 2009(9).

[183] 彭小坤. 劳动合同单方解除制度研究[D]. 武汉大学博士论文, 2009年.

[184] 董保华. 由竞业限制经济补偿争鸣引发的思考——兼与叶静漪教授商榷[J]. 法学, 2010(10).

[185] 刘晓慧. 我国劳动法中惩罚性赔偿制度研究[D]. 大连海事大学硕士论文, 2013年.

[186] 刘焱白. 用人单位惩罚性赔偿金的适用研究[J]. 法商研究, 2013(6).

[187] 丁婷. 劳动合同违约责任研究[D]. 武汉大学博士论文, 2013年.

[188] 朱广新. 惩罚性赔偿制度的演进与适用[J]. 中国社会科学, 2014(3).

[189] 何冰. 论劳动合同"缔约过失责任"的法律规制[D]. 复旦大学硕士论文, 2014年.

[190] 黄校. 用人单位向劳动者支付赔偿金制度研究[D]. 苏州大学硕士论文, 2014年.

[191] 邓玉梅. 劳动法领域的惩罚性赔偿研究[D]. 吉林大学硕士论文, 2011年.